TRAITÉ
DE LA
VIE SPIRITUELLE

PAR S. VINCENT FERRIER
DE L'ORDRE DES FRÈRES-PRÊCHEURS

AVEC

DES COMMENTAIRES SUR CHAQUE CHAPITRE
PAR
LA VEN. MÈRE JULIENNE MORELL
RELIGIEUSE DU MÊME ORDRE.

NOUVELLE ÉDITION
PAR LE R. P. FR. MATTHIEU-JOSEPH
DES FRÈRES-PRÊCHEURS.

POITIERS
HENRI OUDIN, LIBRAIRE-ÉDITEUR,
RUE DE L'ÉPERON, 4.
1866

POITIERS. — TYPOGRAPHIE OUDIN.

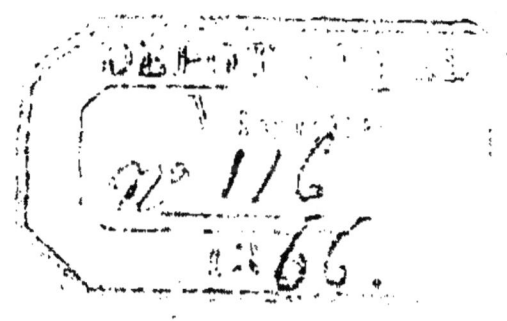

TRAITÉ

DE

LA VIE SPIRITUELLE.

POITIERS. — TYPOGRAPHIE OUDIN.

TRAITÉ

DE LA

VIE SPIRITUELLE

PAR S. VINCENT FERRIER

DE L'ORDRE DES FRÈRES-PRÊCHEURS

AVEC

DES COMMENTAIRES SUR CHAQUE CHAPITRE

PAR

LA VÉN. MÈRE JULIENNE MORELL

RELIGIEUSE DU MÊME ORDRE.

NOUVELLE ÉDITION

PAR LE R. P. FR. MATTHIEU-JOSEPH

DES FRÈRES-PRÊCHEURS.

POITIERS

HENRI OUDIN, LIBRAIRE-ÉDITEUR,

RUE DE L'ÉPERON, 4.

1866

DOUX CŒUR DE MARIE, SOYEZ NOTRE REFUGE !

APPROBATIONS.

APPROBATION DE LA PREMIÈRE ÉDITION.

Jean-Claude Deville, chanoine en l'église Saint-Paul de Lyon, docteur en sainte Théologie et prédicateur, député à l'approbation des livres en ce Diocèse par Mgr Denis-Simon de Marquemont, illustrissime et révérendissime Archevêque de Lyon :

Faisons foi avoir lu ce *Traité de la Vie spirituelle traduit du latin en français*, et pareillement, les *Annotations faites par une Religieuse du même Ordre et du monastère de Sainte-Praxède d'Avignon* ; et n'y avoir rien trouvé contre la foi catholique, apostolique et romaine, mais une science, piété, lecture des saints Pères, et connaissance des langues qui est à admirer en ce sexe, et dont Dieu, qui fait reluire ses grandeurs dans les sujets que bon lui semble, doit être glorifié.

A Saint-Paul de Lyon, ce sept février mil six cent dix-sept.

J.-C. DEVILLE,
Docteur en Théologie.

APPROBATIONS DE CETTE NOUVELLE ÉDITION.

Le R. P. Matthieu-Joseph ayant eu le désir de faire une nouvelle édition du *Traité de la Vie spirituelle* de saint Vincent Ferrier, en y ajoutant après chaque chapitre les Commentaires de la Révérende Mère Julienne Morell, de notre Ordre, m'a soumis son manuscrit, et je l'ai examiné par commission des Supérieurs. Je ne puis qu'approuver cette nouvelle édition correcte et consciencieuse de deux ouvrages, dont l'un appartient à l'un de nos plus grands saints, dont l'autre a été composé par une Religieuse d'une science extraordinaire et d'une singulière piété. J'autorise donc volontiers, autant qu'il est en moi, l'impression du manuscrit.

Fait en notre Couvent d'études théologiques, à Carpentras, le 25 mars 1866.

Fr. MARIE-AMBROISE,
des Frères-Prêcheurs, Lecteur en Théologie.

Me référant aux approbations antérieures qui ont été données à l'ouvrage précité, et convaincu, par la lecture que j'en ai faite moi-même, que ce livre peut être très-utile aux âmes religieuses et chrétiennes, j'approuve sa publication.

Carpentras, le 25 mars 1866.

Fr. FRANÇOIS,
des Frères-Prêcheurs, Lecteur en Théologie.

IMPRIMATUR :

Fr. ANTONINUS,
Prior Provincialis Prov. Occit.
Immaculatæ Conceptionis.

IMPRIMATUR :

CAROLUS GAY,
Vicarius generalis Pictaviensis.

PRÉFACE.

I

« Le Traité de la Vie spirituelle de saint Vincent Ferrier a joui autrefois d'une grande réputation. Il a été, pendant longtemps, le manuel des âmes pieuses, et c'était le livre que les maîtres de la vie spirituelle recommandaient principalement à ceux qui voulaient faire des progrès dans la perfection. Il a été, à une certaine époque, ce que sont aujourd'hui l'Imitation de Jésus-Christ et le Combat spirituel. Quoiqu'il ait été composé surtout pour des religieux, la plupart des conseils qu'il renferme s'adressent également à tous les chrétiens qui ont un désir sincère de marcher à la suite de Jésus-Christ [1] ».

Ce qui fait le caractère très-particulier de ce Traité, c'est qu'il saisit la vie spirituelle par son côté le plus pratique. « Dans aucun livre, disait saint Louis Bertrand, je n'ai vu les vertus représentées au vif, comme dans celui-ci. » Aussi, nous connaissons peu d'ouvrages qui soient plus propres à former dans les âmes cette piété forte et virile, devenue malheureusement trop rare parmi nous.

Le saint Auteur commence par dégager l'âme de toutes choses et d'elle-même, au moyen de la pauvreté (ch. i), du silence (ch. ii), et par l'exercice du renoncement (ch. iii). Il nous fait ainsi arriver à la pureté de cœur. Et la pureté de cœur nous mène à

1. Charles Sainte-Foi.

l'union divine, qui est la fin de toute la vie spirituelle (ch. III).

Ces grands principes établis, saint Vincent les applique, ensuite, aux principales actions de la vie chrétienne et de la vie religieuse; et, parcourant ces actions une à une, il nous indique, avec les dispositions intérieures qui doivent les animer, quelques pratiques extérieures pour les sanctifier (ch. IV-XII). C'est comme une route qui nous est tracée vers la perfection. — Mais sur cette route peuvent se rencontrer des dangers : il nous les signale (chap. XIII-XIV); et des découragements : il les prévient (chap. XV-XVI), en nous proposant quatorze motifs des plus efficaces pour exciter notre générosité dans le service de Dieu.

Nous pensons que là finit le Traité proprement dit. Dans les chapitres qui suivent jusqu'à la fin, l'Auteur fait un résumé de sa doctrine. Il la ramène d'abord tout entière à ces deux grands principes : se quitter soi-même; et se tourner vers Notre-Seigneur Jésus-

Christ, pour s'unir à lui, et recevoir de lui une vie nouvelle (chap. xvii). — C'est sur ces deux vérités, comme sur deux fondements, qu'il élève ensuite tout l'édifice des vertus, en nous exposant successivement les dispositions dans lesquelles nous devons nous établir : par rapport à Dieu, par rapport à nous-mêmes, par rapport au prochain, et par rapport à toutes choses (chap. xviii-xxi). — Il termine en nous dressant une petite échelle des vertus, au moyen de laquelle nous pouvons nous élever jusqu'au sommet de la perfection (chap. xxii-xxiii).

Tous ces enseignements sont présentés sous une forme extrêmement concise, afin qu'ils puissent se graver plus facilement dans la mémoire ; mais pour qui les méditera, pour qui, surtout, s'efforcera de les mettre en pratique, chacune de ces paroles deviendra une source féconde de vérité et de vie.

II

Nous n'avons rien négligé pour rendre cette édition aussi correcte que possible. Nous avons revu le texte latin avec un soin scrupuleux, et nous en avons fait disparaître les fautes nombreuses qui défiguraient les dernières éditions. Nous n'avons pas donné une attention moindre à la traduction. Nous avons désiré par-dessus tout qu'elle fût littérale et fidèle. Profitant d'une autorisation bienveillante, nous avons pris pour base de notre travail une des meilleures qui aient été faites dans ces derniers temps [1], et nous l'avons modifiée et changée selon qu'il nous a semblé convenable. Nous avons aussi changé l'ancienne division des chapitres. Cette division, introduite par les éditeurs,

---

1. *Traité de la Vie spirituelle*, traduit du latin par Charles Sainte-Foi. Éditeur Casterman.

avait été aussi souvent modifiée par eux. Nous nous sommes cru le même droit; et nous en avons usé, pour donner à l'ouvrage une marche plus simple et plus naturelle. Dans le même but, nous avons placé à la fin du volume une table un peu détaillée des matières. A l'aide de cette table, l'œil le moins exercé pourra saisir d'un regard, et les idées fondamentales de chaque chapitre, et l'ordre qui les unit.

III

Au Traité de saint Vincent Ferrier, nous avons ajouté les Commentaires d'une religieuse de notre Ordre, la savante Mère Julienne Morell. Nous renvoyons, pour tout ce qui concerne cette femme extraordinaire, à la Notice biographique qui suit. Elle a été rédigée par une de ses contemporaines et de ses sœurs en religion, la Vénérable Mère Marie de Merle de Beauchamps. Nous y avons ajouté quelques détails, que nous avons puisés dans l'*Année dominicaine*, ou dans d'autres ouvrages d'une authenticité incontestable.

Quant aux Commentaires eux-mêmes, notre Religieuse les composa à l'âge de 23 ans, « pour sa particulière consolation et édification, et encore pour celle de ses sœurs ». Mais le Père Claude Dubelly, l'un des principaux coadjuteurs du Vénérable Père Sébastien Michaëlis dans sa réforme de l'Ordre en France, les ayant lus, en fut tellement satisfait, qu'il exigea absolument qu'ils fussent donnés au public. Ils parurent à Lyon en 1617, et arrivèrent en peu de temps à une seconde édition, qui fut imprimée à Paris. Ils appartiennent donc encore à cette belle littérature de la fin du seizième siècle, dont saint François de Sales a été un des plus illustres représentants. On les retrouvera ici avec tout leur charme et leur fraîcheur native. Tout au plus avons-nous changé quelques expressions, simplifié quelques tours de phrases, etc. ; mais sans porter atteinte au caractère propre et essentiel du style.

L'Auteur va maintenant nous faire connaître lui-même le fonds de son travail. C'est dans la Préface qui parut en tête de l'édition de 1617. Nous la reproduisons en entier.

AU DEVOT LECTEUR.

Peut estre vous vous estonnerez, devot Lecteur, de ce que moy, estant simple fille et pauvre Religieuse, ay bien osé mettre ce livret en lumiere. Pour obvier à vostre estonnement, je desire que vous sçachiez que j'avois traduit ce petit *Traicté de la Vie spirituelle*, composé par l'apostolique sainct Vincent Ferrier, de latin en françois, visant à l'utilité de ces sainctes ames parmy lesquelles je converse, bien qu'indigne de leur compagnie : non qu'elles ayent faute d'instructions, et de toute sorte de livres spirituels ; mais parce que, l'Aucteur estant de nostre Ordre, et d'une si admirable saincteté, je sçavois qu'elles l'auroient agreable. Car mesme quelques-unes m'en avoient prié, et la Reverende Mere l'avoit trouvé bon.

La version estant faicte, je m'entretins à faire quelques annotations sur la plus part des chapitres dudit livret, pour ma particuliere consolation et edification, et encores pour celle de mes sœurs : sçachant bien que, comme industrieuses abeilles, elles sçavent cueillir de tout le miel de devotion. Ce que je fis, assemblant divers passages de la saincte Escriture, et saincts Docteurs, et Peres anciens (des œuvres desquels Monsieur mon Pere m'a pourveuë à suffisance), sur les subjects et matieres qui me sembloient plus utiles : m'appuyant tousjours sur les sentences du sainct Aucteur, et là dessus montant en quelques petites considerations et bastissant mon petit et simple discours, comme le foible lierre, qui monte en haut, soustenu non de ses branches, mais du tronc de quelque arbre. Car ainsi moy, qui suis foible quant au sexe, quant à la vertu, entendement et science, je me suis appuyée sur cest excellent arbre fruitier, sur cest olivier fertile, qui a, durant sa vie, porté des fruits si rares et si copieux neantmoins en l'Église de Dieu, luy gaignant des ames innombrables ; — sur ce haut Cedre du Liban, si incorruptible, qu'il a gardé perpetuelle et très-entiere virginité, et qu'en sa vie il ne commit un seul peché mortel, comme l'affirment les aucteurs dignes de foy qui ont escrit sa vie ; et si odoriferant, que la tres-suave odeur de ses vertus dure en son entier jusqu'à nos temps, et embaume et resjouit les cœurs de tous ceux qui les lisent, ou les oyent raconter ; — bref, sur ce fleurissant et victorieux palmier, qui n'a sçeu succomber au poids des rudes tentations que l'ennemy du genre humain luy a livrées durant sa vie ; et jamais n'a plié sous le faix d'une vie si austere, penitente, et sevrée de toutes les consolations de la terre, qu'il a tousjours menée, traictant son corps avec tant de rudesse comme s'il ne lui eust en rien appartenu.

Or est-il (pour revenir à mon propos), que quelques devots et sçavants personnages qui ont auctorité sur nous, nommément le Reverend Pere du Bel, vice-inquisiteur general de la Foy, qui a surintendance particuliere sur nostre maison, ayant sçeu cela, et veu ce petit Opuscule, ont jugé qu'il estoit convenable de le mettre en lumiere : ils me l'ont conseillé, et encores ledit Reverend Pere me l'a commandé.

Par obeyssance donc il sort d'entre mes mains, pour aller dans les vostres : non sans grande confusion mienne, qui cognois bien que l'ouvrage ne merite pas d'estre veu et mis en lumiere, en ce qu'il y a du mien, qui est bien peu de chose et mal ajancé. Mais en ce qui est du sainct Aucteur, sans doute il vous sera tres-utile, si vous le lisez avec l'esprit qu'il desire et requiert si souvent dans ce sien Traicté, à sçavoir d'un esprit humble, simple, et desireux de profiter. Dans les annotations, vous verrez, pieux Lecteur, mes ignorances et simplicités. Mais excusez, je vous prie, et voyez que je suis une simple fille : et partant, n'attendez pas d'y trouver la doctrine ny le beau discours que vous pourriez desirer ; mais à la mienne volonté, que vous y trouviez quelque chose qui vous soit occasion au moins de quelque bonne pensée, de quelque sainct desir ou de quelque elevation d'esprit, et je tiendray ma petite peine pour bien employée. Mais s'il s'y rencontre quelque chose de tel, sçachez que cela ne vient pas de moy, mais de Dieu, et à luy seul donnez-en la gloire ; et demandez-luy, je vous supplie, pour moy la grace de mettre en pratique ce que, par sa seule faveur et assistance, j'ay couché par escrit dans ce livret.

IV

Notre humble sœur avait dédié son livre à la très-sainte Vierge, et elle en avait fait hommage à la très-pieuse reine Anne d'Autriche. Nous n'avons pu nous défendre de conserver encore ces deux épitres dédicatoires. Voici la première :

HUMBLE ACTION DE GRACES
OFFRANDE ET ORAISON
A LA SOUVERAINE IMPÉRATRICE DES CIEUX ET DE LA TERRE, LA GLORIEUSE MÈRE DE DIEU.

Sileat misericordiam tuam, Virgo beata, si quis est qui invocatam eam in necessitatibus suis, sibi meminerit defuisse. « Que celuy-là, dit le Docteur aux lèvres de miel, taise vostre misericorde, o Vierge Mere tres-heureuse, qui, l'ayant reclamée en ses necessités, se souviendra qu'elle luy aye manqué [1] ».

1. Bernard. hom. 4, super Missus est.

Mais moy, vostre petite esclave, comment tairay-je vos louanges, comment n'exalteray-je vos misericordes, en ayant si surabondamment ressenty les effects toutes les fois que je l'ay invoquée ? Comment se pourroit faire (si du tout je ne vous suis ingrate), que ma langue demeurast muette à raconter les signalés et innombrables bienfaicts que j'ay receus par vostre intercession, nommément celuy de la vocation religieuse ; et que je ne fisse sçavoir à un chascun, que Marie Mere de Dieu a magnifié en moy ses misericordes ? Car s'il a pleu à la bonté immense de mon Dieu m'esclairer au milieu des tenebres où j'estois autresfois, et m'amener en son admirable lumiere, rayonnant sur moy l'esclat d'une nouvelle cognoissance qui me fist presque en un instant veoir et ensemble hayr et mespriser la vanité et tromperie du monde : ce fust par vostre moyen, o douce Mediatrice. Et si ce Dieu tout bon, m'ayant des lors esloignée du monde de cœur et de volonté, daigna m'en retirer par apres de corps et d'effect, selon l'ardent desir qu'il m'en avoit donné ; s'il m'a delivrée, à ma grande joie, de la triste captivité de cest Egypte tenebreux, et m'a conduicte au sacré desert tout fleurissant et delicieux d'une si saincte Religion ; pour là luy offrir un continuel sacrifice de moy-mesme, et un parfaict holocauste de ma liberté ; pour de là et par là m'introduire un jour en la tres-souhaitable terre de promission toute coulante en laict et en miel, patrie de bonheur, douceur et felicité eternelle : à qui dois-je, apres Dieu, ce benefice incomparable, qu'à vous, o Vierge tousjours beniste ? Car aussi, pour marque certaine de cela, ce fust en l'Octave de vostre saincte Nativité qu'il me fust conferé, et en une Religion tres-particulierement dediée à vostre service : en un Ordre, qu'avez tant favorisé, que de luy donner l'habit sainct et sacré dont il use ; duquel le Fondateur et Patriarche, qui est nostre glorieux Pere sainct Dominique, et les colomnes et Saincts principaux, nommément la séraphique saincte Catherine de Sienne nostre mère, vous sont esté si affectionnés et devots ; et sont esté reciproquement de vous tant cherys, aimés, et honorés de si speciales faveurs et privileges singuliers ! Ce fut aussi par l'assistance de vostre maternelle protection, que je reçeus ce sainct habit d'innocence et pureté, en estant par trop indigne ; et que, par apres, JESUS-CHRIST mon Sauveur, par sa tres-misericordieuse grace, me daigna admettre au nombre de ses Espouses, m'unissant à luy par les indissolubles liens des saincts vœux et de la profession solennelle ; et que du depuis, par l'aide de sa divine grace, j'ay perseveré avec toute allegresse, paix et consolation spirituelle en son sainct service. Ce sont les entrailles de vostre pitié qui ont fleschy vostre cher Fils à avoir compassion d'une si chetive creature, et à envoyer sur moy ingrate une si continuelle et douce pluie de ses misericordes.

Que vous rendray-je donc, o Vierge toute benigne, pour tant de biens inestimables que j'ay receus de vostre liberale clemence? Las! autre chose je ne puis faire que vous loüer incessamment, et vous en rendre des perpetuelles actions de grace. Je me consacrerois toute à vous servir, si desja je ne l'avois faict des le jour de ma profession. Mais je le fais de nouveau, et me voüe toute à vous par un million de fois. Tout ce qui vient ou procede de moy, par consequent vous est aussi dedié. Recevez donc, o Vierge Mere de grace, ce mien petit labeur. La face couverte de honte, je vous l'offre avec toute soubmission, pour quelque tesmoignage de mon humble recognoissance, sçachant bien qu'il est indigne de vous estre presenté. Regardez-le neantmoins, je vous prie, selon vostre accoustumée benignité et clemence, et voyez qu'en iceluy je n'ay visé à autre chose qu'à la gloire de mon Sauveur JESUS, et à la vostre. Recevez-le, puisqu'il est vostre; et plaise vous l'approuver de vostre regard gracieux, et faire qu'il puisse servir en quelque chose à l'honneur et service de vostre cher Fils. La gloire n'en viendra pas à moy : car je n'y ai rien ; elle sera toute donnée à luy et à vous : car c'est par sa grace et par vostre assistance que, tel qu'il est, il a esté par moy traduit et composé. Je vous rends donc ce que je vous dois, et qui est vostre. Je vous l'offre en tres-humble remerciement de vos innombrables bienfaicts ; et en tres-affectueuse supplication et requeste que je vous fais, o souveraine Royne des Cieux, pour nostre tres-pieuse royne Anne d'Austriche. Je vous supplie tres-instamment de luy vouloir impetrer toute affluence de graces et dons celestes : afin qu'elle puisse craindre et aimer JESUS Roy des roys, vostre Fils unique, d'une crainte filiale et d'un amour tres-ardent, gardant exactement ses saincts commandements, enrichissant son ame par l'exercice continuel des bonnes œuvres, et gouvernant son royaume en toute droicture, justice et saincteté ; et passer tellement par les biens temporels, qu'elle ne perde pas les eternels : mais que, de la possession de ce royaume terrestre, elle puisse passer à la jouissance du Royaume celeste. Amen.

V

Suit la seconde épitre dédicatoire, adressée :

A LA

TRES-CHRESTIENNE ET TRES-PIEUSE

ANNE D'AUSTRICHE, ROYNE DE FRANCE

ET DE NAVARRE.

Madame,

Si moy, vostre humble et petite vassale, ay bien osé prendre la hardiesse de presenter à Vostre Majesté ce mien petit labeur, qui est la version de l'apostolique sainct Vincent Ferrier de nostre sainct Ordre, avec quelques remarques et annotations que j'y ay annexées : ce n'est pas pour aucune persuasion que j'aye, que ce qu'il y a du mien soit digne de paroistre devant Vostre Majesté ; moins encores crois-je qu'il y ait en moy aucun merite qui vous puisse rendre mon petit present agreable. Mais je m'asseure bien que ce qui vient de la part d'un si grand Sainct, qui a esté une tres-claire lumiere de l'Église, et un admirable ornement de toute l'Espagne, dont il estoit issu, ne pourra faillir de trouver un gracieux et benin accueil envers Vostre tres-pieuse Majesté. Ceste conformité de nation du sainct Aucteur, et de moy indigne traductrice d'iceluy, sembloit m'obliger de n'offrir ce livret à autre, apres le ciel, qu'à Vostre Majesté qui, passant de la tres-catholique Couronne d'Espagne, lieu de vostre origine, en ceste tres-chrestienne Monarchie Françoise, avez mis en vray accord et union l'un et l'autre royaume ; nous apportant, par vostre heureuse et desirée venue, le signe asseuré d'une paix ferme et stable, parmy le triste deluge des heresies qui menaçoient d'abysmer ce Royaume : comme jadis la blanche Colombe porta le rameau d'olivier, symbole de paix, à Noé et à ceux qui avec luy estoient dans l'Arche. Car aussi vostre belle ame est elle une pure colombe, par son innocence et candeur.

Il n'y a pas donc de quoy s'esmerveiller, si, ayant une si grande obligation à Vostre Majesté avec tout ce Royaume, et estant d'ailleurs doublement vostre vassale, comme née en Espagne et comme vivant en France, j'ose bien offrir à Vostre Majesté ce petit et pauvre present, pour marque de tres-humble recognoissance. Joint aussi qu'ayant, en l'age de douze ans, dedié des theses en philosophie que je soustins à Lyon et qui furent les premieres fleurs de mes estudes, à la sacrée et royale Majesté de feu Madame vostre Mere de tres-heureuse memoire, il ne sembloit raisonnable de presenter à autre le premier fruit d'icelles, quoyque insipide et flestry, qu'à Vostre Majesté, qui est la vive image de ses vertus. Et pour ne taire comment, estant nalisve d'Espagne, je suis venue en ces quartiers (car Vostre Majesté s'en pourroit esmerveiller), je le luy diray en peu de mots.

Barcelone, une des cités principales du royaume d'Aragon, est le lieu de ma naissance. Là, n'ayant encores atteint l'age de cinq ans, mon pere commença de me faire adonner à l'estude des bonnes lettres. Et pour le desir qu'il avoit de m'y advancer, luy estant arrivé une disgrace de quelque fausse accusation qui le contraignit de quitter son pays et se retirer en France, il m'amena avec soy, moy estant lors agée de sept ans; et ayant choisi sa demeure à Lyon, il m'y fit continuer mes estudes d'un soin plus que paternel, tenant en sa maison les maistres les plus sçavants qu'il pouvoit trouver à grands frais et despens, jusqu'à ce que j'eusse achevé le cours de philosophie et une partie de la metaphysique. Car pour lors, Nostre-Seigneur m'ayant donné, en l'age de treize ans, un grand desir de le servir en religion, comme mon pere est fort bon chrestien et craignant Dieu, il y acquiesça, bien qu'il n'eust autre enfant que moy, et se mit en voyage avec moy pour me ramener en ma patrie, et m'establir là en une religion à mon souhait. Mais comme nous passions par ceste ville d'Avignon, la Sapience divine, qui dispose toutes choses doucement et qui puissamment les achemine à leur fin convenable, ordonna et disposa que je m'y arrestasse du tout. Car la bonne odeur de la sainctelé de ce monastere estant parvenue jusqu'à moy, et ayant sçeu qu'il estoit de l'Ordre de saincte Catherine de Sienne, à laquelle j'avois particuliere devotion, desirant aussi estre plustost loin que pres de mon pays et parentage, pour servir Dieu avec plus grand repos et tranquillité : j'y fus attirée d'en haut, et j'y entray estant agée de quatorze ans, aidée de la faveur de Madame la Princesse de Condé ; mais, surtout, conduite de la paternelle providence de mon Dieu, et guidée et protegée par la glorieuse Vierge, mere de misericorde. Mon pere, qui desiroit que j'allasse en Espagne, y fit un peu de difficulté au commencement ; mais enfin il s'accorda. Là, je reçeus au bout de quelque temps le sainct habit de nostre Pere sainct Dominique ; et, apres l'an de probation, je fis profession solennelle avec une joye et une consolation indicibles de mon ame : le tout par la seule bonté et misericorde de Dieu, et charité de ces bonnes Meres qui daignerent me recevoir à leur saincte Compagnie Dont j'ay bien occasion de m'escrier avec le Prophete : Benis, mon ame, le Seigneur, et que tout ce qui est dans moy benisse son sainct nom. Bénis, mon âme, le Seigneur, et n'oublie pas ses benefices et misericordes. Car il a accomply en toute affluence de biens tes desirs et souhaits. Ouy certes! car je desirois d'entrer en une religion où sa divine Majesté fust servie en toute perfection; et il m'a plus accordé que je n'eusse sçeu desirer, me plaçant en un lieu de pasturage spirituel, parmy des ames si pures et si sainctes, que je ne merite pas de baiser leurs vestiges. Louange, gloire et benediction en soit donné à sa divine bonté par tous les siecles des siecles.

Je supplie donc tres-humblement Vostre Majesté de vouloir agreer mon indigne present, selon la naturelle clemence et douceur dont Dieu a doué vostre ame royale. De laquelle j'ay tant présumé, que de me confier qu'elle daigneroit le regarder de bon œil, et l'accepter de bon cœur; n'ayant pas tant d'esgard à sa petitesse et laideur, qu'à la bonne et affectueuse volonté dont il est presenté à Vostre Majesté, par ceste pauvre religieuse, la moindre des servantes de JESUS-CHRIST, qui vous souhaite une tres-copieuse affluence de toutes graces et benedictions spirituelles et temporelles, et un fleuve de paix et vraie consolation; comme aussi semblablement pour nostre Roy tres-chrestien, pour Madame sa mere Royne regente, et pour toute vostre maison royale et tout vostre royaume. J'en requiers instamment la divine bonté en mes petites oraisons ; et le mesme font toutes ces bonnes et sainctes religieuses desquelles je suis indigne compagne, faisant mesme tous les jours une priere particuliere en l'Esglise à ceste intention. Toutes ensemble nous prions Nostre-Seigneur et Sauveur, qu'il comble vos Royales Majestés de toute sorte de dons et graces celestes, et de l'accomplissement de leurs saincts desirs : si bien que du royaume temporel, elles meritent passer un jour à l'eternel ; et de ce bannissement, à la vraie patrie, qui est la Hierusalem celeste, vision de paix, jouissance de tous bonheurs, et comble d'ineffable joye, d'incnarrable consolation et de felicité eternelle. Amen.

Sacrée et Royale Majesté,

C'est de la plus indigne de vos vassales, et la moindre de vos petites servantes,

Sœur JULIENNE MORELL,
Religieuse de l'Ordre de Saint-Dominique,
et tres-inutile servante de JESUS-CHRIST.

D'Avignon. En ce monastere de Saincte-Praxede, ce 21 Janvier, l'an de salut 1617.

NOTICE BIOGRAPHIQUE

SUR

LA VÉNÉRABLE MÈRE JULIENNE MORELL

PAR LA MÈRE MARIE DE BEAUCHAMPS.

NOTICE BIOGRAPHIQUE

SUR

LA VÉN. MÈRE JULIENNE MORELL

RELIGIEUSE DOMINICAINE

DU SECOND ORDRE.

La Vénérable Mère Julienne Morell naquit à Barcelone en Espagne, l'an 1594, le 16 février, jour de sainte Julienne, vierge et martyre : c'est pourquoi on lui imposa le nom de cette grande sainte. Son père était fort riche et puissant, et sa mère de très-illustre naissance ; mais elle eut à peine le loisir de voir son enfant et de lui donner sa bénédiction, qu'elle mourut très-chrétiennement.

Jean-Antoine Morell, son père, voyant les rares dispositions de sa petite fille pour l'étude, employa tous ses soins à la faire instruire dans toutes sortes de sciences. Il se promettait qu'elle serait un jour la gloire de sa race, la merveille de son sexe et le prodige de son temps. Elle y fit, en effet, de tels progrès, qu'à l'âge de douze ans elle savait parfaitement le Latin, le Grec, l'Hébreu, l'Arabe, le Chaldaïque, l'Italien, le Français et l'Espagnol. Ces deux dernières langues lui étaient familières.

A l'âge de sept ans, elle écrivait en latin la lettre suivante à son père, qui la fit ensuite mettre en caractères d'or :

[1] JULIANA MORELL, J. A. MORELL, PATRI SUO
CHARISSIMO S. P. D.

Maximâ sum affecta lætitiâ, cùm ex tuis litteris quas proximè accepi, intellexi te salvum in Galliam venisse, quo nihil gratius mihi accidere potuit. Verùm unum illud doleo, te tanto locorum intervallo à nobis abesse, meque neque tuo jucun-

---

1. En français :

JULIENNE MORELL A JEAN-ANTOINE MORELL
SON TRÈS-CHER PÈRE, SALUT.

J'ai éprouvé une bien grande joie d'apprendre, par vos dernières lettres, que vous êtes arrivé heureusement en France : je ne pouvais recevoir de nouvelle qui me fût plus agréable. Mais j'ai encore une peine, c'est de penser que vous êtes si loin de nous, et que je ne puis plus jouir

dissimo conspectu, neque tuâ bonâ et jucundâ consuetudine frui posse. Tu, pater mi humanissime, si me amas, crebris litteris jacturam hanc resarcies: quod ut facias, vehementer rogo. Vale, atque ut me soles dilige. Magister meus amantissimus tibi salutem plurimam dicit.

Filia tua charissima,

JULIANA MORELL.

Elle savait aussi, à ce même âge de douze ans, non pas superficiellement comme les jeunes écoliers, mais à fond, les Humanités, la Logique et la Morale. Elle en soutint des thèses publiques, qu'elle dédia à la reine d'Espagne, dans la ville de Lyon, que son père habitait depuis plusieurs années. Si le père, à l'occasion de ces thèses, montra toute sa magnificence, la jeune fille, de son côté, brilla par tant de savoir, de modestie

---

du bonheur de vous voir, non plus que de la douceur de votre société. Mon bon père, si réellement vous m'aimez, vous me dédommagerez de cette privation, en m'envoyant souvent de vos lettres. Ne me le refusez pas, je vous le demande de toute mon âme. Adieu, aimez-moi toujours bien. Mon précepteur, si dévoué, vous envoie ses respectueuses salutations.

Votre très-chère fille,

JULIENNE MORELL.

et de grâce, que tous les assistants en furent ravis. Et ils s'écriaient, dans leur juste admiration : *Quæ, putas, puella hæc erit?* « Que pensez-vous que soit un jour cette enfant? »

Julienne ne fit pas dans la piété des progrès moins précoces ni moins rapides que dans les sciences. Dès l'âge de cinq ans, elle conçut une dévotion extraordinaire envers la très-sainte Vierge [1]. Ayant appris que cette auguste Vierge avait toujours été exempte de péché, et même des fautes les plus légères, elle ne pouvait se lasser d'admirer le bonheur de son innocence. Vivement désireuse de l'imiter, elle prit, elle aussi, la ferme résolution de ne jamais offenser Dieu, et conçut dès ce moment une souveraine horreur du péché. Ainsi le Père céleste remplissait déjà cette innocente petite enfant du don de crainte filiale ! Au même âge, elle avait une si tendre compassion des pauvres et des malheureux qu'elle ne savait rien leur refuser de ce qui pouvait contribuer à soulager leur misère.

---

1. Cette dévotion, qui est le premier attrait de sa piété, en demeura jusqu'à la fin un des caractères les plus profonds. Elle l'inculquait à ses religieuses avec un soin tout particulier. Et pour elle-même, c'était à la sainte Vierge qu'elle recourait toujours, comme à la dispensatrice des grâces.

De douze à quatorze ans, elle poursuivit ses études de Physique, de Métaphysique et de Jurisprudence. Elle donnait ordinairement à l'étude neuf heures par jour; et de plus, elle récitait le grand office des Ecclésiastiques. Pour toute récréation, elle dressait et ornait de petits oratoires; ou bien, elle jouait du luth, de l'épinette ou de l'orgue. Car elle était très-habile dans tous ces arts [1].

Pendant qu'elle se livrait à ces saintes occupations, Dieu permit que Satan lui donnât de l'exercice. Mais il devait être battu, et demeurer pris dans ses propres piéges. Il l'attaqua par des tentations horribles contre la foi, et bientôt y ajouta la tentation, plus accablante encore, du désespoir du salut. La pauvre enfant ne faisait que gémir, jour et nuit, sans oser presque se

---

1. Son habileté dans ces arts d'agrément est ainsi louée dans une poésie du temps :

Avoir fait sa Philosophie,
Entendre la Theologie,
Parler Hebreu, Grec et Latin ;
Sçavoir nostre langue Françoise,
Ainsi que la sienne Iberoise,
Et le langage Florentin ;

Comme une autre saincte Cecile,
A un orgue estre tres-habile
Y joignant sa voix doucement;

Psalmodier de Dieu la gloire,
En pinçottant un luth d'ivoire
Ou quelque autre noble instrument:

Toutes ces vertus admirables,
Toutes ces graces ineffables
Brillent en ceste sage Sœur:
Du renom qui d'elle procede,
Avignon et saincte Praxede
Auront un immortel honneur.

recommander à Dieu. Enfin, n'en pouvant plus, elle prit la résolution de découvrir ses peines à son précepteur. C'était un vénérable vieillard, très-savant et très-pieux. Il la consola du mieux qu'il put, et lui conseilla, entre autres choses, d'avoir recours à la sainte Vierge, et de dire souvent le symbole de saint Athanase, afin de repousser les attaques de l'ennemi par des actes contraires. Julienne obéit humblement.

La tentation cependant la pressait toujours. Elle devenait même de jour en jour plus accablante. Alors, lui vint la pensée de quitter le monde et de se donner à Dieu : il lui semblait que seulement là elle trouverait le terme de toutes ses peines. Il est vrai que la perspective du brillant avenir que son père lui préparait, et que la fortune semblait lui promettre, faisait bien quelque impression sur son cœur : il lui en coûtait de quitter, si jeune, un monde qu'elle avait encore si peu connu. Mais la foi la fortifia contre les vaines séductions de la terre, en lui montrant d'autres biens plus solides et plus élevés. Elle compara le ciel avec la terre, elle mit en parallèle le moment si fugitif des choses du temps, avec le poids immense de celles de l'éternité ; et elle prit la résolution forte et généreuse de tout quitter pour Dieu, et d'être religieuse, à quelque prix que ce fût, et quelque obstacle qu'elle pût y trouver. Puis, se mettant à genoux, elle fit vœu de virginité perpétuelle, et d'entrer dans quelque monastère d'une règle austère, et où règnerait l'observance régulière la plus parfaite.

On eût dit que Dieu n'attendait que ce sacrifice. Car à peine ce vœu eut-il été prononcé, que toutes les tentations s'évanouirent ; et Julienne se trouva dans un si grand calme, qu'il lui semblait être en paradis. Le monde, qui avait voulu l'attirer par ses appâts, lui parut dès ce moment si misérable, qu'elle ne pouvait plus en entendre même parler. Toutes ses conversations n'étaient que sur la vie religieuse et le bonheur de ceux qui s'y sont consacrés. Elle-même, comme pour s'y disposer, se coupa une partie de ses cheveux ; et elle se les serait coupés entièrement, sans la crainte de déplaire trop sensiblement à son père. Elle commença aussi dès lors à s'exercer selon son petit pouvoir aux austérités corporelles. Elle se fit un cilice avec la plus rude toile des sacs de la maison, ne connaissant personne à qui elle osât en demander d'autre, et elle le portait sous ses habits. Elle en aurait bien fait davantage, si elle en avait eu le moyen et la liberté. Elle devint en même temps si fervente dans l'oraison, qu'elle se levait secrètement de son lit, sans lumière et sans bruit, pour ne pas réveiller son père qui dormait dans un appartement voisin, et passait une partie de ses nuits à prier et à dire son Rosaire.

Cependant le désir de la vie religieuse la pressant toujours de plus en plus, elle résolut de s'en ouvrir enfin à son père. Mais cette démarche n'eut d'autre résultat que d'irriter ce dernier à l'excès. Il conçut de là toute sorte de jalousie et de mauvais soupçons contre sa fille ; et se laissant aller à son naturel violent et emporté, il l'accabla, pendant près d'une année, des traitements les plus cruels et les plus barbares. Ce serait peut-être là une des plus belles pages de l'histoire de notre sœur. Car, au milieu de ces traitements les plus durs, sa douceur, sa patience, sa piété et sa constance ne se démentirent jamais. Elle souffrit tout, plutôt que de trahir la vérité par un mensonge. Et, bien loin d'en concevoir quelque aigreur contre son père, elle redoublait de soin pour le contenter et ne lui parlait qu'avec une douceur d'agneau. Elle se voyait presque tous les soirs chargée de coups, même avec des nerfs de bœuf, qui lui rendaient la chair toute livide ; elle passait ensuite la plus grande partie de la nuit à pleurer, à gémir comme la tourterelle, et à se consoler avec Notre-Seigneur par quelque fervente prière ; et néanmoins elle ne retranchait rien, pendant le jour, de ses études ordinaires. Elle apprit même si bien, pendant cette année, une partie de la Métaphysique et de la Jurisprudence, que son père résolut de la faire passer Doctoresse en droit. Ce fut ce qui le détermina à quitter Lyon, et à venir se fixer pour quelque temps à Avignon, espérant trouver moins de difficultés dans cette dernière ville, pour la réalisation de son projet. Mais la Providence avait d'autres desseins, et elle en préparait l'accomplissement par des voies admirables.

Toute la ville d'Avignon fut émue, à l'arrivée de cette *Doctoresse* (car c'est ainsi qu'on l'appelait). Chacun voulait la voir et lui parler. Toutes les dames de la ville la visitèrent. Et Julienne les recevait avec tant d'honnêteté et de grâce, elle les entretenait avec tant de sagesse et d'agrément, sans aucun air ni d'ostentation ni de propre estime, que toutes s'en retournaient admirablement satisfaites.

Parmi les personnes de qualité qui l'honorèrent de leur visite, Madame la Princesse de Condé voulut être du nombre. Charmée des riches talents qu'elle admirait en elle, elle la prenait ensuite souvent dans son carrosse, pour aller à la promenade, afin de l'entretenir plus à loisir et avec plus de plaisir. Son père, qui n'aurait jamais voulu la perdre de vue, n'en était nullement aise. Il dissimulait cependant son chagrin, à cause de la haute qualité de cette Princesse.

Mais il en était tellement rongé, qu'à peine eut-il passé neuf jours à Avignon, que ses premières fougues lui revenant, il commença de nouveau à traiter sa fille avec la même cruauté qu'à Lyon. Pendant cinq jours, la pauvre enfant souffrit tout sans se plaindre ; mais ensuite, comme elle n'y voyait pas de fin, elle s'en ouvrit à Madame la Princesse de Condé, la conjurant de l'assister de sa faveur, pour la tirer des mains de son père, et la faire recevoir dans quelque communauté religieuse bien réglée. Cette Princesse pouvait à peine croire ce qu'une si aimable fille lui disait de l'étrange humeur de son père, et elle en fut dans le dernier étonnement. Mais comme elle n'avait d'ailleurs aucun sujet de se défier de la piété et de l'ingénuité de Julienne, elle lui dit d'avoir bon courage et qu'elle mettrait ordre à tout.

Cependant toute la ville désirait voir quelque preuve éclatante de l'esprit et du savoir de cette fille extraordinaire. Monseigneur le Vice-Légat ayant lui-même témoigné qu'il voulait avoir ce plaisir, Julienne consentit à soutenir encore une fois des thèses publiques : et le jour fixé étant arrivé, notre savante sœur répondit à toutes les questions et résolut toutes les difficultés qui lui furent proposées, avec un succès encore plus grand cette seconde fois que la première.

Personne ne doutait qu'elle ne méritât parfaitement le degré que son père ambitionnait pour elle, de Doctoresse en droit. Mais elle s'en montra incomparablement plus digne, en se prescrivant elle-même d'autres lois, qui devaient la rendre grande dans le ciel, si elle y conformait fidèlement sa vie sur la terre. Ce fut alors que, aidée de la toute-puissante protection de Monseigneur le Vice-Légat et de Madame la Princesse de Condé, elle quitta le monde, et entra dans le monastère de Sainte-Praxède pour y prendre l'habit des Religieuses de sainte Catherine de Sienne, pour laquelle elle avait depuis longtemps une très-grande dévotion [1].

Les efforts que tenta son père pour la faire sortir furent extrêmes, comme aussi son affliction. Mais la constance de Julienne prévalut. La pauvre fille se jetait à genoux aux pieds de ses Maîtresses, et, les yeux tout remplis de larmes, elle leur disait : « Je vous prie, mes Mères, de recommander mon père à Dieu, car il en a besoin ;

---

1. Cette dévotion datait de son enfance et avait été, avec la dévotion à la très-sainte Vierge, l'un des premiers attraits de sa piété. Elle lui avait été inspirée par la lecture de la Vie de la Sainte. Toute enfant qu'elle était, elle avait tellement goûté cette Vie, qu'elle avait pris dès ce moment sainte Catherine de Sienne pour son avocate particulière, et se recommandait très-affectueusement à ses intercessions et prières.

mais aussi, s'il vous plaît, ayez pitié de moi, pour ne pas me faire sortir de ce monastère ! » Dans le ressentiment de sa colère, son père alla jusqu'à lui refuser sa dot et sa légitime. De sorte que la pauvre fille se trouva devenue orpheline, quoique son père fût vivant ; et cette vierge, héritière de tant de richesses, fut réduite aux aumônes, pour l'amour de Jésus-Christ. Mais son fidèle Époux y pourvut, en la faisant doter des biens de son Église. Notre Saint-Père le Pape, Monseigneur le Cardinal de Joyeuse et Monseigneur le Référendaire fournirent, par leurs libéralités, ce qui fut nécessaire pour la réception de cette délaissée postulante. Et elle put s'écrier, elle aussi, avec le Prophète-Royal, dans le même sentiment de reconnaissance, de confiance et d'amour : « Mon père et ma mère m'ont abandonnée ; mais le Seigneur m'a recueillie [1] ».

Après huit longs mois d'épreuve de sa vocation, elle reçut enfin, au grand contentement de son âme, le saint habit de la religion, des mains de la Révérende Mère Anne-Gérente de Monclar, prieure et principale restauratrice du Monastère [2].

---

1. Ps. 26.

2. Le Monastère de Sainte-Praxède avait été fondé en l'année 1348 par Mgr Pierre Gomez de Barosso, évêque de Carthagène, cardinal-prêtre du titre de Sainte-Praxède ;

C'était le 8 juin 1609, et Julienne était lors âgée de quinze ans.

———

La vie de notre sœur, en religion, a été un enchaînement de vertus qu'il n'est pas possible d'exposer en détail, dans une notice de quelques pages. Il ne serait pas non plus facile de les distinguer selon la différence de son âge, ou des emplois qu'elle a exercés : car on a toujours vu reluire en elle la perfection des jeunes et des plus âgées. Durant l'espace de trente ans, elle a été constamment occupée dans les charges de Maî-

---

il avait fait venir des religieuses du célèbre monastère de Prouille, fondé par saint Dominique. A l'époque dont nous parlons, il était gouverné par la sainte Mère Anne-Gérente de Monclar, qui en avait été comme la restauratrice ; et il jetait un éclat de sainteté tout nouveau. C'est de sainte Praxède d'Avignon et de sainte Catherine de Sienne de Toulouse, qu'est parti ce grand mouvement religieux, qui a rempli tout le dix-septième siècle, et qui avait enrichi la France d'un si grand nombre de monastères de religieuses de notre second Ordre.

Pour ne parler que de celui de Sainte-Praxède, il envoyait en 1605 les Mères Jeanne de Bermond et Madeleine de Cherveti fonder le monastère du Puy en Velay ; lequel fonda dans la suite ceux de Viviers, de Saint-Étienne-en-Forez et de Langeac.

En 1612, il envoyait trois autres religieuses à Dijon, fonder le couvent qui plus tard donna naissance à ceux de

tresse des Novices, de Vicaire, de Sous-Prieure, ou de Prieure ; et elle s'est très-dignement acquittée de tous ces emplois. L'on a toujours remarqué dans sa conduite un rare tempérament et un admirable mélange de candeur et de prudence, de zèle et de douceur, de vivacité d'esprit et de mortification des sens.

Elle a toujours fait grand état de la grâce de sa vocation, et singulièrement honoré les anciennes Mères, qui l'avaient reçue dans leur monastère. Surtout elle s'exerçait avec un soin rationnel au mépris du monde, et à cacher sa science et ses autres dons extraordinaires. Un jour, son père lui vint offrir une riche bibliothèque avec deux

---

Beaune, de Châlons, de Semur, de Tulle, de Poitiers, d'Abbeville, etc., etc.

En 1630, il fondait celui de Marseille ; et en 1645, celui de Saint-Maximin.

« Toutes les religieuses de ces monastères, dit un historien du temps, vivent dans une étroite observance de la Règle du glorieux Patriarche saint Dominique, leur fondateur. Celles d'Avignon surtout sont d'une régularité admirable : se lèvent à minuit, mangent maigre toute l'année, ne portent pas de linge, ne vont presque jamais au parloir, sont fort exactes au silence, observent rigidement le vœu de pauvreté, quoique leur couvent soit fort riche, et font l'admiration de la ville. Leur habillement est tout blanc ; leur nombre, de 28 à 30. Ce sont presque toutes des filles de distinction. » PIERRE VÉRAN, *Manuscrit de la Bibliothèque d'Avignon*.

mille écus et plusieurs autres présents pour le monastère, si elle voulait seulement soutenir encore une fois des thèses dans le parloir pour obtenir le doctorat. Julienne sourit doucement afin d'adoucir la peine que pourrait occasionner son refus, et elle répondit que ce n'était point pour faire la *Doctoresse* qu'elle s'était retirée du monde et enfermée dans un monastère; mais pour s'étudier à mener une vie humble, abjecte, et cachée en Jésus-Christ. Il a fallu employer le pouvoir absolu de ses supérieures pour la faire consentir à donner au public les deux livres spirituels qu'elle composa par obéissance [1].

---

1. Ces deux livres sont ses *Commentaires sur le Traité de saint Vincent Ferrier*, et ses *Exercices spirituels pour une retraite*. — Outre ces deux ouvrages, les seuls qui aient été imprimés de son vivant, Julienne Morell a encore composé : 1o Un *Commentaire sur la Règle de saint Augustin ;* 2o *L'Histoire du rétablissement et de la réforme de son couvent de Sainte-Praxède ;* 3o Des *Rhythmes, Proses et Cantiques spirituels* en grand nombre.

« Mais tous ces ouvrages, dit le P. Vincent Baron, sont très-peu de chose et comme rien, vu la fécondité de son esprit. Car elle obtint de ses Supérieures, par des prières instantes et réitérées, qu'on la laisserait vaquer, non à la composition des livres, mais à la seule contemplation des choses divines, dans lesquelles elle avait mis son affection ».

Dans les premiers temps de sa vie religieuse, la Mère Prieure avait donné à toutes les sœurs la permission de la mortifier en toute rencontre, afin de l'humilier : car elle craignait que sa rare science ne lui causât quelque enflure de cœur, qui la rendît difforme et hideuse devant les yeux de son céleste Époux. Mais elle paraissait si contente dans l'humiliation, qu'on eût dit qu'elle ne désirait autre chose. Elle était toujours après sa supérieure pour s'accuser de ses imperfections et lui en demander des pénitences, et elle le faisait avec des sentiments si vifs de componction, que les larmes lui venaient aux yeux. La moindre de ses fautes suffisait pour la faire s'abîmer dans son néant.

Sa conversation était simple et candide et si humble, qu'elle se cachait toujours sans nullement se prévaloir de ce qu'elle savait. Les autres sœurs lui demandaient souvent l'explication de quelques passages latins, elle leur répondait afin de leur être agréable, mais fort simplement ; et s'il arrivait qu'on n'approuvât point sa réponse, elle gardait le silence et n'ajoutait pas un mot. Elle n'aurait jamais parlé latin sans la permission expresse de sa supérieure. Quelques grands ou saints personnages venaient-ils la visiter, elle leur demandait en grâce de prier le bon Dieu pour elle, afin qu'il lui accordât l'humilité et la componction de cœur. Et une fois qu'un homme de haute et illustre qualité était venu désirant vivement de l'entendre parler diverses langues, elle l'entretint d'une manière si humble, que, lorsqu'elle se fut retirée du parloir, il avoua n'avoir point encore connu de personne aussi humble que la Mère Julienne [1].

Deux fois, après que les trois ans de son prieuré furent expirés, elle se présenta au premier chapitre de la nouvelle prieure, sa discipline à la main, et demanda très-humblement qu'on la lui donnât, pour expier tant de fautes, disait-elle,

---

1. « Je m'estime heureux de l'avoir connue, écrit notre savant Père Vincent Baron, et d'avoir joui souvent de ses entretiens, dans ce temps où elle n'avait d'autre soin que de suivre Jésus-Christ et s'ignorer elle-même, et d'oublier les sciences qu'elle avait si bien apprises, comme on s'efforcerait de cacher les crimes de sa vie passée, ne voulant plus s'attacher qu'à la suréminente science de la charité... Que ceci tienne lieu d'un très-grand éloge : c'est que j'ai parlé très-souvent à cette vierge, et au sortir de sa conversation je m'en suis toujours retourné meilleur ; parce que je ne lui ai jamais entendu dire ni du bien d'elle-même, ni du mal d'autrui, ni parler que de choses sérieuses et saintes. Et moi qui examine plus sévèrement les actions d'autrui que les miennes propres, je n'ai jamais pris garde qu'elle eût dit une parole oiseuse, ou qui ne fût assaisonnée d'une grande charité et prudence. Tant elle avait soin de bien examiner et peser ses paroles, avant de les proférer ! »

qu'elle avait commises dans l'exercice de sa charge. Etant jeune religieuse, et tant qu'il lui resta un peu de santé, elle s'exerçait aux offices les plus bas et les plus humbles de la maison, comme de balayer, de charrier du bois, de servir à table, de laver la vaisselle, etc. Elle le faisait étant même maîtresse des novices, et donnait ainsi à ses filles un magnifique exemple. Aussi les novices couraient toutes comme à un festin et à une récréation, à de semblables exercices.

Elle pratiquait aussi de très-rudes pénitences corporelles, telles que haire, cilice et chaînes de fer, et prenait de terribles disciplines. Plusieurs religieuses l'ont entendue, en des heures indues, et alors qu'elle croyait être seule, s'asséner une grêle de coups, comme si elle eût frappé sur un bois bien dur. C'était surtout pour les pauvres pécheurs qu'elle offrait ses pénitences, et pour tous les désordres qui se commettaient dans la ville d'Avignon, ou ailleurs : car le zèle dont elle brûlait pour la gloire de Dieu et pour le salut des âmes était immense, et ne connaissait pas de bornes.

Elle excellait encore dans la charité envers le prochain. Jamais elle ne parlait mal de personne, et elle prenait toujours le parti des absents. Quand il se trouvait quelques malades dans la maison, son bonheur était de les visiter. Elle les consolait, elle inventait mille petits artifices pour les distraire et les récréer ; elle répétait son office avec elles pour les soulager, et elle s'y prêtait avec tant de condescendance, qu'un jour elle récita jusqu'à trois fois l'office entier du dimanche, qui est le plus long de toute l'année. Elle avait un don singulier pour consoler les âmes affligées.

Mais c'était surtout envers les pauvres et les nécessiteux et tous ceux en général qui se trouvaient dans le délaissement et le besoin, que sa charité ne connaissait plus de bornes. Elle avait véritablement pour eux des entrailles de mère. Pour leur venir en aide, elle eût voulu tout sacrifier. Et un jour que les Mères du conseil n'avaient pas cru pouvoir consentir à une aumône qui leur paraissait excessive, notre charitable Mère, profondément affligée, prononça cette belle parole : « Qu'on m'ôte donc de Prieure, dit-elle en gémissant, si on ne veut pas me permettre de faire la charité [1] ! »

Elle a toujours procuré avec un grand zèle, tant par ses exemples que par ses puissantes ex-

---

[1]. Saint Dominique avait dit aussi : « Pourrais-je étudier sur des peaux mortes, quand il y a des hommes qui meurent de faim ? » répondant à ceux qui s'étonnaient qu'il vendît jusqu'à ses propres livres, pendant une famine, pour secourir les malheureux.

hortations, l'exacte observance des règles et des constitutions et même des moindres cérémonies de l'ordre. « Nous ne devons négliger aucune des cérémonies, disait-elle souvent, puisque nous sommes obligées à toutes, grandes et petites. » Elle était fort exacte aussi à observer et à faire observer les ordonnances des supérieures et celles des chapitres généraux. Elle s'en informait avec grand soin, et les faisait ensuite religieusement mettre en pratique. « Les ordonnances, disait-elle, sont comme les ornements et la beauté de nos Constitutions. »

Sa grande maxime pour s'exciter à cette fidélité et exactitude, c'était cette parole du Sauveur : « Celui qui est fidèle dans les petites choses, le sera aussi dans les grandes ; et celui qui est infidèle dans les petites choses, le sera aussi dans les grandes. » Car, disait-elle, comment pouvoir donner sa vie pour Dieu, si nous ne pouvons pas lui donner un acte d'obéissance, de diligence ou de mortifications dans des choses que nous avons sous la main, et qui, pour ainsi dire, ne coûtent rien ? Elle avait aussi une force d'esprit admirable pour persuader le bien et porter les autres à la perfection ; et la plupart des sœurs sortaient de ses chapitres, le cœur tout embrasé des saintes flammes qu'y allumait avec sa langue de feu, cette vraie fille de saint Dominique.

Quoiqu'elle fût elle-même très-éclairée, elle aimait l'obéissance aveugle, et ne voulait point de raisons des commandements que ses supérieures lui faisaient, ou des décisions que ses directeurs lui donnaient. Elle inculquait aussi fortement cette vertu à toutes les religieuses. Elle leur disait, à ce propos, que l'obéissance est un carrosse bien attelé pour porter les religieuses au ciel, et le plus excellent moyen d'imiter Jésus-Christ, Notre-Sauveur, qui s'est rendu obéissant jusqu'à la mort de la croix.

C'était admirable de voir avec quelle diligence et ferveur elle se transportait partout où l'obéissance appelait la communauté. Lorsqu'elle était jeune et avait encore de la santé, elle se donnait souvent des défis avec quelques-unes de ses sœurs, à qui serait rendue la première aux exercices de communauté. Plus tard, lorsque ses infirmités l'empêchèrent de suivre sa chère communauté, son cœur y volait encore, et elle gémissait de ne pouvoir elle-même jouir de ce bonheur. C'était un des points qu'elle regardait comme des plus importants pour la perfection, que cette fidélité à suivre les exercices de la communauté. C'est là, disait-elle, la croix propre et naturelle de l'état religieux. Nous devons donc y être continuellement attachés, comme Jésus à la sienne, et nous en faire une échelle pour monter au ciel.

Sa modestie était angélique, et son maintien habituel très-recueilli. Elle aimait la propreté dans ses habits, non par aucune vaine complaisance, car ils étaient simples et gracieux ; mais par un grand esprit de religion, qui les lui faisait honorer comme les marques de l'excellence et de la sainteté de son état, et les symboles de l'innocence et de la pureté dont les épouses de l'Agneau sans tache doivent être parées. Sa pudeur était si délicate, qu'elle ne regarda jamais homme en face. Elle était aussi tellement retenue pour regarder les autres objets, que les petites pensionnaires, frappées de son extrême modestie, l'appelaient « la sœur qui ferme les yeux [1] ».

Elle ne souffrait point de familiarité dans la conversation de ses filles, mais voulait que tout y fût dans un doux et honnête sérieux, sans légèreté ni amitié particulière. Elle aurait du moins repris sévèrement celle qui se serait donné la

---

[1]. Le monastère de Sainte-Praxède étant du second Ordre, et partant voué à la vie contemplative, n'avait pas de *Pensionnat*. Seulement, selon l'usage du temps, il recevait des familles quelques jeunes filles, en petit nombre, et d'une piété marquée, qu'il élevait principalement en vue de la vie religieuse.

liberté de prendre ou de toucher la main d'une autre. Et comme elle était elle-même tout aimable, et qu'une fois étant à l'infirmerie une bonne sœur se fut échappée, ou par respect ou par affection, à lui prendre la main pour la lui baiser, elle la retira brusquement et lui fit une si sévère réprimande, que cette sœur se sentit obligée de lui en demander pardon. Ce n'est pas, disait-elle, de cette manière sensible et toute humaine que doivent s'aimer des épouses de Jésus-Christ, comme sont les religieuses, mais d'une manière plus sainte et toute céleste.

On la voyait toujours recueillie en la présence de Dieu. Lorsqu'on lui demandait quelque conseil, elle prenait ordinairement deux à trois minutes avant de répondre, pour rentrer en elle-même et consulter son oracle intérieur; puis elle disait simplement ce qui lui semblait être conforme à la vérité.

Comme elle était toute remplie de Dieu, elle portait aussi ses religieuses à s'en entretenir toujours et à marcher constamment en sa sainte présence. Ce fut pour leur en rendre le souvenir plus facile, qu'elle introduisit parmi les sœurs cette manière très-dévote de se saluer dans les rencontres. La plus ancienne disait, avec une légère inclination de tête : *Jesu dulcis memoria :* « Le doux souvenir du Sauveur »; et l'autre répondait : *Dans vera cordis gaudia* : « Fait la vraie joie du cœur ».

Nous n'avons point parlé de son oraison. Ses directeurs ont assuré que son âme y était souvent élevée jusqu'à cette union avec Dieu que les contemplatifs appellent passive. Son riche esprit, au reste, lui fournissait une agréable variété d'exercices pour entretenir sa dévotion, pour glorifier Notre-Seigneur, pour honorer les mystères de notre Rédemption et pour louer la sainte Vierge et les saints. A l'imitation du B. Henri Suzo, elle avait une dévotion particulière à la Sagesse éternelle, et l'on croit qu'elle a obtenu, par ce moyen, plusieurs grâces extraordinaires. C'était aussi chez elle une pieuse habitude de se servir de tout ce qui se présentait à ses yeux pour élever son esprit à Dieu, et d'admirer toujours la divine Providence dans les divers événements de la vie [1].

Mais son attrait dominant la portait vers les souffrances de Jésus-Christ Notre-Sauveur, dans

---

1. Cette disposition était aussi admirablement développée dans sainte Catherine de Sienne. De là, en cette Sainte, ce complet abandon à la divine Providence, qui fut un des caractères de sa vie. « Que voulez-vous faire de vous, disait-elle souvent ? Laissez agir la Providence. Au milieu de vos plus grands dangers, elle a les yeux sur vous : elle vous sauvera toujours. »

sa Passion. Jour et nuit elle y pensait, et son âme y puisait surtout deux sentiments : d'un côté, elle était toute pénétrée de componction pour ce qu'elle appelait ses extrêmes ingratitudes, et de l'autre, elle était tout embrasée du désir d'imiter son Bien-Aimé par une véritable conformité d'amour et de souffrance.

Notre-Seigneur qui lui inspirait ces sentiments devait aussi lui fournir très-libéralement les moyens de les mettre en pratique. Car il lui a envoyé, pendant de longues années, des souffrances intérieures et extérieures de toutes sortes et des plus accablantes.

Pour ne parler d'abord que des premières, elles étaient parfois tellement fortes, que notre sœur ne savait plus où elle en était. Elle priait alors, à l'exemple du Sauveur au Jardin des Oliviers, et elle priait avec plus d'humilité, de confusion et de persévérance que jamais. Elle recourait aussi à ses supérieures, ou, si elle était elle-même en charge, à ses confesseurs, avec une candeur et une simplicité d'enfant. Et comme sa supérieure lui disait un jour de se servir du remède qu'elle leur avait souvent donné elle-même en de semblables épreuves, qui était de faire des actes contraires à ses tentations : « Hé, ma bonne Mère, répondit-elle, j'en ai fait aujourd'hui 200. » Et il était encore matin. On assure que cette manière de combattre la tentation par des actes contraires lui était si familière, qu'elle en faisait jusqu'à 500 par jour.

Les souffrances corporelles qu'il plut à Dieu de lui envoyer aussi afin de purifier de plus en plus son amour, durèrent près de 25 années, et allèrent toujours en augmentant jusqu'à sa mort. Elles commencèrent par les suites des mauvais traitements que son Père lui avait si injustement fait subir pendant son enfance. Car elle en contracta un asthme, qui se déclara quelques années après son entrée en religion, et qui lui ôtait presque la respiration sans qu'il fût possible de rien faire pour la soulager. Il faisait compassion de la voir, chaque jour, souffrir l'espace de plus d'une heure pour avaler un peu de nourriture. Outre cette courte haleine, elle eut encore des fièvres, des douleurs d'estomac, des oppressions de poitrine, des maux de cœur et des migraines si aiguës et si pénétrantes, que le moindre bruit qu'elle entendait autour d'elle la faisait extrêmement souffrir.

Au milieu de tous ces maux, notre Sœur ne perdit jamais la paix de l'âme. Elle se tenait dans une humble et pieuse résignation au bon plaisir de Dieu, disant avec Jésus-Christ son Sauveur : *Fiat voluntas tua*; ou, si elle n'avait pas la force de prononcer tous les mots, le seul *Fiat*, qui les comprend tous. Elle avait aussi, à l'exemple du B. Henri Suzo, imaginé divers exercices pour se représenter d'une manière plus vive et plus affectueuse les mystères de notre Rédemption. Par ce moyen, elle unissait ses souffrances aux souffrances de son Sauveur. Elle puisait dans cette vue tant de force, tant de douceurs et de consolations, qu'elle ne s'ennuyait jamais de souffrir, quelque violentes d'ailleurs que fussent ses douleurs.

Elles devinrent vraiment excessives et comme à leur comble, les huit derniers mois de sa vie. Chaque semaine il semblait qu'elle allait mourir, et chaque fois elle ressuscitait par de petites relâches de ses maux. Pendant ces intervalles bien courts, que lui laissaient ses affreuses douleurs, elle composait des rimes latines sur quelques sujets de piété, comme sur les mystères du Rosaire, sur l'image miraculeuse de notre Père saint Dominique à Suriano, etc. Elle ne faisait que les proférer de bouche, à mesure que l'onction intérieure les lui inspirait, et une Religieuse les recueillait par écrit ; elles forment près de 300 vers.

Quelques jours avant sa mort, elle souffrit d'horribles convulsions de tous ses membres, causées par le concours et la complication de plusieurs maladies, qui toutes l'accablaient à la fois. Ce fut alors que, craignant d'être surprise, elle désira qu'on lui administrât au plus tôt les derniers sacrements. Elle s'y prépara par une confession générale, mais qu'elle fit en si peu de temps, qu'on n'aurait pu avoir une meilleure preuve de la parfaite innocence de sa vie. Son agonie dura quatre à cinq jours, et ces mêmes convulsions continuèrent. Dès que notre Sœur était revenue d'une crise, elle s'offrait à Dieu et se préparait en esprit de sacrifice à la crise suivante. C'est ainsi qu'elle mettait, par cette patience héroïque, le dernier ornement à sa couronne.

Son confesseur lui ayant dit, dans l'un de ces intervalles, d'avoir bon courage, parce que son heure approchait, elle lui répondit avec un doux sourire, « qu'elle souffrirait bien encore deux ou trois ans pour faire pénitence, s'il plaisait à Dieu de les lui donner ». Elle ne témoigna pas d'autre appréhension de la mort.

Sa plus grande consolation était de saisir de temps en temps son crucifix, et de le baiser, en faisant des actes d'amour, de résignation et de confiance. Une religieuse ayant pris de là occasion de l'exciter de plus en plus à l'amour de son Sauveur, notre pauvre mourante leva les yeux au ciel, et lui répondit avec un grand sentiment : « Je crois qu'il m'a écrite en ses mains ». Comme pour dire que ses divines mains étendues sur la croix étaient le papier où son infinie bonté avait écrit son nom, avec la plume des clous qui les percèrent, et avec l'encre rouge de son sang, qui coulait de ses plaies sacrées. C'est une expression toute d'amour dont le Sauveur lui-même s'est servi, lorsque, s'adressant à l'âme fidèle, il lui dit par son Prophète : *In manibus meis descripsi te :* « Je vous ai écrite dans mes mains [1] ».

Une convulsion plus forte que les autres l'ayant tenue quatre à cinq heures hors d'elle-même, dès qu'elle en fut revenue, elle reprit ses colloques ordinaires. Tantôt elle disait : *Christus factus est pro nobis obediens usque ad mortem :* « Jésus-Christ s'est rendu obéissant, pour l'amour de nous, jusqu'à la mort »; tantôt : *Verè languores nostros ipse tulit, et dolores nostros ipse portavit :* « C'est lui véritablement qui s'est assujetti à nos langueurs, et qui a porté tous nos maux ». Elle pria encore assez longtemps ; se confessa de nouveau au religieux qui veillait cette nuit avec son compagnon dans sa chambre, pour l'assister ; puis, ayant repris et continué ses actes, il lui survint une dernière crise qui enleva son âme de son corps, et la mit en jouissance de la véritable vie. C'était le 26 juin 1653. Elle avait 59 ans, quatre mois et dix jours.

1. Isaïe, 49.

Son visage parut si beau et si doux après sa mort, qu'on l'aurait plutôt prise pour endormie que pour trépassée. Il ne conserva plus aucune trace des flétrissures que ses convulsions y avaient imprimées durant sa longue agonie. Dieu avait voulu lui faire souffrir son purgatoire en ce monde, afin de l'introduire sans retard dans la vraie patrie des élus. Que, du haut du ciel, elle nous assiste par ses puissantes intercessions, et qu'elle bénisse cette Famille Dominicaine, qui lui fut si chère, et qu'elle édifia par tant d'héroïques vertus !

TRAITÉ
DE
LA VIE SPIRITUELLE
DE SAINT VINCENT FERRIER.

AVANT-PROPOS.

Je ne mettrai dans ce traité que des enseignements salutaires tirés des écrits des saints Docteurs (A). Je ne citerai en preuve de ce que je dirai, aucun témoignage ni de l'Écriture ni de quelque

INSTRUCTIO VITÆ SPIRITUALIS
EDITA
A SANCTO VINCENTIO FERRERIO ORDINIS PRÆDICATORUM.

Ponam in hoc tractatu tantummodo documenta salubria ex dictis Doctorum extracta. Non adducam aliquod Scripturæ testimonium, vel alicujus Doctoris, ad probandum quæ dicam, vel sua-

Docteur en particulier : premièrement, parce que je veux être court ; et en second lieu, parce que je ne m'adresse qu'à ceux qui ont un grand désir d'observer tout ce qu'ils sauront être agréable à Dieu. Je ne chercherai donc point à prouver ce que j'aurai à dire, parce je veux instruire les esprits humbles et dociles, et non disputer avec les orgueilleux (b).

Que celui qui veut être utile aux autres, et les édifier par ses paroles, ait soin d'abord d'avoir en soi-même ce qu'il veut enseigner (c), sans quoi il fera peu de profit. Sa parole sera sans

---

dendum : tùm quia brevitati intendo ; tùm quia tantummodò ad illum sermonem dirigo, qui cum magno affectu desiderat implere quæcumque secundùm Deum facienda cognoverit. Et idcircò etiam dicta non probo, quia humilem intendo instruere; non, cum arrogantibus, contentionibus deservire. Quicumque ergò voluerit proximorum animabus utilis esse, et ipsos verbis ædificare, primò debet in seipso habere quidquid alios est

efficacité, si sa vie n'est conforme à ses enseignements, ou même beaucoup meilleure (D).

COMMENTAIRES.

(A) *Je ne mettrai que des enseignements tirés des saints Docteurs.*

En ce premier periode ce grand Sainct nous donne à entendre la methode qu'il a tenue en ce sien opuscule. Il la tissu de divers passages des sainctes Escritures et des saincts Docteurs, sans s'arrester à en marquer ou citer les auctorités, mais seulement les entremeslant parmy son discours ; discours que nous pouvons bien croire avoir esté dicté par l'inspiration du sainct Esprit, qui residoit en luy, et parloit par sa bouche.

Or, de cela il donne deux raisons. La premiere, c'est qu'il s'est fort estudié à la brieveté; et ce, sans doute, d'autant qu'il estoit tres-occupé à l'office apostolique de prescher

---

docturus ; alioquin parùm proficiet. Nam verbum ejus erit inefficax, nisi priùs homines in eo comperiant esse quod docet, et longè majora.

et convertir les ames, y employant durant tant d'années tout le jour entier ; tout de mesme que toute la nuit luy estoit trop courte pour prier, prenant tant soit peu de repos par intervalle. De jour, il combattoit contre l'ennemy commun de nostre nature par predications, tenant le glaive de la parole de Dieu tranchant de deux costés, et par exemples et miracles ; de nuit, il luy faisoit une guerre non moins rude par ses tres-ferventes et merveilleusement efficaces prieres, poussées du feu de charité qui brusloit dans son cœur, et du zele de la gloire de Dieu qui luy rongeoit les entrailles. Par ainsi, il ne luy restoit qu'un bien peu de loisir parfois ; et c'est durant iceluy qu'il escrivit fort à la haste ce livret, petit en apparence, mais grand quant aux fruicts merveilleux qu'on en peut retirer, veu qu'il est remply d'une doctrine celeste : le stile est simple, venant de celuy qui estoit plus simple qu'une colombe ; mais riche, quant aux enseignements tout divins qu'il contient.

La seconde cause, c'est qu'il n'adresse ses paroles qu'à ceux qui se plaisent en des semblables discours : estants tellement desireux de la perfection, et de se rendre entierement agreables à la divine Majesté, qu'ils ne cherchent autre chose, que d'entendre les moyens convenables pour parvenir à leur but ; ne se souciants pas fort en qu'elle façon on le leur dit, ny qu'on leur allegue des preuves et arguments de ce qui est proposé. Il leur suffit de sçavoir que c'est chose propre pour les acheminer à la perfection, et que c'est ce que Dieu requiert et desire d'eux.

(B) *Je ne chercherai donc point à prouver, etc.*

C'est le propre d'un cœur humble d'estre docile, et d'acquiescer facilement aux bons advertissements et enseignements qu'on luy donne ; mais le cœur enflé ne sçait faire autre chose que contredire et contester, trouvant à redire en tout ce qu'on luy dit.

Ce petit livret donc ne s'adresse pas à ceux qui sont remplis de science mondaine, et qui abondent en leur propre sens ; mais aux petits et humbles de Jésus-Christ, qui ont faim et soif de la justice et de leur perfection, comme on peut facilement colliger des paroles du sainct auteur. Ceux-là n'y trouveront rien selon leur goust ; mais ceux-cy en seront abondamment rassasiés, s'ils prennent courage de mettre en execution ce qu'ils ont en affection, et qu'ils liront dans la suite du discours de cest oracle du sainct Esprit.

(c) *Que celui qui veut être utile aux autres, ait d'abord en soi-même ce qu'il veut enseigner*, etc.

Celuy-là à la verité ne peut profiter aux autres, qui n'a auparavant profité à soy-mesme ; celuy-là ne peut diriger les autres au chemin de la perfection, qui ne la frayé le premier ; celuy-là ne peut faire advancer les autres, qui au prealable n'a travaillé à son propre advancement ; les paroles de celuy-là ont peu d'efficace, de qui les œuvres ne preschent. Car, comme dit sainct Gregoire, *Quod per linguam prædicamus, per exempla destruimus, dùm iniqua docemus operibus, et solá voce ea quæ sunt justa prætendimus* [1]. « Nous des-
« truisons par nos exemples ce que nostre

---

1. Reg. lib. 4. Ind. 13, cap. 76.

« langue presche , lorsque par nos œuvres
« nous enseignons le mal , et pretendons par
« la voix seule persuader aux autres les cho-
« ses bonnes et sainctes que nous ne fai-
« sons. » Et , comme dit sainct Isidore , *Qui
non vivit sicut docet , ipsam quam prædicat
veritatem, contemptibilem facit*[1]. « Celuy qui vit
« d'autre façon qu'il n'enseigne , rend con-
« temptible la verité qu'il presche. » Sainct
Chrysostome dit aussi que « celuy-là se rend
« inexcusable , de qui les paroles annoncent
« une chose , et les faicts en monstrent une
« autre. » *Non poterit excusari Doctor , cujus
verba aliud sonant, aliud facta demonstrant*[2]. Et
ailleurs il dit : *Docere , et non facere , non solùm nihil lucri, sed etiam damni plurimum confert*[3]. « Enseigner et ne faire pas, non seu-
« lement ne sert de rien , mais porte encore
« beaucoup de dommage. Car , adjouste-t-il ,
« donnant raison de son dire , celuy-là peut
« bien attendre une grande condemnation ,
« qui prenant beaucoup de peine à bien
« adjancer son discours , n'en veut point

---

1. Lib. 3, de sum. bon., cap. 37. — 2. Sup. Matth. —
3. Lib. 1 de compunct.

« prendre pour bien regler sa vie. » *Grandis enim condemnatio est componenti quidem sermonem suum, vitam verò suam atque operam negligenti.*

(D) *Sa parole sera sans efficacité, etc.*

Ce n'est pas assez que celuy qui desire estre utile aux ames, aye en soy les vertus qu'il presche aux autres ; mais aussi faut qu'il en aye des plus grandes, et en plus haut degré qu'il ne les enseigne : veu que, selon nostre texte, ce qu'il dit n'aura pas grande efficace, si ses œuvres ne relevent par-dessus ses paroles. *Vis apparere sanctus?* dit sainct Chrysostome. *Circa vitam tuam esto austerus, circa aliorum benignus ; audiant te homines parva mandantem, et gravia facientem*[1]. « Veux-tu
« estre en reputation de sainct ? Sois austere
« en ta vie, et benin à celle des autres ; qu'on
« voye et sçache que tu commandes des cho-
« ses faciles, et en fais des grandes et diffi-
« ciles. » Et, selon sainct Ambroise, « celuy
« qui enseigne, doit de beaucoup exceller
« par dessus celuy qui apprend. » *Debet is*

1. Sup. Matth.

qui docet supra eum qui docetur excellere[1]. Seneque aussi nous conseille de « choisir celuy-là pour maistre, duquel nous admirions plus les exemples, que les paroles. » *Eum elige doctorem quem magis admireris cùm videris, quam cùm audieris.*

Or, si quelqu'un s'estonne de quoy sainct Vincent donne cest avis à l'entrée de son discours, je luy responds que c'est chose probable qu'il adressoit ce sien opuscule à quelque religieux de nostre ordre, duquel l'institut est de prescher, et de travailler au salut et conversion des ames. Afin donc que ledit religieux, et les autres qui liroient ce livret, eussent plus de courage de pratiquer les saincts enseignements et advertissements que le sainct auteur y a couchés, il leur donne pour motif et aiguillon qui les incite à surmonter toutes les difficultés qui se pourroient rencontrer en une si bonne entreprise, l'obligation mesme de leur estat, vocation et profession, s'ils ne la veulent du tout desmentir.

[1]. Lib. 2 de Virg.

CHAPITRE I.

DE LA PAUVRETÉ.

Il faut donc premièrement qu'il méprise toutes les choses de la terre, et les regarde comme du fumier (A); et qu'il n'en prenne que ce qui suffit rigoureusement à ses besoins (B). Encore doit-il borner ses besoins à peu, et souffrir quelques incommodités par amour pour la pauvreté, selon cette parole d'un pieux auteur : « Ce qui est louable, ce n'est pas d'être pauvre, mais d'aimer la pauvreté où l'on est, et de supporter avec joie et gaîté pour Jésus-Christ les

---

CAPUT I.
DE PAUPERTATE.

Oportet enim primitùs, ut omnia terrena contemnat, et velut stercora reputet; et solùm districtissimè quantùm satis sit ad necessitatem, de ipsis recipiat. Quam necessitatem in pauco colligat, sufferendo etiam quædam incommoda propter paupertatis amorem, sicut quidam ait : Scio quòd laudabile non est, pauperem esse, sed in pau-

privations qu'elle impose. » Mais, hélas! beaucoup ne veulent être pauvres que de nom, et afin qu'il ne leur manque rien (c). Ils se disent amis de la pauvreté, mais ils ont bien soin de fuir autant qu'ils le peuvent la faim, la soif, l'abjection et le mépris, ces compagnons inséparables de la pauvreté. Tel n'était pas saint Dominique, notre père (d); tel n'était pas Celui qui, étant riche, s'est fait pauvre pour nous; tels n'étaient pas les apôtres, qui enseignaient non-seulement par leurs discours, mais encore par leurs exemples.

Ne demandez rien à personne, que

---

pertate paupertatem amare, et paupertatis inopiam, propter Christum, gaudenter et hilariter sustinere. Proh dolor! multi de paupertatis solùm nomine gloriantur; sed eo pacto, ut eis nihil desit. Dicunt se amicos paupertatis, sed paupertatis sodales et amicos fugiunt quantùm possunt : famem, sitim, contemptum, despectionem. Non sic sanctus Dominicus Pater noster. Non sic ille, qui « cum esset dives, propter nos egenus factus est »;

dans le cas de nécessité (E) : n'acceptez pas non plus ce que l'on vous offre même avec instance, ou pour que vous le donniez aux pauvres ; et soyez sûr qu'en agissant ainsi vous édifierez beaucoup, et celui qui vous a fait cette offre, et tous ceux qui connaîtront votre refus. Il vous sera ainsi beaucoup plus facile de les porter au mépris du monde, et à secourir les autres pauvres. Or, j'entends par le nécessaire pour vous, une nourriture frugale, des vêtements et une chaussure simples. Encore devez-vous vous contenter de ce dont vous avez besoin présentement. Je ne regarde

---

omnesque Apostoli, qui, ut nosti, verbo et exemplo docuere. Nihil ab aliquo petas, nisi sit necessitas ; nec acquiescas cuicumque dare volenti quibuscumque precibus, etiam sub prætextu ut indigentibus largiaris : quia crede quòd in hoc ipse et omnes qui audierint, finaliter multùm lætificabuntur ; ac per hoc ad contemptum mundi eos poteris faciliùs inducere, et ad subventionem aliorum indigentium inclinare. Necessitatem au-

point comme nécessaire que vous ayez des livres : c'est là un prétexte sous lequel se cache souvent une profonde avarice. Les livres que vous trouverez dans la communauté et ceux que l'on vous prêtera doivent vous suffire.

Voulez-vous connaître clairement les effets de ce que je viens de dire? tâchez d'abord de l'observer avec un cœur humble (F). Que si vous voulez y contredire avec orgueil, vous n'en aurez point l'intelligence. Car J.-C., le maître de l'humilité, ne manifeste qu'aux humbles la vérité qu'il cache aux superbes.

---

tem tuam intelligo in parco victu, et vili vestitu et calceamento, quibus tunc præsentialiter indiges. Non voco autem necessitatem librorum, sub quorum velamine frequenter magna avaritia cooperitur. Satis enim libri communes vel accommodati inveniuntur in ordine. Et quicumque effectus prædictorum voluerit claré cognoscere, studeat primò corde humili adimplere : alioquin, si corde tumido contradicere voluerit, foris stabit. Nam à Christo, humilitatis magistro, humilibus manifestatur veritas, quæ tumidis occultatur.

COMMENTAIRES.

(A) *Il faut qu'il méprise toutes les choses de la terre, etc.*

Icy commence ce grand Sainct d'instruire l'ame desireuse d'atteindre à la perfection. Et se conformant à celuy qui vivoit en luy, je dis nostre Sauveur Jesus, il commence par la saincte Pauvreté, qui consiste au parfaict mespris de toutes les choses passageres; et qui est, selon sainct Bonaventure[1], la racine et fondement de la perfection evangelique, et aussi par consequent de la vie religieuse; sans laquelle aucun ne se peut glorifier du nom de religieux, ny de vray imitateur de Jesus-Christ. Sainct Bernard l'a nommée maistresse et gardienne des vertus[2]; et ce n'est pas sans suject qu'on la qualifie de ces titres, veu que, selon l'Apostre, « la racine de tous maux est la cupidité, » ou amour des richesses. » *Radix omnium malorum est cupiditas*[3]. Il ne se faut pas donc estonner si le mespris d'icelles est la racine de tous biens.

1. Apolog. Paup. resp. 5, cap. 1. — 2. Serm. 2 in cœn. Domini. — 3. I Tim. 6.

Ce n'est pas tout, la Pauvreté est une espece de martyre ; ce que nostre Sauveur nous a donné à entendre, faisant une mesme promesse aux pauvres d'esprit, et aux martyrs : *Verumtamen quid sibi vult*, dit sainct Bernard, *quod eadem promissio facta est pauperibus et martyribus, nisi quia martyrii genus paupertas voluntaria est*[1] ? Ce fut au sermon de la montagne, là où celuy qui jadis avoit-ouvert la bouche aux Prophetes, commençant d'ouvrir la sienne, et de proferer les choses cachées dès la creation du monde, donna le premier rang entre les beatitudes à la saincte Pauvreté, ne luy promettant moindre recompense qu'au martyre, à sçavoir le royaume des cieux. *Beati pauperes spiritu*, dit-il, *quoniam ipsorum est regnum cœlorum* : « Bienheureux les pauvres d'esprit, d'autant « que le royaume des cieux est à eux » ; comme par après, à la huictiesme, il dit : *Beati qui persecutionem patiuntur propter justitiam, quoniam ipsorum est regnum cœlorum* : « Bienheureux ceux qui souffrent persecution

1. Serm. 1 omn. Sanct.

« pour la justice, d'autant que le royaume
« des cieux est à eux[1] ».

Puis donc qu'un si grand bonheur accompagne la saincte pauvreté, le Sage avoit bien raison de s'escrier avec tant d'admiration : *Beatus vir qui post aurum non abiit, nec speravit in pecuniâ et thesauris. Quis est hic, et laudabimus eum? Fecit enim mirabilia in vitâ suâ*[2]. « Bienheureux
« est l'homme qui n'est point allé après l'or,
« et qui n'a point mis son appuy ou confiance
« sur les thresors d'argent! Mais qui est
« celuy-là, et nous le louerons? car il a faict
« des merveilles en sa vie. » C'est une chose bien rare, que de trouver des semblables personnes qui mesprisent parfaictement les richesses. « Et qu'y a-t-il de plus admirable,
« dit sainct Bernard sur ce suject, et quel
« genre de martyre plus rigoureux pourroit-
« on trouver, que d'avoir faim parmy les
« banquets, d'avoir froid au sein de l'abon-
« dance des vestements precieux; estre pressé
« de la pauvreté parmy l'affluence de biens
« que le monde nous offre, que l'esprit malin

---

[1]. Matth. 5. — [2]. Eccles. 31.

« fait briller à nos yeux, et que nostre appe-
« tit desire? Ne sera-ce pas meritoirement
« que celuy-là sera couronné, qui ainsi aura
« combattu : rejetant le monde qui luy fait
« des promesses, se mocquant de l'ennemy
« qui le tente, et, ce qui est chose plus glo-
« rieuse, triomphant de soy-mesme et cru-
« cifiant la concupiscence qui le sollicite avec
« importunité [1] ? » *Quid mirabilius, aut quod martyrium gravius est, quàm inter epulas esurire, inter vestes multas et pretiosas algere; paupertate premi inter divitias, quas offert mundus, quas ostentat malignus, quas desiderat noster iste appetitus? Annon meritò coronabitur, qui sic certaverit, mundum abjiciens promittentem, irridens inimicum tentantem, et, quod gloriosius est, de seipso triumphans, et crucifigens concupiscentiam prurientem?*

C'est ceste saincte pauvreté qui a esté l'inseparable compagne de Jesus-Christ, dès le jour de sa naissance jusqu'à celuy de sa mort. S'il la louée et recommandée par ses divines paroles, il nous l'a bien plus encores preschée

---

1. Serm. 1 omn. Sanct.

par ses exemples ; et nous en a donné de si claires et amples leçons, que nous ne pouvons pretendre aucune ignorance. Nos oreilles seroient bien bouchées, et nostre entendement bien engourdy, si nous n'oyons et n'entendions la voix de Jesus couché dans une dure creche, logé sous un portail, enveloppé de viles langes ; *Clamat hoc stabulum*, dit sainct Bernard, *clamat præsepe, clamant lacrymæ, clamant panni :* « L'estable mesme « crie, ceste creche, ces larmes, ces drape« lets nous preschent la pauvreté [1]. » La voix de Jesus conversant parmy les hommes avec tant de disette et d'incommodités, qu'il ne possedoit pas mesme un petit lieu pour y reposer son sacré chef et son corps delicat : *Vulpes foveas habent*, disoit-il, *et volucres cœli nidos, filius autem hominis non habet ubi reclinet caput suum* [2] ; souffrant la faim, la soif, le chaud, et la froidure. Bref, la voix de Jesus pendant en croix, exposé au froid, au vent, et à la risée et mocquerie d'un peuple pervers et ingrat, sans avoir encores moins que

1. Serm. 5 in Nativit. — 2. Matth. 8.

jamais où reposer et quelque peu soulager son chef travaillé de poignantes espines ; ny une goutte d'eau pour rafraischir sa langue sacrée, tourmentée d'une si insupportable soif, qu'elle estoit collée à son palais : *Adhæsit lingua mea faucibus meis*, dit-il par son prophete, *et cor meum dereliquit me* [1] ; le cœur luy defailloit, et luy defaillit entierement enfin de l'extremité de la soif, et de ses autres douleurs. A quelle plus chetive et basse pauvreté se pouvoit reduire le Seigneur universel de toutes choses, et à qui seul appartiennent ce globe de la terre et les voutes des cieux, et de qui seul les creatures, voire les plus puissants rois et monarques mendient, et reçoivent leurs aliments, leur entretien et tout ce qu'ils possedent ? *Oculi omnium in te sperant, Domine, et tu das escam illorum in tempore opportuno* [2]. *Descendit ab inenarrabilibus cœli divitiis*, dit à ce propos le Docteur aux levres de miel, *et veniens in mundum nec istas qualescumque habere voluit ; sed in tantâ paupertate venit, ut natus continuò poneretur in*

---

1. Ps. 21. — 2. Ps. 144.

præsepio, quia non erat ei locus in diversorio; et verè magna abusio, nimis magna, ut dives esse velit vilis vermiculus, propter quem Deus majestatis et Dominus Sabaoth voluit pauper fieri [1] : « Il descendoit des inenarrables riches-
« ses du ciel, et venant en ce monde, il ne
« voulut pas mesmes avoir celles telles qu'el-
« les sont, dont nous jouissons icy-bas ; mais
« il nasquist en si extresme pauvreté, qu'on
« le reposa aussitost sur une creche, à faute
« de meilleur lict, et de trouver place en
« quelque logis. Et à la verité, c'est un par
« trop grand abus qu'un chetif vermiceau
« veuille estre riche, pour lequel le Dieu
« de la Majesté et le Seigneur des armées s'est
« ainsi rendu pauvre. »

C'est donc la chere vertu de Jesus-Christ que la saincte pauvreté; et luy nous en ayant si bien frayé le chemin, ne seroit-ce pas une grande couardise à nous, et signe de peu de recognoissance de ce tant qu'il a faict pour nous, si nous ne le suivions courageusement et constamment, mesprisant toutes choses,

---

1. Serm. 3 de Resurr.

et nous privant de tout pour son amour ? Veu mesme que si nous ne le faisons, nous ne sommes pas ses vrais disciples ; comme il la affirmé de sa bouche, disant : « Celuy qui « ne renonce pas à tout ce qu'il possede, ne « peut pas estre mon disciple [1]. » Il dit aussi à ce jeune homme qui, dès sa jeunesse, avoit gardé les Commandements de Dieu : *Si vis esse perfectus, vade, vende omnia quæ habes, et da pauperibus, et habebis thesaurum in cœlo* [2] : « Si tu veux estre parfaict, va, vends tout ce « que tu as, et donne-le aux pauvres » ; nous declarant par ces paroles, que la pauvreté est necessaire pour atteindre la perfection. Et il adjouste : « Et tu auras un thresor au ciel » ; comme s'il disoit, tu n'y perdras rien, car pour ces biens terrestres et perissables, tu acquerras et recevras au ciel des thresors et richesses inestimables, qui jamais ne periront.

(B) *Qu'il n'en prenne que ce qui suffit rigoureusement à ses besoins, etc.*

Celuy-là n'est pas pauvre, à qui jamais

---

1. Luc. 14. — 2 Matth. 19.

rien ne manque, et qui a tout en affluence. Si nous voulons estre vraiement pauvres d'esprit, il nous faut estre pauvres en effect ; nous contentant, comme font les pauvres, d'avoir ce qui nous est rigoureusement necessaire dans le manger, le boire, le vestir et le coucher ; et ne cherchant ny desirant en rien la superfluité, plustost nous resjouissant lorsqu'il nous manquera quelque chose, et que, par ce moyen, nous aurons commodité d'exercer ceste tres-riche pauvreté d'esprit ; car nul ne la possede parfaictement, que celuy qui se plaist de souffrir disette en toutes choses, et qui se resjouit plus lorsqu'il a en quelque chose faute du necessaire, que lorsqu'il en a de reste. *Habentes alimenta*, dit l'Apostre, *et quibus tegamur, his contenti sumus*[1]. « Ayant « quelque peu de vivres pour sustenter ce « corps, et de quoy couvrir sa nudité, nous « sommes contents. » Nous ne nous soucions pas que les mets soient exquis, ny les vestements precieux ou honorables ; pourveu que le corps en soit nourry et couvert, ce nous

---

1. Tim. 6.

est assez. Sentence bien digne de ce vaisseau d'election, et de ce parfaict disciple de Jesus-Christ !... Sainct Bonaventure dit à ce propos : « Veu que la pauvreté volontaire est le « fondement de tout l'edifice spirituel, par- « tant sois soigneux tout le temps de ta vie « de garder en toutes choses une tres-estroite « pauvreté ; en sorte que tu ne possedes rien « sous le ciel, mais que seulement tu te ser- « ves de ce qui est concedé par la reigle à ta « necessité [1]. »

(c) *Beaucoup ne veulent être pauvres que de nom, etc.*

C'est chose facile de se nommer amateur de pauvreté, et mesme d'avoir interieurement quelque affection envers ceste saincte vertu, et de porter un habit qui semble en donner tesmoignage ; mais quand il vient au faict et au prendre, et qu'il faut ressentir les effects de pauvreté, et endurer quelque incommodité au vivre, vestemens, à la cellule ou au coucher, c'est lors qu'il paroist si on l'aime. C'est là le creuset qui fait l'espreuve de l'or

1. Reg. novit., cap. 14.

de cest amour, et la fournaise qui fait veoir s'il est fin ou supposé, s'il y a de la vérité ou seulement de l'apparence. C'est la pierre de touche de nostre vertu. C'est là que bien souvent ce qui esclatoit comme de l'or, est trouvé n'estre que du vil metal ; et que ceux qu'on estimoit estre parfaicts, sont convaincus de n'estre que novices en la perfection. Bref, ceux qui se glorifioient d'estre amateurs de la pauvreté, monstrent qu'ils ne sont qu'amateurs d'eux-mesmes et de leurs commodités, et descouvrent leur imperfection. S'il s'en trouve de tels, ils ont bien occasion de pleurer avec moy le peu de profit et advancement qu'ils ont fait en la Religion ; et de craindre qu'il ne leur soit justement reproché à l'heure de la mort par le Fils de Dieu, qu'ils ne sont point ses vrais disciples, et qu'ils ne sont esté pauvres que de nom, mais non pas d'effet ny d'œuvres. *Nolite errare*, dit l'Apostre, *Deus non irridetur*[1]. « Ne vous trompez pas, Dieu n'est « pas comme les hommes, desquels on se « mocque, leur faisant croire ce qu'on veut :

---

1. Gal. 6.

« Dieu ne peut pas estre deçeu ny trompé. »
Il ne faut pas aller de deux chemins avec luy,
ny d'un cœur double. *Abominatio est apud
Dominum pondus et pondus* [1]. « La duplicité et
« faintise est abominable devant Sa Majesté ».
S'il ne dit mot et nous souffre, lorsque faisant
les vrais pauvres, nous sommes riches dans
nostre cœur par le desir d'avoir en affluence
et superfluité toutes nos commodités, ne pouvant manquer de la plus petite sans murmurer et gronder ; et lorsque voulant estre tenus
pour humbles, nous sommes au-dedans vuides
de toute humilité et enflés de vanité, oh ! il
ne se taira pas toujours ! Il nous attend en
ce destroict où nous ne pourrons plus pallier
nos ulceres, ny eschapper son juste couroux :
*Quid est, o dilecta, quòd in domo meâ fecisti
scelera multa ?* [2] nous dira-t-il. « Et qu'est
« cecy, ma bien aimée, toy que j'avois choi-
« sie entre mille, que tu ayes tant commis
« d'offenses en ma maison ? » Je t'y menay, et
tu y entras en intention de me servir, et tu
n'as fait que te servir toy-mesme, carressant

---

1. Prov. 20. — 2. Jérém. 11.

outre mesure ce tien corps miserable. Tu y vins pour delaisser le monde, et tu l'as entraîné après toy; pour renoncer à toy-mesme, et tu n'as fait que te rechercher et suivre tes appetits et sensualité; pour porter ma croix et la tienne, et tu l'as fait porter aux autres, car pour avoir tes plaisirs et commodités, tu n'as espargné ny freres, ny superieurs; pour me suivre et acquiescer à mes salutaires conseils, et tu as suivy ceux de mes ennemis. Et avec ce, tu as esté si glorieuse et enflée en toy-mesme, que la moindre parole de reprehension de tes vices t'estoit insupportable. C'est pourquoy, *Quantum glorificavit se et in deliciis fuit, tantum date ei tormentum et luctum*[1] : « Autant qu'elle s'est glorifiée, et a cherché « ses delices, tout autant donnez-luy de tour-« ments et d'angoisses », dira ce juste juge, deputant ceste ame, si non aux eternels, au moins aux terribles, effroyables et longs supplices temporels d'un rude Purgatoire, pour y payer jusqu'à la derniere maille de toutes les caresses qu'elle a faites à son corps. Partant si

---

1. Apocal. 18.

les amoureux exemples de ce Seigneur et Roy souverain qui s'est rendu si pauvre pour nous, ne nous attirent; qu'au moins la crainte de son rigoureux jugement nous espouvante, et nous excite vivement à faire durant ce temps de grace et de misericorde, ce que, iceluy estant finy, et nostre course parachevée, nous voudrions avoir fait. Car pour lors, il ne nous restera que le plaisir et contentement de la perfection que nous aurons acquise, ou donc le triste regret des bonnes œuvres et actions vertueuses que nous aurons obmises.

Il semblera peut-estre que j'ay cy-dessus meslé quelque chose de l'humilité parmy le discours de la saincte pauvreté. Ç'a esté à dessein, pour me conformer à mon texte, que j'ay, non pas meslé deux choses diverses, mais assemblé deux vertus germaines, et conjoinctes d'un tel lien de ressemblance, que la plupart des saincts Docteurs estiment que ces deux ne sont qu'une mesme vertu.

Or, pour retourner à mon propos, d'autant que j'ay dit et repeté plusieurs fois, après nostre Sauveur et après les saincts Docteurs, que le royaume des cieux est aux pauvres, et que la monnoye avec laquelle on l'achete est la pauvreté ; quelqu'un me dira : Doncques le ciel n'est-il que pour les pauvres ? n'y aura-t-il que les religieux qui y obtiendront place, et tous les autres en seront-ils forclos ?

Je respons premierement à cela, que la proposition du Fils de Dieu n'est pas une proposition universelle negative, pour en tirer une telle conclusion : car, bien qu'il promette le ciel aux pauvres d'esprit, il ne dit pas qu'ils en seront les seuls possesseurs. Secondement, le royaume des cieux est à eux, parce qu'il leur est plus asseuré : et ce, pour autant qu'ils tiennent un chemin plus court, plus certain et infaillible, et qu'ils suivent les traces de celuy qui nous en a ouvert les portes. Troisiesmement, le ciel est à eux, d'autant que, comme plus chers amis du Souverain Roy, ils y seront beaucoup mieux partagés, ils auront une place bien plus haute, une plus riche recompense, et des couronnes plus magnifiques et glorieuses, que non pas les autres. Quatriesmement enfin, je respons par une distinction que fait sainct Bonaventure de divers genres de pauvreté[1].

Quelques-uns, dit-il, sont pauvres de biens, mais non pas d'esprit, car ils voudroient bien estre riches, mais ils ne peuvent pas; tels sont les pauvres mendiants du monde. Quelques-uns sont pauvres d'esprit, mais non pas de biens, car ils possedent les richesses, non pour l'amour d'icelles, mais pour l'amour de Dieu; pour amplifier par ce moyen le service et culte divin; pour defendre les pauvres et les aider de leurs ressources, et pour subvenir aux diverses necessités de leurs prochains. Tels ont esté Abraham, David, Job, Loth, Josias et autres, en l'ancienne loi. Et en la nouvelle, tant de bons chrestiens, princes, comtes, ducs, roys et roynes : comme, un sainct Louys, roy de France ; saincte Elisabeth, royne de Hongrie; saincte Helene, impératrice ; sainct Henry, empereur, et saincte Cunegonde, sa femme, et neantmoins vierge; sainct Edouard, roy d'Angleterre ; sainct Estienne, roy de Hongrie, singulierement devot envers la Vierge Mere ; duquel

---

[1]. De prof. relig., lib. 2, c. 42.

nous lisons un exemple entre autres, qui fait bien paroistre qu'il estoit vray pauvre d'esprit quant au mespris des richesses, et quant à l'humilité. C'est qu'un soir il sortit desguisé et tout seul, avec une bourse pleine d'argent pour distribuer aux pauvres. Ceux-cy par permission divine ne cognoissant pas leur roy, à cause qu'il ne leur bailloit tout ce qu'ils luy demandoient, luy arracherent la barbe, le terrasserent, et lui firent mille injures; dont ce vray humble et roy veritablement de soy-mesme fut si content et joyeux, pour avoir trouvé ceste bonne occasion de se conformer à son Maistre et Seigneur, que, se tournant vers la glorieuse Vierge, il luy dit : « Voyez, Royne du ciel, comme vos soldats ont honoré celuy que vous avez faict roy. » Et il prit dès lors une nouvelle resolution de donner tousjours à celuy qui luy demanderoit pour l'amour de Dieu, et d'espuiser ses thresors pour enrichir les pauvres. Aussi, luy recompensa Nostre-Seigneur sa liberalité par une nouvelle faveur, luy donnant la grace de guerir tous les malades. Comme encores une saincte Radegonde, royne de France, qui, parmy ses grandeurs et sa royale dignité, mena tousjours une vie religieuse. Elle estoit d'une si extreme douceur envers son prochain, qu'elle s'efforçoit de le soulager en toutes ses necessités corporelles et spirituelles. Jamais elle n'esconduisit un seul pauvre ; mesme elle se faschoit contre ses gens, quand ils en renvoyoient quelqu'un. Bref, elle employoit tous ses revenus à fonder des monasteres, à nourrir et revestir les pauvres et à assister les malades, les servant elle-mesme avec une merveilleuse humilité et charité. Saincte Hedwige, duchesse de Pologne, aimoit aussi tant les pauvres, qu'elle en avoit tousjours à sa table. Elle les servoit à genoux, avant que de s'asseoir ; elle leur lavoit les pieds et baisoit les vestiges d'iceux : honorant Jesus-Christ en leur personne, lequel a dit : *Quod uni ex minimis meis fecistis, mihi fecistis* [1] : « Ce que vous ferez au « moindre des miens, je le tiens pour faict à « moy-mesme. » Bref, qu'on lise la vie de ceste glorieuse saincte, et celle d'innombrables

---

1. Matth. 25.

autres princes et princesses qui, par les rares exemples de leur vertu et charité, ont rendu leur nom immortel et venerable à toute la posterité ; on y trouvera des traits de si grande misericorde envers les pauvres, et d'une si magnifique liberalité envers tous les lieux dediés au service divin, eglises, monasteres et hopitaux, qu'on en sera tout ravy d'estonnement, et ne pourra qu'on ne s'escrie : *Mirabilis Deus in sanctis suis*[1] : « Dieu est admirable en ses saints. » Et on confessera que ceux qui employoient si pieusement leurs thresors, estoient vraiement pauvres d'esprit ; que leur cœur n'y estoit pas, mais en Dieu, unique thresor de leurs ames ; et qu'ils les possedoient plus pour Dieu, que pour eux-mesmes. Ils suivoient le salutaire conseil du royal Prophete, qui dit : *Divitiæ si affluant, nolite cor apponere*[2] : « Si vous avez des « richesses en affluence, n'y mettez point « vostre cœur », n'y establissez pas vostre esperance.

Je me suis bien trop arresté en ce second

---

1. Ps. 67. — 2 Ps. 61.

genre de pauvreté; mais la beauté de la matiere m'y a convié. Je viens donc au troisiesme. C'est celuy de ceux qui sont pauvres et d'esprit, et de biens tout ensemble; qui n'ont point de richesses, et n'en veulent point avoir, veu qu'ils les ont quittées pour l'amour de Dieu. Ils ont quitté tout ce qu'ils avoient; si plus ils eussent eu, plus aussi eussent-ils quitté; et quand tout le monde fust esté sous leur domaine, franchement ils l'eussent laissé pour l'amour de Dieu. Sainct Pierre et quelques-uns des Apostres n'avoient pour toute richesse qu'une nacelle et des filets, et peut-estre une petite maisonnette; neantmoins, ayant abandonné ce peu qu'ils avoient, sainct Pierre ose bien s'escrier, parlant au Fils de Dieu : *Ecce nos reliquimus omnia, et secuti sumus te ; quid ergo erit nobis*[1]? « Voicy que nous avons tout quitté, et nous « vous avons suivy, quelle recompense donc « aurons-nous? » Et qu'est-ce que vous avez laissé, ô sainct Pierre, luy eust-on pu dire? Tout ce que vous aviez ne vaut pas le parler. J'ay

1. Matth. 19.

beaucoup laissé, eust-il respondu, quand j'ay laissé tout ce que je possedois, et qui plus est, j'ay renoncé entierement à la volonté d'en acquerir ou avoir davantage. *Grandis fiducia !* dit sainct Hierosme à ce propos. *Petrus piscator erat, dives non fuerat, cibos manu et arte quærebat, et tamen loquitur confidenter : Reliquimus omnia* [1]. « Grande asseu-
« rance, à la verité, de sainct Pierre ! Il n'estoit
« que pescheur, jamais il n'avoit esté riche,
« il gagnoit sa vie au travail de ses mains
« avec son art et industrie ; et toutesfois il
« dit asseurément : « Nous avons tout quitté. »
« Et d'autant que cela ne suffit pas, il adjouste
« ce qui est parfaict : « Et nous vous avons
« suivy », poursuit ce sainct docteur. *Fecimus
« quod jussisti, quid igitur dabis præmii ?* Nous
« avons fait ce que vous avez commandé,
« quelle recompense donc nous donnerez-
« vous ? » Jesus-Christ ne trouva point cela estrange, il ne le reprit point de temerité ; mais il luy respond doucement, faisant ceste liberale promesse digne de sa grandeur, à luy et

---

[1]. In Matth., lib. 3, cap. 19.

à tous ceux qui feroient le mesme pour son amour, renonçant entierement au monde et à ses vanités et appasts : « Je vous dis en « verité que vous, qui m'avez suivy, en la « regeneration, c'est-à-dire en la resurrection « generale, lorsque le Fils de l'homme sera « assis sur le siege de Sa Majesté, vous serez « aussi assis sur des beaux thrones, et vous « jugerez les douze tribus d'Israël. » Comme s'il eust dit : Lors qu'à ma venue le reste du monde sera tout remply de frayeur, vous serez assis près de moy en toute asseurance, vous serez mes assesseurs, et jugerez avec moy toutes les nations. Et puis il adjouste : « Et quicon- « que laissera sa maison, ses freres ou ses « sœurs, son pere ou sa mere, sa femme ou ses « enfants, ou ses possessions, pour mon nom, « pour l'amour de moy, il en recevra le « centuple, et possedera la vie eternelle [1]. » Voilà combien est riche la pauvreté de Jesus-Christ; et comme il honore ceux qui embrassent le mespris de l'indigence et souffreté pour son amour et pour sa gloire. *Sic honora-*

---

1. Matth. 19.

bitur quem Deus voluerit honorare : « Ainsi
« sont honorés ceux qu'il plaist à Dieu d'ho-
« norer. »

(D) *Tel n'était pas saint Dominique,
notre père.*

Pour nous exciter à l'amour et exercice de la saincte pauvreté, l'aucteur nous remet devant les yeux l'exemple de nostre pere sainct Dominique, lequel estoit si amoureux de ceste noble vertu, que rien ne luy plaisoit qui ne fust accompagné d'icelle. Les monasteres de son ordre estoient, par son ordonnance, bastis le plus pauvrement et simplement qu'il estoit possible. Celuy de Bologne, qui estoit richement basti, fust par luy demoly, et reedifié à sa façon. Son vivre et celuy de ses freres, il l'alloit quester de porte en porte ; il ne l'eust pas trouvé de bon goust, s'il n'eust esté mandié. Ses habits estoient fort grossiers, simples et rapiecés. Que diray-je de sa cellule? Il n'en avoit point, ni aucun lieu tant fust-il petit pour se retirer, à l'imitation de celuy qui vivoit en luy plus que luy en soy-mesme. Son appartement estoit l'eglise, et son lict la terre dure, ou bien le marchepied de quelque autel, sur lequel s'appuyant après avoir passé presque toute la nuit à prier, pleurer et se discipliner jusqu'au sang qui couloit en terre, et ce pour les ames pecheresses, il prenoit un peu de sommeil interrompu. Allant par chemin, il marchoit à nuds pieds, mesmes sur les espines et sur les pierres aigues; mais avant d'entrer dans les villes, pour eviter les louanges humaines, ce vray pauvre d'esprit et humble parfaict chaussoit ses souliers; et puis, se mettant à genoux, il prioit Dieu avec un cœur contrit et humilié, qu'il ne lançast les fleaux de son courroux sur la ville où il alloit entrer, à cause de son arrivée. Voilà l'opinion qu'avoit de soy ce grand amy de Dieu, qui jamais ne commit peché mortel en sa vie, et si favori de sa divine Majesté, qu'il ne lui demanda oncques rien, qu'il ne l'obtinst à souhait.

(E) *Ne demandez rien à personne.*

Par ces paroles du Sainct et les suivantes, nous apprenons que pour estre parfaictement pauvres, il ne suffit pas de vivre pauvrement, d'estre habillé, logé et couché simplement ; mais qu'il se faut garder bien soigneusement, outre cela, de desirer ou rechercher certaines autres superfluités et bagatelles qui ne servent qu'à contenter nostre curiosité, qu'à resjouir nos yeux peu mortifiés, qu'à oster à nos cellules le beau lustre de la saincte pauvreté (bien que d'ailleurs ces chosettes semblent les embellir), et bien souvent qu'à amuser nostre cœur, qui s'attache parfois autant en ces choses de rien qu'il eust peu faire en tout ce qu'on a laissé dans le monde. Abus à la verité par trop indigne d'une ame religieuse ! car pour une chose de neant, on se despouille du beau thresor de la pauvreté d'esprit. Tout ce qui detient tant soit peu nostre cœur hors Dieu, l'empesche d'estre vraiement pauvre. Je le preuve. Estre pauvre d'esprit, c'est ne rien posseder, surtout interieurement. Or celuy qui aime quelque chose, la possede par affection. Donc celuy qui aime quoy que ce soit, Dieu excepté, n'est pas pauvre. Que celuy qui aime quelque chose, la possede, cela est tout clair. Car ce que nous aimons, nous le tenons comme chose propre, et n'en pouvons estre separés qu'avec grand ennuy et regret, et lors il semble qu'on nous l'arrache des entrailles : signe donc que nous le possedions par affection. Or, plus l'affection est grande, plus aussi nous ravit-elle ceste chere pauvreté. Partant, il n'y a rien qui nous en rende plus vuides, que l'affection que nous mettons aux creatures raisonnables. Celle-là est la pire, car c'est celle qui plus occupe le cœur, et l'occupant en chasse Dieu, nostre amateur eternel : *In charitate perpetuâ dilexi te*[1], celuy qui nous a aimés d'une charité eternelle. Car, selon que dit nostre Sauveur, *Nemo potest duobus dominis servire*[2]. « Nul ne peut servir à deux « maistres. »

Que l'ame religieuse donc voye quel tort elle fait à Dieu, et au vœu de pauvreté qu'elle a fait, si elle se laisse ainsi tromper à l'ennemy, s'arrestant en ces frivoles affections qui la retirent de son celeste Espoux, et qui font que justement il se retire d'elle ; si, par exemple, au lieu de n'aimer ses freres ou ses sœurs de

---

1. Jérém. 31. — 2. Matth. 6.

religion parmi lesquelles elle vit, qu'en Dieu et pour l'amour de Dieu, esgalement et sans exception, ce qui seroit vraie charité, elle s'affectionnoit aux unes fort particulierement, et pour les autres elle n'en tenoit pas grand compte; et si, establissant son cœur en une creature, ou une triste creature en son cœur, elle l'ostoit et desroboit à ce sien Espoux si aimable, auquel elle l'avoit consacré et donné irrevocablement, et qui, en retour de tant de benefices inestimables qu'il luy a faicts, et de tous ces dons de nature et de grace qu'il luy a conferés, ne luy demande autre chose que ce cœur, luy disant : *Filia, præbe cor tuum mihi :* « Ma fille, donne-moi ton cœur ». Ce serait, à la verité, une ingratitude non pareille, une grande desloyauté, et une mescognoissance insupportable. Mais à Dieu ne plaise qu'il s'en trouve aucune qui luy fasse ce tort !

Pour estre donc parfaictement pauvre, il faut estre despouillé de tout, interieurement et exterieurement, en effect et en affection. Et lors, on aura une prochaine disposition pour s'unir à Dieu, et pour se conformer à Jésus crucifié, et se transformer en luy par amour, et pouvoir dire avec sainct Paul : *Christo confixus sum cruci* [1]. Car une telle faveur et privilege n'est concedé qu'à ceux qui entierement sont desnués de toutes choses, tenant plus chere leur saincte pauvreté et nudité, que tous les thresors de l'univers.

(F) *Voulez-vous connaître les effets de ce que je viens de dire, etc.*

C'est un advertissement que le sainct nous donne, pour mieux faire nostre profit des enseignements qu'il nous a baillés en ce chapitre : c'est que nous mettions tout soin, peine et diligence à les practiquer d'un cœur humble et soubmis ; nous gardant bien d'y aller contredisant d'un cœur presomptueux et hautain. Car, si nous le faisions, nous serions frustrés de tout le fruict spirituel qu'autrement ils nous apporteroient ; et le Sainct nous menace que nous demeurerons dehors : c'est-à-dire, que nous ne gousterons pas la douceur et suavité qui est contenue en iceux ;

---

1. Gal. 2.

que nous n'aurons pas entrée dans l'interieur de ces secrets spirituels, et ne savourerons pas les ineffables douceurs qui sont cachées sous ces conseils salutaires. Et il donne incontinent la raison : « Car la verité, dit-il, est
« descouverte par Jesus-Christ aux humbles,
« et elle est cachée aux superbes. »

Ce vray Maistre de l'humilité n'a garde d'enseigner sa divine science, qu'à ceux qui sont de son eschole; la porte est fermée aux autres. *Deus superbis resistit, humilibus autem dat gratiam* [1]. « Dieu resiste aux orgueilleux, et donne sa
« grace aux humbles. » *Confiteor tibi, Pater, Domine cœli et terræ, quia abscondisti hæc sapientibus et prudentibus, et revelasti ea parvulis* [2], dit nostre Sauveur. « Je vous loue et
« benis, ô mon Pere, Seigneur du ciel et de
« la terre, de ce que vous avez caché ces
« choses à ceux qui sont sages et prudents
« devant leurs yeux, et les avez revelées et
« descouvertes aux petits et humbles. » *Esurientes implevit bonis* [3], dit la Vierge Marie en son Psautier à dix cordes, je dis en son mys-

---

1. Jac. 4. — 2. Matth. 11. — 3. Luc. 1.

terieux cantique : « Ce grand Dieu a rempli de « biens les fameliques. » Qui sont ces fameliques, que les vrais humbles, lesquels, recognoissans leur pauvreté et ignorance, se tenans pour imparfaicts, et disetteux de tout bien, ont une continuelle faim de la parole de Dieu, et d'estre instruits par les autres au chemin de la perfection ?

C'est d'eux que dit nostre Sauveur : *Beati qui esuriunt et sitiunt justitiam, quoniam ipsi saturabuntur* [1] : « Bienheureux sont « ceux qui ont faim et soif de la justice, « car ils seront rassasiés. » Sur lesquelles paroles sainct Chromace dit elegamment : *Non facili desiderio, nec levi cupiditatis ardore expetendam a nobis esse justitiam docuit; siquidem hos beatos esse significat, qui ad eam consequendam, esuriendi et sitiendi modo, interni desiderii cupiditatibus inardescunt : quia si eam unusquisque nostrûm esuriens ac sitiens desiderio concupiscat, non potest aliud semper quàm justitiam cogitare, justitiam quærere* [2]. « Nostre Redempteur nous a enseigné à ne

---

1. Matth. 5. — 2. In cap. 5 Matth.

« desirer pas la justice, c'est-à-dire nostre
« salut et perfection, d'un desir lasche, ny
« d'une ardeur lente et paresseuse ; puisqu'il
« dit que ceux-là sont heureux, qui la re-
« cherchent avec les ardents souhaits d'un
« intime desir, à la mesme façon que ceux
« qui ont faim et soif pourchassent la nour-
« riture et le breuvage. Car si un chascun de
« nous souhaitoit et convoitoit la justice
« d'un tel desir, il ne pourroit jamais jour
« ny nuit penser à autre chose qu'à ceste jus-
« tice, ny rechercher rien qu'icelle : veu que
« celuy qui a faim et soif necessairement
« faut qu'il pense au manger et au boire.
« C'est pourquoy, conclud ce Sainct, à ceux
« qui sont ainsi affamés et alterés de celuy
« qui est le pain celeste et la fontaine d'eau
« vive, à bon droit est promis le rassasiement
« de la refection eternelle. » *Merito igitur his
taliter esurientibus ac sitientibus eum qui panis
cœlestis ac fons aquæ vivæ est, satietatem refectionis illius perpetuæ repromittit* [*Dominus*].

Mais en l'attente de cet assouvissement
eternel, il les refectionne des mets tres-savou-
reux de ses consolations celestes. Et ceux-là en

gousteront, qui humblement et avec ferveur s'efforceront de practiquer les saincts enseignements qu'a donnés et donnera le sainct Aucteur : car ces biens spirituels ne sont, comme nous avons dit, que pour ces humbles fameliques. Au reste, *Divites dimisit inanes :* « Il a renvoyé pauvres ceux qui estoient ri-« ches. » Et qui sont ces riches « desdai-gneux [1] », comme les nomme tres-pertinemment et à propos la saincte Église, sinon ceux qui, tout remplis de satisfaction d'eux-mesmes, et d'une certaine propre estime cachée sous les replis de l'amour-propre, pensent n'avoir besoin d'estre enseignés de personne, qui, abondans en leur sens propre, ne veulent point soubmettre leur jugement aux bons advertissements ?

C'est à ceux-là proprement que parle le Fils de Dieu, en l'Apocalypse, disant : *Dicis : Dives sum, et locupletatus, et nullius egeo ; et nescis quia tu es miser, et miserabilis, et pauper, et cœcus, et nudus* [2] : « Tu dis : Je suis riche et opulent, et je n'ay

---

1. Off. Corp. Domini. — 2. Apocal. 3.

« besoin de rien ; et tu ne sçais pas que tu
« es miserable et à plaindre, et pauvre, et
« aveugle, et desnué de tout bien. Mais je te
« conseille, dit ce debonnaire Sauveur, d'ache-
« ter de moy l'or flamboyant et affiné, pour
« te faire riche. » *Suadeo tibi emere a me aurum ignitum probatum, ut locuples fias.*

Par cest or, sainct Victorin entend la patience. Sainct Bonaventure dit que l'or, à cause de sa pureté, beauté et incorruptibilité, signifie l'incorruption, virginité ou integrité de la chair. Sainct Bernard dit que l'or designe la sapience; d'autres par l'or entendent la charité, qui est la royne des vertus, tout ainsi que l'or est le plus precieux de tous les metaux. Mais sainct André, archevesque de Cesarée, en parle dans un autre sens qui revient fort à nostre propos. *Si ditescere lubet*, dit-il, *a me, qui veras stabilesque opes largior, ferventi desiderio volentique animo ignitum aurum emito, nempe sacræ doctrinæ verbum, igne exploratum, splendidumque redditum : per hoc enim cordi tuo ejusmodi thesaurus obtinget, qui nec violari nec diripi facile poterit.* « Si

« vous desirez vous enrichir, dit nostre Sau-
« veur, suivant le sens des paroles sus alle-
« guées, c'est de moy, qui eslargis les vraies
« et stables richesses, que d'un fervent desir
« et d'un esprit courageux vous devez ache-
« ter cest or ardent, à sçavoir, les paroles
« de la doctrine sacrée affinées au feu et
« toutes resplendissantes; car, par ce moyen,
« vostre cœur acquerra un thresor tel, qu'il
« ne pourra estre ny corrompu ny desrobé. »
C'est donc l'or de la doctrine salutaire que Jesus-Christ presente à ceux qui, estant diset-teux de tout bien, croyent neantmoins qu'ils sont riches. Aussi leur conseille-t-il, un peu après, de « oindre leurs yeux du collyre » de la propre cognoissance : afin que, voyants clai-rement leur pauvreté et misere, ils en cher-chent et reçoivent avec plus d'affection le remede ; et achetent cest or divin de la parole de Dieu à quel prix que ce soit, s'humiliants de bon cœur à estre instruits par les autres, ou de vive voix, ou par la lecture des bons livres, au chemin de leur salut et perfection ; et que cest humble apprentissage leur fasse acquerir la sapience celeste, par le moyen de

laquelle ils jugeront droitement des choses, et les savoureront pour telles qu'elles sont en realité. Ils mespriseront les terrestres, comme n'estant que fumée, boue et fange. *Omnis caro fœnum, et omnis gloria ejus tanquam flos fœni* [1]. « Toute chair est comme du foin, et « toute la gloire de ce monde comme la fleur « du foin : le foin a seché, et sa fleur est tom- « bée. » Et ils feront grand cas des spirituelles et celestes, qui ne peuvent manquer à ceux qui les recherchent en verité ; de sorte que goustant leur suavité et douceur non pareille, ils s'escrieront avec David : *Suavis Dominus universis* [2] etc. *Gustate et videte quoniam suavis est Dominus* [3] : « Le Seigneur est « souëf envers tous à merveilles !... » Goustez-le, faites-en l'experience au moyen de la saincte meditation, et voyez, par la contemplation, combien le Seigneur est doux, souëf, et plein de toute sorte de contentement delectable et vray ! Le goust de ceste suavité, et la veue interieure de ceste suraimable bonté enflammera en leurs cœurs le feu du divin

---

1. Petr. 1. — 2. Ps. 144. — 3. Ps. 33.

amour, et les rendra possesseurs de l'or flamboyant de la saincte et tres-desirable charité.

CHAPITRE II.

DU SILENCE.

Après avoir posé la pauvreté comme fondement de l'édifice spirituel, à l'exemple de Jésus-Christ lui-même, qui a commencé son sermon sur la montagne par ces paroles : *Bienheureux les pauvres d'esprit, etc.*, vous devez vous disposer courageusement à réprimer

CAPUT II.

DE TACITURNITATE.

Facto ergò paupertatis stabili fundamento, à Christo fundatore in vertice posito, dicente : *Beati pauperes spiritu*[1], etc. ad restringendam linguam viriliter se accingat, ut lingua, quæ utilia debet loqui, ab otiosis et inutilibus compescatur om-

1. Matth. 5.

votre langue ; de sorte que cette langue se borne à ne dire que des choses utiles, et s'abstienne de tout discours inutile ou frivole (A).

Afin d'y mieux réussir, gardez un silence absolu, à moins que vous ne soyez interrogé (B) : encore faut-il que les questions que l'on vous fait aient pour objet une chose nécessaire ou utile ; car à une question inutile, on ne doit répondre que par le silence.

Si cependant on vous adresse quelques plaisanteries par manière de récréation, vous pouvez les accueillir avec bienveillance et d'un visage gai, afin de ne pas

---

ninò. Et ut meliùs restringat, penitùs non loquatur, nisi interrogatus : interrogatus dico de re necessariâ et utili : nam inutilem quæstionem silentium debet solvere. Si quæ tamen causâ solatii vel recreativa ipsi dicantur, ne onerosus aliis videatur, quamdam vultûs hilaritatem et benignitatem poterit ostendere, sed nullo modo loqui : etiam si illi, quicumque sint, de hoc videantur murmurare vel contristari, aut verba detractionis

paraître à charge aux autres. Gardez-vous néanmoins d'y répondre, dussiez-vous par là contrister ceux qui sont présents, et les porter à murmurer contre vous, et à vous taxer d'une dévotion singulière, chagrine et outrée. Vous devez dans ce cas prier pour eux, afin que Dieu ôte de leurs cœurs tout sentiment d'amertume.

Vous pouvez cependant parler quelquefois (c), si la nécessité vous y oblige, si la charité du prochain ou l'obéissance le demande ; mais ayez soin alors de ne parler qu'après avoir bien réfléchi (d), et de le faire en peu de mots, d'une

---

proferre, ipsum causando singularem, seu superstitiosum et gravem. Debet tamen pro ipsis attentiùs orare, ut Deus ab eorum cordibus omnem turbationem amoveat. Poterit tamen aliquandò loqui, si immineat aliqua necessitas, vel proximi charitate vel obedientiâ provocatus: et tunc valdè præmeditatim, et cum paucitate verborum, voce humili et submissâ. Quod etiam debet facere, dùm alicui habet respondere de aliquo. Nam taceat

voix humble et modeste. Agissez de même lorsque vous avez à répondre à quelqu'un.

Sachez ainsi vous taire à temps pour l'édification du prochain, afin d'apprendre par le silence comment il faut parler (e) ; et priez Dieu qu'il supplée par lui-même votre silence, en inspirant intérieurement au prochain ce que la loi du silence vous empêche de lui dire.

COMMENTAIRES.

(A) *Vous devez vous disposer à réprimer votre langue*, etc.

Plusieurs motifs et raisons nous doivent exciter à garder nostre langue avec tout soin

---

ad tempus ad proximi ædificationem, ut tacendo discat qualiter suo tempore loqui valeat : rogando tamen Deum, ut per seipsum suppleat, cordibus proximorum interiùs inspirando ea à quibus interim se abstinet, linguam per silentium edomando.

et vigilance ; et à retrancher de nous toutes paroles vaines et superflues, selon que nous le conseille ce sainct personnage inspiré et guidé du Sainct-Esprit. J'en apperçois quatre ou cinq entre autres.

Le premier motif de bien grande importance qui nous y doit induire, c'est que le trop parler est cause d'une grande partie des pechés que nous commettons, et quand je dirois de la plus grande, je ne penserois pas mentir. Qui pourroit jamais penser combien de maux et de pechés nous cause ceste langue, ceste petite piece de chair ? Les sainctes Escritures sont toutes pleines de cette verité. Elles nous crient et preschent que nous la refrenions, si nous ne voulons encourir des grandes et innombrables offenses. *In multiloquio non deerit peccatum*[1], dit le Sage : « A « beaucoup parler, le peché ne manquera « pas. » *Qui multis utitur verbis lædet animam suam*[2] : « Celuy qui parle beaucoup, blessera « son ame par le peché. » *In multis sermonibus non deerit stultitia*[3] : « Aux longs discours

1. Prov. 10. — 2. Eccles. 20. — 3. Eccl. 5.

« la folie s'y retrouvera. » Qu'elle est ceste folie, que l'offense de Dieu ? car il n'y a aucune folie qui soit comparable à celle-là.

Voyez aussi comme sainct Jacques parle de ceste langue : *Ecce quantus ignis quam magnam sylvam incendit ! Et lingua ignis est*[1] : « Voilà, dit-il, combien peu de feu brusle « une grande forest ! La langue est ce « feu » qui devore tout le bien qui pourroit estre en nous, et nous cause toute sorte de maux. *Universitas iniquitatis*, « tous « pechés, toutes iniquités nous viennent par « elle. » « Car, qui pourroit nombrer, dit « sainct Bernard, combien ce petit membre « amasse d'ordure, combien de sortes d'im« mondices s'amoncelent dans les levres « incirconcises et mal mortifiées ? combien « graves sont les dommages d'une bouche « imprudente et mal advisée ? » *Quis sanè numeret quantas modicum linguæ membrum contrahat sordes, quàm multiplex in labiis incircumcisis immunditia coaguletur, quàm sit gravis pernicies oris incircumspecti*[2] ? Inquie-

---

1. Jac. 3. — 2. Serm. de tripl. cust.

tum malum, continue l'Apostre susnommé :
« C'est un mal inquiet », qui jamais n'a pause
ny repos. *Plena veneno mortifero*, « elle est
« pleine de venin mortel », lequel estant
avalé tue cruellement les ames. *Venenum
aspidum sub labiis eorum* [1], « le venin d'aspic
« est dessous leurs levres »; *lingua eorum
gladius acutus* [2], « leur langue est un glaive
« aigu », dit le Psalmiste, parlant des detracteurs, lesquels, comme dit sainct Bernard,
tuent leurs ames et les ames des autres, leur
ostant la douce vie de la grace par les traits
envenimés de leur langue. Mais escoutons ce
Sainct : *Annon amittunt vitam detractores Deo
odibiles, odibiles vitæ* [3]? « Le detracteur ne
« perd-il pas la vie, puisqu'il est hay de
« Dieu et hay de la vie ? Celuy aussi qui
« boit le venin que ceste langue empoisonnée
« luy presente, ne meurt-il pas ? veu que la
« vie de la charité luy est soustraite à la des-
« robée, et que sans qu'il y pense peu à peu
« la dilection fraternelle se refroidit en luy.
« Mais ce n'est pas tout. *Auditurus est forsan*

---

1. Ps. 139. — 2. Ps. 56. — 3. Serm. de tripl. cust.

« *et ipse cui detrahitur, undique enim verba*
« *volant.* Celuy duquel vous avez detracté,
« peut-estre en aura le vent, car les paroles
« volent partout ; alors il se scandalisera, il
« se dessechera d'ennuy, et la charité s'amor-
« tira d'autant plus facilement en luy qu'au-
« paravant elle y estoit plus en vigueur: voyant
« que son amy, son frere parle en ces termes
« de luy. N'est-ce pas une vipere qu'une telle
« langue, qui d'un seul souffle infecte et
« meurtrit ainsi trois ames ? Je ne crains point
« de dire qu'elle est plus cruelle que la lance
« qui perça le sacré costé de nostre Sauveur. »
*Levis quidem res est sermo, quia leviter volat,
sed graviter vulnerat; leviter transit, sed graviter urit ; profertur leviter, sed non leviter revo-
catur ; facilè volat, atque ideo facilè violat
charitatem.* « On dit, poursuit ce Sainct,
« c'est peu de cas, c'est chose legere qu'une
« parole ! Elle est legere, à la verité,
« parce qu'elle vole legerement, mais elle
« blesse griefvement ; elle passe vistement,
« mais elle brusle profondément ; elle est
« dicte à la volée, mais elle n'est pas si aisé-
« ment revoquée ; elle vole facilement, et

« partant facilement elle viole la charité. »

Ce n'est pas merveille donc si Dieu « haït
« les detracteurs », selon l'Apostre [1], et s'il
les « poursuit afin de s'en venger »; puisqu'ils impugnent la charité, et luy font une
si cruelle guerre, et que Dieu est la charité mesme. *Detrahentem secretò proximo suo
hunc persequebar* [2], dit-il par la bouche de
son prophete. La phrase hebraïque, à la place
de *persequebar*, porte, *succidam, disperdam.*
« Celuy-la qui parle mal de son prochain en
« secret, je le destruiray », je couperay le
filet de sa vie, et le retrancheray de la terre
des vivants.

Voyant donc les grands degasts que fait
ceste langue, nous avons bien raison de dire
avec David : *Dixi : Custodiam vias meas, ut
non delinquam in lingua mea* [3] : « J'ay dit,
« j'ay proposé, j'ay fermement resolu de
« garder mes voies, de me tenir bien sur
« mes gardes, de peur de chopper ou offen-
« ser par ma langue. » *Vas quod non habuerit
operculum vel ligaturam desuper, immundum*

---

1. Rom. 1. — 2. Ps. 100. — 3. Ps. 38.

erit[1]. Le vaisseau qui n'avoit point de couvercle au-dessus, estoit tenu pour immonde en l'ancienne loy par l'ordonnance de Dieu. « Tout « de mesme, dit sainct Bonaventure [2], celuy « qui ne garde pas sa bouche par le moyen « du silence, sera souillé de l'ordure des pa- « roles illicites, de mensonges, detractions, « jactances, plaisanteries, et de toute sorte « de pechés et imperfections. » La raison en est claire, car le vase estant descouvert, toutes immondices et saletés y tomberont facilement.

En second lieu, le trop parler cause toute sorte d'affliction, tristesse, et voire plusieurs desastres. Car qu'est-ce donc qu'entend le Sage, quand il dit : *Ubi sunt verba plurima, ibi frequenter egestas* [3] : « Là où regne le « babil et longs discours, là se retrouve sou- « vent la pauvreté et misere » ? L'experience nous faict voir combien cela est vray, soit que nous l'entendions spirituellement ou corporellement. *Vir linguosus non dirigetur in*

---

1. Num. 19. — 2. De prof. relig., lib. 2, cap. 7. — 3. Prov. 14.

terrâ[1], dit le Psalmiste : « L'homme babillard « ne prosperera jamais »; ses affaires spirituelles ny temporelles n'iront jamais bien. *Qui custodit os suum et linguam suam, custodit ab angustiis animam suam*[2] : « Celuy « qui garde sa bouche et sa langue, delivre « son ame de beaucoup d'angoisses. » Qui pourroit exprimer combien d'amertumes et tristesses nous arrivent pour les paroles mal digerées que nous proferons à la volée ? Que de regrets, que de soupirs et mesme de larmes bien ameres nous couste souvent une parole inconsiderée ? Combien peu de mots nous ravissent maintes fois la sereine paix et la douce tranquillité de nos ames, les couvrant et offusquant de mille brouillards, troubles et inquietudes ?

Si nous aimons donc le repos interieur, qui est si desirable et agreable, prenons une grande peine et sollicitude à bien refrener et tenir nostre langue. *Me sæpe pœnituit dixisse, nunquam autem tacuisse,* disoit Socrate, et dit aussi sainct Arsene : « Souvent nous nous repentirons d'a-

---

1. Ps. 139. — 2. Prov. 13.

« voir parlé, mais jamais de nous estre teu. » Car ce dont nous nous sommes teu une fois, s'il est convenable de le dire, nous le pourrons dire une autre ; tandis qu'une parole une fois dite vole sans qu'on la puisse rappeler : *Et semel emissum volat irrevocabile verbum*[1]. *Lapis emissus est sermo prolatus*[2], dit sainct Hierosme : « La parole qu'une fois nous avons proférée, est comme la pierre que nous jetons quand elle est eschappée des mains » ; il n'y a plus moyen de la retenir, n'y de l'empescher de nuire à quelqu'un. La parole sortie de la bouche vole comme un dard descoché, sans que nous la puissions revoquer ; et par ainsi, elle apporte souvent des grands ennuis et à nous et aux autres, blessant leurs ames et les nostres. Un petit plaisir de la dire est bientost passé ; les regrets de l'avoir dicte sont longs et fascheux.

En troisiesme lieu, la liberté de la langue nous expose grandement aux tentations de l'ennemy, et nous rend extremement foibles et despourveus de toutes armes pour y resister. *Sicut urbs patens et absque murorum ambitu :*

---

1. Horat., lib. 1, Epist. 19. — 2. Epist. de Virg.

sur toy ; mais si tu es inconsideré en tes paroles, ils te surmonteront sans aucun doute, et feront des grands degasts dans ton ame, la butinant, et saccageant tout ce qu'il y peut avoir de bon dans icelle.

En quatriesme lieu, le trop parler empesche tout le bien et profit spirituel, et evacue toute la devotion et ferveur que nous pourrions avoir ; dissipe toutes les vertus et sainctes habitudes, et esvente facilement le souëf baume de l'interieure recollection, acquise avec longues meditations et oraisons. *Nisi homo diligentem ori suo adhibeat custodiam, et bona gratuita quæ habet citò dissipat, et etiam in multa mala corruit*, dit sainct Bonaventure [1]. « Si l'homme ne met une
« soigneuse garde à sa bouche, il perd et
« dissipe bientost les biens et dons gratuits
« qu'il a reçus de Dieu, et encourt plusieurs
« maux et miseres. » « Tout ainsi, dit sainct
« Diadoche, que lorsqu'on ouvre souvent la
« porte d'un bain, la chaleur en sort bientost:
« tout de mesme, quand une personne parle

---

1. De perf. vitæ, cap. 4.

itu vir qui non potest in loquendo cohibere spiritum suum [1] : « Celuy qui ne se peut con« tenir en parlant ny refrener sa langue, est
« comme une cité ouverte, sans aucun circuit
« de muraille », sans garnison, ny rempart.
Sainct Gregoire dit à ce propos : *Quia murum silentii non habet, patet inimici jaculis civitas mentis* [2] : « La cité de nostre ame est exposée
« aux dards de nostre ennemy, d'autant
« qu'elle est despourveue du mur du silence. »
Et Albert-le-Grand asseure que là où manque
le silence, l'homme est facilement surmonté
de son adversaire, n'ayant point d'armes pour
se defendre [3]. Enfin, c'est ce que nous veut
donner à entendre le Sage, lorsqu'il dit, que
« celuy qui garde sa langue, garde son ame ;
« mais que celuy qui parle inconsiderement,
« sentira des maux. » *Qui custodit os suum custodit animam suam, qui autem inconsideratus est ad loquendum sentiet mala* [4].
Comme s'il disoit : C'est le meilleur rempart
dont tu puisses munir ton ame, que le silence :
il empeschera que les ennemis n'ayent prise

---

1. Prov. 25. — 2. Lib. 7 Moral., cap. 25. — 3. Lib. de virt., cap. 31. — 4. Prov. 13.

« beaucoup, toute la chaleur de la devotion
« s'en va par la bouche. » C'est chose estonnante,
dit un aucteur moderne, combien promptement disparaist et s'enfuit le suc de la devotion, lorsqu'on ouvre la bouche à parler trop :
le cœur s'en va par la bouche, et l'ame demeure vuide de toutes bonnes pensées. Si
nous avons interieurement quelque peu de
devotion ou de vertus secretes, dit sainct
Bonaventure [1], le trop parler aussitost l'esvente, le refroidit, et le faict tout esvanouir;
comme nous l'esprouvons souvent, lorsqu'apres avoir reçu la grace de componction
en l'oraison, nous nous laissons escouler à
des paroles oisives : aussitost la saveur
s'amoindrit, la ferveur est esteinte et l'intelligence obscurcie. Par ce mesme defaut nous
sommes rendus et incapables et indignes de
recevoir aucune grace ny don special de
Dieu. Car la consolation et visite interieure
du Saint-Esprit ne peut aucunement compatir avec la consolation terrestre et le vain
plaisir qu'on prend encore aux entretiens et

---

1. De prof. relig., lib. 2, cap. 7.

devis humains. Si tout le temps qu'on met à parler un peu deçà un peu delà et à mille discours frivoles, on l'employoit à parler avec Dieu par le moyen de l'oraison, ou à l'ouyr parler par la lecture des bons livres, ou en quelqu'autre exercice de pieté : on recevroit sans doute beaucoup de lumieres et douceurs celestes ; on s'appercevroit de plusieurs bonnes inspirations, lesquelles on n'entend pas parmy le bruit des vains discours ; et le feu de la devotion s'allumeroit dans le cœur, qui est estouffé par l'abondance des paroles. Celuy donc qui ne tient la bride à sa langue, n'acquerra jamais aucune perfection ; son babil lui en ferme le passage. *Si quis putat se religiosum esse, non refrenans linguam suam, sed seducens cor suum, hujus vana est religio* [1] : « Si quelqu'un se tient pour religieux et devot, « et qu'il ne refrene sa langue, il se trompe, « car sa pieté est vaine. » Suivons donc les conseils de nostre sainct Aucteur et de tous les saincts Pères : gardons-nous de toutes paroles oisives et vaines, si nous desirons

1. Jac. 1.

faire quelque progres en la vertu. «Garde-toi,
« dit sainct Dorothée[1], de beaucoup parler :
« car cela amortit entierement toutes les
« sainctes et celestes pensées. »

Le cinquiesme motif qui nous doit efficacement esmouvoir à la garde de nostre langue, c'est l'estroict compte qu'il nous faudra rendre de nos paroles, selon la sentence du Juge mesme devant lequel nous devons comparoistre : *Omne verbum otiosum quod locuti fuerint homines, reddent rationem de eo in die judicii*[2]. « De toutes les paroles oisives qu'on
« aura dites, on en rendra compte au jour
« du jugement. » Et il adjouste : *Ex verbis enim tuis justificaberis, et ex verbis tuis condemnaberis* : « Car de tes paroles tu seras jus-
« tifié, et de tes paroles tu seras condamné. »

Si nous pesions bien ces paroles, et ce dont elles nous menacent, nous tremblerions de crainte toutes les fois qu'il nous faudroit parler, de peur de dire quelque parole qui fust cause de nostre condemnation, ou pour le moins qui nous fist trouver en peine en ce jugement si redoutable. *Num vir linguosus justifi-*

---

1. Serm. 20. — 2. Matth. 12.

cabitur [1] ? « Quoi, l'homme babillard sera-t-il justifié ? » dit Sophar-Naamat, dans Job ; comme voulant dire que ce sera difficilement, à cause des grands pechés qu'entraine avec soy ce vice.

« Escoute la verité mesme, Nostre-Seigneur
« Jesus, dit sainct Bernard [2] : « De toutes
« les paroles oisives qu'on aura dites, on en
« rendra compte au jour du jugement. »
« O chose effroyable ! Ce juge tres-sage, qui
« nombre toutes les gouttes de pluie, qui
« cognoist et penetre par le menu et en
« detail toutes les pensées et tentations de
« tous les hommes depuis Adam jusqu'au
« dernier qui sera à la fin du monde, veut
« entendre la raison et le compte de toutes
« les paroles oisives, lors qu'assis au throne
« de sa majesté, il tiendra son dernier juge-
« ment, ce jugement où l'on ne chantera plus
« au Seigneur la misericorde, mais la jus-
« tice ; car le temps de misericorde sera lors
« passé. Qu'est-ce que nous ferons lors,
« pauvres et miserables ? Seigneur, vous estes
« tout sage, on ne vous peut decevoir ; vous
« estes tres-juste, on ne vous sçauroit cor-

1. Job. 11. — 2. De Pass., cap. 25.

« rompre. Que diray-je donc ? Ayez com-
« passion de moy durant ce temps de pitié,
« afin que vous ne me condamniez en ce juge-
« ment dernier. Mettez, Seigneur, une garde
« à ma bouche et une porte autour de mes
« levres, à ce que j'evite non seulement les
« mauvaises et dangereuses paroles, mais
« aussi les oisives et inutiles ! »

« Que s'il faudra rendre compte mesme
« des paroles oisives, dit ailleurs le mesme
« sainct [1], combien rigoureusement pensez-
« vous qu'on y sera jugé des paroles
« menteuses, mordantes et piquantes, inju-
« rieuses et contumelieuses, presomptueu-
« ses, peu honnestes, de flatterie, mur-
« mure ou detraction ? Oh ! combien est
« vraie la sentence qui dit, qu'en beaucoup
« parlant on ne peut eviter les pechés ! Qu'au-
« cun de vous, mes freres, poursuit le sainct
« docteur, ne fasse peu d'estat du temps qui
« se perd en paroles oisives ; car c'est un
« temps acceptable, ce sont les jours de
« salut. » *Volat*, dit-il, *verbum irrevocabile,
volat tempus irremeabile, nec advertit insipiens*

---

1. Serm. de tripl. custod.

quid amittat : libet confabulari, aiunt, donec hora prætereat. O donec prætereat hora ! o donec pertranseat tempus ! Donec hora prætereat, quam tibi ad agendam pœnitentiam, ad obtinendam veniam, ad acquirendam gratiam, ad gloriam promerendam miseratio Conditoris indulget : Donec transeat tempus, quo divinam tibi repropitiare debueras pietatem, properare ad angelicam societatem, suspirare ad amissam beatitudinem, aspirare ad promissam felicitatem, excitare remissam voluntatem, flere commissam iniquitatem. « La parole vole sans qu'on
« la puisse rappeler, le temps precieux s'en-
« fuit sans qu'on le puisse recouvrer ; et
« l'homme maladvisé ne se prend garde
« quel grand thresor il perd ! Devisons en-
« semble, dit-on, et entretenons-nous jus-
« qu'à ce que ceste heure aye passé, afin que
« le temps ne nous dure. Comment, jusqu'à
« ce que ceste heure aye passé ! ceste heure
« qui t'est misericordieusement concedée par
« la clemence du Createur pour faire peni-
« tence et pour obtenir pardon de tes pechés,
« pour acquerir la grace et pour meriter la
« gloire ! Comme oses-tu dire, jusqu'à ce

« que ce temps soit escoulé ? Temps auquel tu
« te devrois rendre propice la divine bonté,
« te haster de parvenir à la compagnie des
« anges, souspirer au celeste heritage que tu
« as si souvent perdu par tes pechés, aspirer
« à la felicité qui t'est promise, exciter et
« enflammer ta volonté trop lasche, et pleu-
« rer les iniquités que tu as commises. »
Voilà les paroles de ce sainct, bien dignes
d'estre profondement gravées dans nos cœurs.
Oh ! si nous penetrions bien ce qu'elles signi-
fient, si nous pesions ce qu'elles contiennent,
à grand peine perdrions-nous tant de temps
à parler; et sans doute nous tiendrions bien la
bride courte à nostre langue, non seulement
dans les propos malicieux et dommageables à
nostre prochain, mais aussi, tant que nous
pourrions, dans les vains et inutiles ; car de
ceux-cy on vient facilement à ceux-là.
Or, les paroles oisives, au dire de sainct
Gregoire, sont « celles qui sont proferées
« sans juste necessité ou sans pieuse in-
« tention de quelque utilité. Tout ce donc
« que nous disons, si nous n'avons intention
« de profiter à quelqu'un, est discours vain

« et oisif. » *Otiosum verbum est quod caret ratione justæ necessitatis, aut intentione piæ utilitatis : quidquid ergo loqueris, nisi intendas alicui prodesse, otiosum est.* Et suivant cela, sainct Bonaventure adjouste [1] : « Si une
« parole oisive n'est pas sans peché, parce
« qu'elle ne sert de rien, que sera-ce des
« mauvaises et outrageuses, qui sont si dom-
« mageables, et causent tant de malheurs? »

(B) *Afin d'y réussir, gardez un silence absolu, etc.*

Pour donc eviter tous les dommages et dangers susdits, qui sont si grands et de telle importance, non moindres que de nous faire courir risque de nostre salut et nous clore entierement l'entrée à nostre perfection; il ne nous doit point estre dur ny fascheux de prendre une magnanime et constante resolution de refrener soigneusement nostre langue, et cest advis que nous donne le sainct Aucteur ne nous doit pas sembler trop ardu et difficile. Et quand bien il le seroit un peu, la magnanimité ne se pratique que dans

---

[1]. De prof. relig., c. 7.

les choses ardues ; si nous sommes magnanimes, faisons le paroistre en ce cas, qui est si raisonnable et profitable à nos ames. C'est donc de ne rien parler, si ce n'est lors qu'on nous interroge ; conformement à ce que conseille le Sage, disant : *Adolescens, loquere vix in tuâ causâ cùm necesse fuerit; si bis interrogatus fueris, habeat caput responsum tuum* [1]. Il parle aux jeunes gens particulierement, auxquels il est extremement convenable de se taire : « Parle, dit-il, à peine en ce qui est « de tes propres affaires lorsqu'il sera de « necessité ; si on t'interroge deux fois, que « ta teste responde pour toy. » La version grecque use d'un autre terme, fort propre pour declarer la brieveté avec laquelle nous devons parler et respondre à ceux qui nous interrogent : *Vix, si bis interrogatus fueris, in summam redige sermonem,* vel, *in compendium collige :* « Reduy ta response en un brief sommaire et abregé », disant peu de paroles, qui comprennent tout ce que tu veux dire ; tranche court ton discours : espargnant autant tes paroles comme si chascune estoit un escu,

---

1. Eccles. 32.

et faisant autant de difficulté de les sortir de ta bouche, comme l'avaricieux en fait à sortir l'argent de sa bourse : *Sic cautus et parcus sit homo in verbis, sicut avarus in nummis suis* [1], dit sainct Bonaventure. *Ab otioso sermone compesce linguam*, dit sainct Isidore, *cave fabellas ineptas, inania verba non garrias*. « Retiens ta langue de tout discours oisif, « garde toy des fables ineptes, ne t'amuse « point à jaser et dire des paroles vaines. » Et suivant ce qui est dit, lorsque nous serons contraints de parler, que ce soit succinctement et briefvement, n'allant pas chercher long discours en ce qui peut se dire en peu de mots.

Ceste reserve estant necessaire à un chascun, elle l'est bien plus aux femmes, et nommément aux vierges consacrées à Dieu, comme dit sainct Bonaventure ; car leurs paroles, dit-il [2], devroient estre si precieuses et si rares, et elles devroient estre si modestes et retenues en leur langue, que jamais elles ne parlassent sans grande necessité. Et il adjouste : « Escoute, servante de Dieu parleuse,

1. De prof. relig., c. 7. — 2. De perf. ad sor., c. 4.

« escoute, vierge empressée à te repandre
« continuellement en paroles d'une maniere
« bruyante, certes, pour t'accoustumer au si-
« lence, il te faut faire comme fit l'abbé Aga-
« thon, qui porta trois ans une pierre à la bou-
« che, jusqu'à ce qu'il eust appris à se taire. »
« A la verité, dit le mesme Docteur[1], c'est une
« grande confusion à une femme, et un grand
« deshonneur et messeance aux vierges sacrées
« de n'avoir pas la garde de la bouche, de ne
« tenir pas la bride à leur langue, veu que par
« icelle tous maux et pechés se commettent. »
Sainct Bernard affirme le mesme, par ces
paroles : « Que tout homme modere sa lan-
« gue, mais principalement et surtout les
« vierges de JESUS-CHRIST ; et qu'elles re-
« gardent bien quand et en quelle façon elles
« parlent; car il n'est pas seant que d'une
« bouche qui doit chanter le Cantique nouveau
« au royaume du celeste Espoux, sorte aucune
« parole qui soit contraire au cantique[2]. » Et
quel sera ce cantique ? Ce sera le cantique
de charité. Que donc ceste bouche, qui
chante jour et nuit les louanges de Dieu,

1. Ibid. — 2. De pass., c. 25.

essentielle et eternelle charité, et qui aspire à le louer eternellement en la gloire, ne profere jamais, voire la moindre parole qui tant soit peu blesse la charité.

(c) *Vous pouvez cependant parler quelque fois.*

Icy, nostre sainct Aucteur modere la reigle de silence qu'il a donnée, par trois exceptions, à sçavoir :

La premiere, de l'obeissance, c'est-à-dire lorsque nos superieurs nous commandent de parler ou nous interrogent, soit à propos ou non : car il ne faut pas regarder cela en leur endroict, veu que nous devons recognoistre en eux la personne de Jesus-Christ, duquel ils tiennent la place.

La seconde, de la necessité, lorsqu'il est necessaire que nous parlions, ou pour nos charges, ou pour autres occurences dans lesquelles se seroit indiscretion de se taire ; la prudence nous doit guider en cela.

La troisiesme, de la charité du prochain, qui tousjours doit regner en nos cœurs, et pour laquelle nous pouvons et devons parler, lors que nous cognoissons que nos paroles lui peuvent estre utiles, soit pour l'ame ou pour le corps. Mais en cela mesme nous devons estre courts et succincts. Car, comme dit sainct Bonaventure, « si l'utilité se dilate d'un trop long discours, « elle sera onereuse et à ennuy ». *Utilitas, si per nimia verba se effundit, onerosa erit et fastidiosa* [1]. Puis, « il n'est pas besoin de tant de « paroles, dit Seneque, mais de briefves et « efficaces. » *Non multis opus est verbis, sed paucis et efficacibus* [2].

Nous pouvons donc prendre pour reigle de nostre silence, de ne point parler tant que quelqu'une des susdites raisons ne nous pressera pas ; tant que nous nous en pourrons passer sans prejudicier à l'obeissance ou à la charité ; bref, tant que nostre silence ne sera pas dommageable à nostre prochain ou à nous-mesmes.

Maintenant, pour dire un mot en passant du silence regulier, s'il est convenable et necessaire pour la perfection, à toute ame religieuse, de brider ainsi estroitement sa langue en tout temps : combien à plus forte raison

1. De prof. relig., lib. 2, c. 7. — 2. Lib. 5, Epist. 38.

est-elle obligée de garder exactement le silence dans les temps et lieux où selon les reigles il est defendu de parler ! Ce sainct silence doit estre gardé inviolablement de tout vray religieux, sans aucun respect humain, et sans autre exception que de l'obeissance ou d'une tres-urgente necessité ; et lors encores faut-il que ce soit le plus briefvement qu'il est possible, par quelques mots entrecoupés, et d'une voix extresmement basse. « D'autant, dit sainct Bonaventure,
« que la consolation divine est empeschée par
« le trop parler, Dieu nous la refusant lors
« justement ; tiens tout le temps de sa vie un
« tres-estroict silence, surtout aux lieux et
« temps ordonnés : car, selon que tesmoigne
« l'Escriture saincte, nostre force gist au
« silence et en l'esperance [1]. » *In silentio et spe erit fortitudo nostra* [2].

Or, je m'asseure bien que sous ceste reigle que sainct Vincent donne du silence ordinaire, il n'entendoit pas de comprendre l'heure de la recreation qui est accordée apres le repas

---

1. Reg. Novic., c. 25. — 2. Isa., 30.

pour divertir l'esprit, et luy donner un peu de relasche des occupations plus serieuses pour les poursuivre par après plus joyeusement, continuer le chemin de la perfection avec plus de courage, et supporter avec plus d'allegresse les labeurs de la vie spirituelle ; et qui sert de beaucoup pour entretenir la paix, union et charité fraternelle, par le moyen de la mutuelle conversation, et des colloques spirituels qu'on tient par ensemble, les uns communiquant aux autres les bonnes pensées et sainctes conceptions qu'ils ont au cœur. Là, on s'encourage reciproquement à la poursuite de la tant desirée perfection, on se donne des saincts et aimables defis à la vertu, et des bons et salutaires conseils ; on recherche par maniere de discours familier et plaisant, et en recherchant on descouvre des moyens convenables pour acquerir telle ou telle vertu ; on s'enflamme du desir des choses celestes ; les uns se recommandent aux prieres des autres, et les certifient de la memoire et charitable souvenir qu'ils ont d'eux en leurs oraisons. Par ce moyen, la saincte dilection en JESUS-CHRIST s'accroist merveilleusement ; et bien souvent on rapporte des grands fruits de ces conferences pieuses et recreatives. La charité s'enracine dans les cœurs, et se nourrit en iceux, non moins que les petits arbrisseaux près du courant des eaux ; et en se nourrissant, elle nourrit aussi les ames d'une tres-douce pasture. Car, comme sainct Bernard asseure, « agreable et « joyeuse unanimité fraternelle est un pain « pestri de plusieurs grains divers, assai- « sonné par la sagesse divine. Heureux et « trois fois heureux sont ceux qui en goustent ! « Ils peuvent bien hardiment s'escrier avec « David : *Ecce quàm bonum et quàm jucundum, habitare fratres in unum !* « Voilà combien « c'est chose plaisante et agreable, quand les « freres sont par ensemble unis d'un lien cha- « ritable ! »

A ceste heure-là donc il est permis à un chascun de parler, puisque c'est là le temps de discourir ordonné par l'obeissance, qui doit estre l'unique reigle de nos moments et de toute nostre vie. Alors, nous obeissons en parlant, comme dans les autres temps en nous taisant. Il faut neantmoins que nos paroles soyent tousjours acompagnées de modestie, humilité et douceur, et des autres circonstances que cy-après nous marquerons.

(D) *Mais ayez soin alors de ne parler qu'après avoir bien réfléchi.*

Icy, le Sainct met quelques circonstances requises pour bien parler, lors que pour quelqu'une des raisons susdites il le faudra faire.

Il met la premiere reigle, de bien premediter ce qu'on veut dire, avant que de le proferer ; conformement à ce conseil de sainct Augustin : *Omne verbum priùs veniat ad limam quàm ad linguam* [1] : « Que toute parole vienne
« d'abord à la lime, avant de venir à la lan-
« gue. » Et sainct Bernard dit plus : « Qu'el-
« les viennent deux fois à la lime, c'est-à-
« dire à un poids et examen interieur, pour
« veoir s'il est expedient de les dire, ou non.»
Sainct Hierosme aussi nous advertit, « de
« considerer long temps nos paroles, avant
« que de les dire ». *Diu antequam sermo proferatur cogitandus est* [2]. « Que tout homme,

1. In oct. punct. — 2. Epist. de virg. serv.

« dit sainct Iacques, soit prompt à ouyr, « et tardif à parler ». *Sit omnis homo velox ad audiendum, et tardus ad loquendum*[1]. Sainct Ephrem nous enseigne de communiquer interieurement avec Dieu ce que nous voulons dire, et le motif qui nous pousse à parler, luy demandant la grace de ne proferer parole aucune qui lui desplaise ou l'offense[2] ; ayant fait cela, nous pouvons parler par voie d'obeissance au divin bon plaisir. Sainct Bernard aussi nous advertit de veiller bien sur nos paroles, de peur que par aucune d'icelles nous n'offensions Dieu ou blessions nostre prochain. « Car bienheureux est celuy, dit-il, « qui est tousjours espoinçonné et sollicité de « ceste double crainte en tous ces propos et « conferences : à sçavoir, de la divine Majesté, « entre les mains de laquelle c'est chose horrible « de tomber ; et de l'infirmité de nos « freres, qui est tres-facilement offensée. » *Felix siquidem, quem in omni confabulatione duplex timor ille sollicitat : primùm quidem divinæ Majestatis, in cujus manus incidere est*

---

1. Jac. 1. — 2. Tom. 2, c. 18.

horrendum ; dehinc fraternæ infirmitatis, cui nihilominus perfacile est offendiculum dare. L'Ecclesiastique nous marque aussi fort bien la circonspection avec laquelle nous devons parler, disant : *In ore fatuorum cor illorum, et in corde sapientium os illorum* [1] : « Le cœur « des insensés est dans leur bouche », parce qu'ils disent tout ce qui leur vient en pensée et à la bouche, sans consideration ny arrest ; leur langue gouverne leur cœur, qui se fait subject et esclave d'icelle pour le grand plaisir qu'ils prennent à parler. Mais, tout au contraire, « la bouche des sages et pru- « dents est dans leur cœur » qui domine la langue, et ne luy laisse rien dire qu'il ne l'aye bien ruminé et pesé.

La seconde circonstance que met le sainct Aucteur, c'est de parler à voix basse, douce et humble. Ce que sainct Bonaventure appelle, *loquendi modus*, « la façon de parler ».

Elle consiste donc d'abord en ce que le ton de la voix ne soit pas haut, rude, ny malgracieux ; mais tellement moderé, qu'on puisse estre faci-

[1]. Eccles. 21.

lement entendu de ceux ausquels on parle estant proche d'eux. Car, de parler de loing en criant, seroit extresmement messeant à une personne religieuse. *Non sis clamosus in loquendo*, dit sainct Bonaventure, *nec impetuosus ad evaporandum quod intus tenes inclusum.* « Ne sois point criard
« en ta façon de parler, ny impetueux à jeter
« hors et dire ce que tu as dans le cœur. »

Il faut aussi que nous parlions d'une façon douce, bienveillante et affable ; bannissant de nous toutes paroles qui ressentent aspreté, rudesse ou rusticité, comme fort esloignées de l'institut religieux. Car, comme dit ce miroir de doctrine et de pieté en ce siecle, le R. P. de Paz, la vie religieuse est une vie ensemble tres-saincte, et tres-agreable. En tant qu'elle aime la saincteté, elle recherche toute sorte d'honnesteté en les mœurs et en la conduite ; et en tant qu'elle est agreable et aimable, elle a en horreur tout vice de rusticité et malgracieuseté. Souvienne-toy de ce qui est escrit : « La parole douce se multiplie les amis, et apaise les ennemis. » Parle donc, dit-il, et converse en telle sorte parmy les autres, que tous t'aiment, et qu'aucun ne fuye ta compagnie. « Les crieries et « l'aspreté de paroles sont fort messeantes, et « enlaidissent fort le discours du religieux », dit sainct Bonaventure. *Clamositas et verborum asperitas locutionem religiosi plurimum quidem et dedecet et deturpat.*

Enfin, de la bouche du religieux et de tout vray serviteur ou servante de Dieu, jamais ne devroit sortir une parole aspre, rude, ny ressentant le courroux ou impatience; encores moins une parole de contestation ou debat, veu que cela desment si fort l'humilité de son habit et de sa profession. Mais, ayant tousjours à la memoire et au cœur l'admirable mansuetude de nostre Sauveur, et ces douces paroles : « Apprenez de « moy que je suis doux et humble de cœur », il devroit garder constamment une grande douceur et suavité en ses paroles; sans affectation toutesfois, avec une naïfve simplicité.

Le geste de celuy qui parle est aussi compris sous la « façon de parler ». Le geste donc, selon sainct Bonaventure, doit estre modeste et humble : sans remuer indecemment la teste, les bras ou les jambes, sans tordre la bouche, eslever les sourcils, ny tourner les yeux çà et là. Bref, celuy qui parle doit tenir un grave, modeste et humble maintien, accompagné d'une affable maturité et d'une benigne et sage douceur.

A ces circonstances, les saincts Docteurs adjoustent la discretion pour sçavoir se taire et parler en temps et lieu, et dire chasque chose à propos. Car « il y a un temps pour se taire, et « un temps pour parler », dit le Sage. *Tempus tacendi, et tempus loquendi* [1]. *Homo sapiens*, dit l'Ecclesiastique, *tacebit usque ad tempus ; lascivus autem et imprudens non servabit tempus* [2]. « L'homme sage se taira jusqu'à ce « que le temps de parler soit venu » ; comme prudent qu'il est, il attend l'occasion de dire à propos ce qui est de besoin, ceste circonspection estant un acte principal de la prudence ; tout au contraire, « l'indiscret et im- « prudent n'a esgard ny au temps ny à l'occa- « sion favorable ». Telle parole direz-vous en un temps, qui sera mal prise, et qui en une autre occurrence sera bien receue. Tel advertissement donnerez-vous à une personne en

---

1. Eccles. 3. — 2. Eccles. 20.

un temps, qu'elle n'estant pas disposée le prendra en mauvaise part; mais attendez une autre saison et la bonne disposition de ceste personne, et alors vostre advertissement lui profitera. Ainsi en est-il des autres choses. Car pour belle que soit une pensée, ou sentence, si elle n'est dite en temps et lieu, elle perd la moitié de sa grace. *Ex ore fatui*, dit le Sage, *reprobabitur parabola, non enim dicit illam in tempore suo* [1]. « De la bouche de
« l'insensé une parole sage n'est pas bien
« receue, car il ne la dit pas en son temps. »
Mais au contraire : *Mala aurea in lectis argenteis, qui loquitur verbum in tempore suo* : « La
« mesme grace qu'ont à nos yeux des riches
« et esclatantes pommes d'or sur des belles
« colonnes d'argent, la mesme a une parole
« ou sentence dite à propos », aux oreilles des auditeurs ; par ainsi elle est bien receue, et leur est profitable.

A ce mesme propos se rapportent deux ou trois autres petites circonstances, qui n'appartiennent pas seulement à la bienseance et

---

1. Eccles. 20.

ornement du religieux, mais aussi à la civilité commune : celuy-la estant à bon droict tenu pour mal appris, qui ne les observe de point en point. L'une donc, c'est de n'interrompre jamais le discours des autres : car ce n'est pas le temps de parler, lors qu'un autre parle, jusqu'à ce qu'il aye achever son propos. Aussi le Sainct-Esprit nous l'enseigne-t-il par la bouche du Sage, disant : *In medio sermonum non adjicias loqui* [1] : « Ne te mets pas « à parler cependant que les autres parlent. » Et ce seroit certes signe de peu de retenue et de peu d'humilité, que de le faire. L'autre est de ne respondre pas, lors qu'on nous interroge ou qu'on nous dit quelque chose, jusqu'à ce que nous ayons bien entendu ce que veut dire celuy qui nous parle ; comme il est encore escrit au lieu sus allegué : *Priusquàm audias, ne respondeas verbum* : « Ne res« ponds pas, avant que d'avoir bien ouy. » « Car celuy qui respond avant qu'avoir bien « entendu, monstre qu'il a peu de retenue, « et est digne de confusion », dit Salomon en

---

[1]. Eccles. 11.

ses Proverbes. *Qui priùs respondet quàm audiat, stultum se esse demonstrat, et confusione dignum* [1]. Car voulant faire du bien entendu, et monstrer qu'avec une parole il saisit ce qu'on veut dire, il se trompe bien souvent, et n'en retire que honte et confusion. Sainct Basile en marque une autre, c'est de ne pas respondre, lors qu'un autre est interrogé ou lorsque plusieurs ensemble sont interrogés, jusqu'à ce qu'on s'adresse à nous en particulier.

La derniere circonstance, c'est que les paroles soyent pures, simples, veritables et sainctes, suivant ce que dit sainct Bonaventure : *Sermo purus et veridicus sit*. Et le Sage dit : *Ante omnia, verbum verax præcedat te :* « Avant toutes choses, fay que tes discours « soyent tousjours veritables » ; prise-toy en tout et partout de la verité ; que ce soit le flambeau qui marche tousjours avant toutes tes paroles, les rendant claires et lumineuses sans aucunes tenebres de fausseté ou mensonge. Car Dieu hait grandement le mensonge

---

1. Prov. 18.

et se nomme Dieu de verité, et l'epithéte de son ennemy mortel, c'est, Pere de mensonge; de sorte que les personnes veridiques sont enfants du Dieu de verité, et les mensongers sont enfants de Satan. *Perdes omnes qui loquuntur mendacium*[1], dit celui qui estoit selon le cœur de Dieu. « Vous perdrez, Sei« gneur, tous ceux qui parlent avec mente« rie. » Et si le mensonge est haïssable en tous, il l'est bien plus en les religieux; lesquels estants tous consacrés à Dieu, ce seroit chose par trop indigne, que de leur bouche sortist quelque parole qui fust de l'officine de son adversaire : veu que tous leurs propos et discours ne doivent respirer que l'amour, l'honneur et service de celuy qu'ils servent.

(E) *Sachez ainsi vous taire à temps.*

Comme les incroyables dommages qui naissent de la liberté de la langue sont suffisants pour nous faire abhorrer le trop parler; de mesme aussi les utilités inestimables qui proviennent du sainct silence sont un fort pres-

---

1. Ps. 5.

sant motif pour le nous faire aimer et embrasser, quelques difficultés ou obstacles qui s'y puissent rencontrer et s'opposer à nostre pieux dessein. Le sainct aucteur en met ici deux :

L'une, c'est la bonne edification qu'en cela nous donnerons au prochain, auquel nous sommes debiteurs de ce bon exemple, suivant la sentence de nostre Sauveur qui dit : *Sic luceat lux vestra coram hominibus, ut videant opera vestra bona, et glorificent Patrem vestrum qui in cœlis est* [1] : « Que vostre lumiere, c'est-
« à-dire vostre exemple, brille et esclate en
« telle façon devant les hommes, que voyant
« vos bonnes œuvres, ils glorifient vostre
« Pere qui est dans les cieux. » O quel advantage, o quel bonheur, d'estre occasion que Dieu soit loué et glorifié, et que par nostre exemple les autres soyent induits à le servir et aimer avec plus de perfection ! Quel travail donc ou quelle difficulté nous doit sembler fascheuse, de laquelle un si grand fruict provient ! Nul, à la verité : puisque ceste bonté souveraine merite infini-

---

1. Matth. 5.

ment qu'au prix de mille vies, si besoing estoit, et qu'il fust possible, nous achetassions un tant soit petit accroissement de son honneur, gloire et service.

L'autre, c'est qu'en nous taisant nous apprenons comme il nous faudra parler lorsqu'il en sera temps. Et c'est conforme à ce que dit sainct Basile, que c'est chose profitable, specialement à ceux qui commencent, de s'exercer au silence, afin d'apprendre à parler comme il convient. Car tant de circonstances y estant requises, comme nous avons dit, et plusieurs autres encores que j'ay passées sous silence, m'estudiant à la brieveté; et estant chose en laquelle la nature trouve de la difficulté, il n'est pas estonnant s'il faut beaucoup de temps pour s'y façonner. Or, on s'y façonne en se taisant; tout au contraire des autres arts et sciences, lesquelles on n'apprend qu'avec un continuel exercice d'icelles. Et ce, pour deux raisons. L'une, parce qu'en se taisant longuement, on oublie la premiere façon de parler qu'on a apportée du monde, et on se desaccoustume du langage mondain et imparfaict. L'autre, c'est que tout

ainsi que le babil fait perdre le temps d'une maniere inutile et bien souvent dommageable ; le silence, au contraire, donne un bon loisir pour apprendre ce qui est necessaire pour sçavoir bien parler avec toutes les conditions et appartenances, ou, pour mieux dire, pour se fonder en l'humilité et les autres vertus, lesquelles ayant, on ne peut manquer d'estre discret, retenu et prudent en son parler. Sainct Basile comprend ces deux raisons en ce peu de mots : *Quippe cùm taciturnitas, et oblivionem ex desuetudine pariat, et ad ea quæ recta sunt discenda otium suppeditat.* « Le
« silence, dit-il, cause par la desaccoustu-
« mance de parler l'oubly des choses pre-
« cedentes, et donne un grand loisir pour
« apprendre les choses bonnes et sainctes. »

Les saincts Docteurs adjoustent plusieurs autres utilités du silence. Il nous affranchit de tous les maux et dommages que cause le trop parler. Il nous espargne innombrables pechés et offenses. Il nous sert d'armure et de bouclier contre nos ennemis, pour nous garantir de leurs assauts, tentations et embusches, suivant ce que dit David : *Posui ori meo custodiam*, *cùm consisteret peccator adversùm me*[1] : « J'ay mis une garde à ma bouche lors « que le pecheur s'est eslevé contre moy. » Comme s'il disoit : Voila un bon remede que j'ay trouvé pour surmonter mes ennemis et pour ne succomber à leurs assauts, c'est de me taire, de garder le silence, et ne pas dire les paroles qu'ils me suggerent. Car ce sont nos propres paroles desquelles ils se servent bien souvent pour nous troubler et inquieter outre mesure, comme j'ay dict cy-dessus que le trop parler cause innombrables afflictions et angoises.

Le silence aide grandement à la recollection interieure, et à acquerir la perfection. Car l'ame se retirant du bruit de tous discours vains et superflus, a l'ouye interieure mieux disposée pour entendre les divines inspirations; et le cœur estant desembrouillé du tracas des paroles vaines et impertinentes, se porte plus facilement à faire ce qu'il cognoist estre agreable à Dieu, et n'apprend pas seulement à parler aux hommes sans tomber en quelque

---

1. Ps. 38.

peché ou imperfection, mais, qui plus est, à traicter avec Dieu en l'oraison. *Ducam eam in solitudinem*, dit Dieu par son prophete, *et ibi loquar ad cor ejus* [1]. « Je la meneray en la « solitude, et là je parleray à son cœur. »

Ce sont des paroles incognues à ceux qui mettent tout leur temps à deviser, car ce n'est pas de toutes les ames que Dieu dit cela, ce n'est que de celles qui se privent volontairement de la vaine consolation qui se prend en les conversations inutiles et en les discours vains et oisifs, pour chercher un solide et vray contentement en Dieu. Ce sont ces ames qu'il attire à des choses plus relevées, à une familiere conversation avec sa divine Majesté, et qu'il esleve à une haute perfection. *Renuit consolari anima mea*, dit le Psalmiste, *memor fui Dei, et delectatus sum* [2] : « Mon ame a re- « fusé de se consoler en rien de ceste vie ; je « me suis ressouvenu de mon Dieu, j'ay eu « recours a luy, et je suis esté aussi-tost com- « blé de plaisir et contentement. » Il en va donc ainsi, que celuy qui se sevre, pour

---

1. Osée, 2. — 2. Ps. 66.

l'amour de Dieu, des passe-temps, plaisirs et recreations qu'on trouve parmy les creatures, merite de gouster les consolations ineffables que donne le Createur, fontaine et ocean immense de toute douceur; desquelles une petite goutelette contente, console et rassasie davantage le cœur humain, que ne sçauroient faire toutes les delectations de ce monde mises et entassées ensemble. Et pourquoy ? Sainct Augustin en dit la cause : *Fecisti nos, Domine, ad te, et inquietum est cor nostrum, donec requiescat in te.* « O Seigneur, dit-il, vous
« nous avez creés pour vous, et nostre cœur
« sera agité sans cesse jusqu'a ce qu'il repose
« en vous. » C'est en vain qu'il cherche ailleurs des satisfactions et des plaisirs passagers: rien ne le pourra jamais assouvir que vous, qui estes son tres-aimable principe, son Tout tres-suffisant, l'unique centre de ses desirs, sa fin tres-souhaitable et son souverain bien.

C'est donc le sainct silence qui, fermant la porte à tant de maux qui sont innombrables, nous donne ouverture à ces biens si grands qui sont ineffables. C'est à ces vainqueurs genereux, qui assubjectissent coura-

geusement leur langue soubs le divin bon plaisir, que le Fils de Dieu promet « la manne cachée [1] » la suavité de laquelle nul ne peut imaginer que celuy qui en gouste. *Silentii amicus appropinquat Deo*, dit sainct Jean Climaque, *et latenter colloquens a Deo illuminatur* [2]. « Celuy qui est amy du silence,
« s'avoisine fort de Dieu, et luy parlant dans
« le secret de son cœur, il est par lui mer-
« veilleusement illuminé. » *Juge silentium*, dit sainct Bernard, *et ab omni strepitu sæcularium perpetua quies cogit cœlestia meditari*.
« Le silence continuel et un assidu repos
« esloigné de tout bruit des affaires secu-
« lieres, nous contraind en certaine maniere
« de lever nostre cœur en haut, et mediter
« les choses celestes. »

Le silence aide encore merveilleusement à la pureté de cœur, comme aussi une des choses qui plus la souillent, c'est le trop parler. Mais lors que, ne parlant que fort succinctement, et de ce qui est necessaire, nous tenons avec Dieu le reste de nos discours, l'ame sent

1. Apocal. 2. — 2. Clim. Deg. 2.

en soy une certaine pureté celeste, et un grand repos de conscience. *In omni loco*, disoit ce sainct Pere, *si taciturnus fueris, requiem habebis* : « En quelque lieu que « tu sois, si tu aimes le silence, tu auras « la paix interieure. »

Le silence, disoit un grand personnage, est suffisant pour reformer une religion, et pour reformer un chascun de nous en particulier. Pour mettre un bon ordre dans une maison religieuse, disoit-il, faictes-y bien garder le silence. Et c'est conforme à la louange que lui donne sainct Bernard, disant : *Silentium est religionis custos, et in quo est fortitudo nostra* [1] : « Le silence est la garde de « la religion, c'est en luy qu'est nostre « force. » C'est pour ceste raison que les Peres fondateurs des ordres religieux l'ont mis et establi comme une des principales observances de la religion, et le recommandent si fort en leurs reigles, voulant qu'il soit estroictement observé. Et de faict, lors qu'en une religion on n'y garde le silence, toutes

---

1. Serm. de mut. aq. in vin.

imperfections y foisonnent, les plaintes, murmures, amitiés particulieres, etc.; aussitost que ceste bonne odeur du silence n'y est, elle ressemble une maison seculiere, on y entend parler, crier, et mille bruits. Mais quand le silence y est, et que, mesme hors les temps et lieux defendus, on n'y ose parler qu'à voix basse, et pour ce qui est necessaire : incontinent elle merite le nom de religion, elle semble un petit paradis. Aussitost qu'on y aborde, tout y ressent la saincteté. Ceste solitude et silence qu'on y veoid esleve le cœur à Dieu, et incite à devotion ceux qui y entrent, et les faict s'escrier : *Verè Dominus est in loco isto, non est hìc aliud, nisi domus Dei et porta cœli*[1] : « Vrayement Dieu est en ce « lieu; c'est icy une maison de Dieu, c'est « la porte du ciel et l'entrée du paradis! » Lors, toutes vertus y fleurissent, suivant ce que dit sainct Bernard : *In silentio cæterarum virtutum est otium*[2] : « Au silence est « le doux repos et la residence agreable de « toutes les vertus. » C'est d'iceluy qu'elles

---

1. Gen. 28. — 2. De ord. vitæ.

naissent, par iceluy qu'elles croissent, en iceluy qu'elles se conservent et vont se nourrissant et developpant jusqu'à leur perfection : puis que, selon sainct Jacques, *Si quis in verbo non offendit, hic perfectus est vir*[1] : « Celuy qui ne peche, et n'offense point Dieu « par ses paroles, c'est un homme parfaict. »

Les fruicts donc et utilités du silence estant en si grand nombre et si precieux, ce seroit chose digne d'estonnement, si nous n'estions excités à le garder le mieux qu'il nous sera possible, et si nous ne prenions les moyens convenables pour nous rendre dignes d'un tel thresor. Or, voicy le principal et le plus efficace : *Hominis est animam præparare*, dit le Sage, *et Domini gubernare linguam*[2] : C'est à « l'homme de preparer son ame ; mais c'est « à Dieu de bien regir et gouverner la lan- « gue. » C'est une plante qui ne croist pas en nos jardins, que ceste vertu du silence remplie de tant d'admirables proprietés, et d'une si grande force à chasser tout venin. Il faut que Dieu nous en fasse un present gratuit,

---

1. Jac. 3. — 2. Prov. 16.

qu'il la seme et fasse fleurir dans nos ames. Il faut que luy-mesme soit le guide et conducteur de nostre langue, et le gardien de nostre bouche : *Nisi Dominus custodierit civitatem, frustra vigilat qui custodit eam* [1]. « Si le Seigneur « ne garde la cité, c'est en vain que veillent « ceux qui la gardent. » C'est donc à sa divine bonté qu'il faut avoir recours, l'importunant et sollicitant par instantes et ferventes prieres, de nous departir benignement ceste grace si desirable ; lui disant avec David : *Pone, Domine, custodiam ori meo, et ostium circumstantiæ labiis meis* [2] : « Mettez, Seigneur, « une garde à ma bouche, et une double fer« mure à mes levres. »

Mais, au reste, nous devons aussi nous aider de nostre costé, et cooperer diligemment à la grace divine. Nous le ferons particulierement en nous retirant le plus que nous pourrons de la conversation humaine au port de la saincte solitude, et nous tenant bien perdus dans nostre petit nid, je veux dire nostre cellule ; disant avec Job : *In nidulo meo moriar* [3] : « Je

---

1. Ps. 126. — 2. Ps. 140. — 3. Job. 29.

« mourray dans mon petit nid ». — C'est là que l'Espoux de nos ames nous attend, pour parler à loisir à nostre cœur et luy dire les paroles de vie. Car, comme dit Barthelemy des martyrs, *Fons omnium bonorum solitudo est, cui ea dulcis est, huic Deus se suaviter ingerit*[1] : « La solitude est la fontaine de tous « biens spirituels : celuy à qui elle est douce, « Dieu s'escoule souëfvement dans son ame. » Le Docteur aux levres de miel descrit en peu de paroles, mais douces et pleines d'energie, les profits et plaisirs de la solitude du religieux, qui est sa chere cellule : *Cœli et cellæ habitatio cognata est, quia cœlum et cella ad invicem videntur aliquam habere cognationem nominis, sicut et pietatis : a celando enim cœlum et cella nomen habere videntur, et quod celatur in cœlis, hoc et in cellis. Quidnam est hoc? vacare Deo, frui Deo : a cellâ enim sæpe in cœlum ascenditur, vix autem unquam a cellâ in infernum descenditur* : « La demeure du ciel et « celle de la cellule sont alliées ensemble : « comme elles ont une grande semblance

---

1. Comp., 1 part., c. 8.

« en leurs noms, elles se ressemblent aussi
« en pieté. Car le ciel et la cellule tirent leur
« nom, il semble, de celer (cacher); et ce
« qui est celé au ciel est aussi caché dans les
« cellules. Et qu'est cela? C'est vaquer à
« Dieu, jouir de Dieu : car de la cellule pour
« l'ordinaire on monte au ciel, mais bien ra-
« rement descend-on de la cellule en enfer. »
Thomas à Kempis fait aussi l'éloge de la cellule, en ces termes : « Les biens, dit-il, qu'ap-
« porte la cellule sont si grands, qu'on ne
« les pourroit exprimer ; ny aussi les dom-
« mages qu'encourent ceux qui vont vaga-
« bondant hors d'icelle. Celuy qui garde la
« cellule, garde sa langue, il n'ouyt point
« de detractions, il n'entend aucunes ru-
« meurs, il ne veoid aucunes vanités, et n'est
« attiré à point de legeretés. Celuy qui garde
« bien sa cellule, ou il lit, ou il prie, ou il
« gemit, ou il medite, ou il escrit ou corrige
« des livres, ou il travaille en quelqu'autre
« chose de bon. Il est citoyen du Ciel, amy
« de Dieu, compagnon des saincts Anges et
« vainqueur des tentations[1]. » Sainct Laurent

1. De disc. claust., lib. 1, c. 7.

Justinien ne luy donne pas moins de louange ; il l'appelle la gardienne des vertus, le port de tranquillité, l'augmentation de la paix, le remede des vices, le lieu de contemplation, le tabernacle d'alliance, la couche nuptiale, la porte du Ciel, l'eschole de la science, la maistresse du silence et le paradis de delices. Et un peu plus bas, exhortant les religieux à s'y tenir continuellement et à n'en sortir que par une necessité raisonnable, il adjouste : « Qu'en icelle soyent vos delices spirituelles « et vos jouissances interieures. S'il arrive « qu'il vous en faille sortir, retournez-y aus- « sitost après avoir faict ce pour quoy vous « estiez sorty, après avoir accomply l'obeis- « sance, ou ce qui est de vostre charge, ou « quelque office de charité ; de peur que si « vous tardez, vous ne subissiez quelque « dommage[1]. »

Au reste, je veois bien et confesse ingenuement que je suis esté trop prolixe en ce discours du silence. Je ne puis prendre autre excuse, que celle dont se servit le grand sainct

---

1. De vit. solit., c. 12.

Bernard en semblable propos et occurrence, sans vouloir neantmoins faire entrer en aucune comparaison mon faible discours tout begayant, avec le sien tout angelique et plein d'elegance. *Forte nimii*, dit-il, *videamur in sugillatione verborum; sed mementote quoniam lingua est, quæ contra vitia linguæ loquitur, ut in eo vel maxime haberi debeat excusata, quòd nec sibi parcat, et adversus propria quoque sui ipsius pericula muniat audientes :* « Peut-estre
« semblera-t-il que je me suis trop arresté à
« parler contre les paroles ; mais souvenez-
« vous que c'est la langue qui parle contre
« les vices de la langue ; de sorte qu'en cela
« elle merite bien d'estre excusée, veu qu'elle
« ne s'espargne pas elle-mesme, et qu'elle
« munit les auditeurs contre ses propres maux
« et dangers ».

CHAPITRE III.

DE LA PURETÉ DU CŒUR, ET DE LA MORTIFICATION QUI SERT A L'ACQUÉRIR.

Après avoir extirpé, par la pauvreté volontaire et par le silence, les innombrables sollicitudes qui empêchent de se développer les germes de vertus que ne cesse de semer dans notre cœur l'inspiration divine, vous devez encore vous efforcer d'acquérir les vertus qui peuvent vous procurer cette pureté du cœur, laquelle, selon la parole de Notre-Seigneur, ouvrira vos yeux intérieurs à la contemplation divine, et établira dans

CAPUT III.

DE CORDIS MUNDITIA, ET DE MORTIFICATIONE, PER QUAM ACQUIRITUR.

Extirpatis igitur per paupertatem voluntariam et per silentium multis sollicitudinibus, quæ impediunt virtutum semina, ne quantumcumque in agro cordis sæpè et sæpiùs seminata inspiratione divinâ, valeant pullulare : jàm tibi superest cura

votre âme tant de paix et de repos, que Celui « dont la demeure est dans la paix »,daignera aussi habiter en vous (A).

Ne croyez pas que je veuille parler ici de cette pureté qui nous préserve seulement des mauvaises pensées ; je veux parler bien plutôt de cette chasteté et de cette pureté du cœur, qui nous éloigne, autant qu'il est possible en cette vie, de toutes pensées inutiles, et qui ne nous permet plus de penser qu'à Dieu, ou aux choses qui le regardent.

Mais pour obtenir cette pureté céleste, ou plutôt divine en quelque sorte,

---

virtutibus illis ampliùs insudare, quæ te adducant ad illam cordis munditiam, per quam interiores oculi, juxtà Salvatoris eloquium [1], aperiantur in contemplatione divinâ; per quam habeas quietem et pacem, ut ille « cujus in pace factus est locus ejus [2] », in te quoque habitare dignetur. Nec intelligas me loqui de munditiâ, quæ hominem purgat tantummodò à luxuriâ cogitationis immundæ;

1. Matth. 5. — 2. Ps. 75.

puisque « celui qui adhère à Dieu est un seul esprit avec lui », plusieurs choses sont nécessaires.

Et d'abord, vous devez de tout votre pouvoir renoncer à vous-même, selon le précepte du Sauveur : *Que celui qui veut venir après moi, renonce à soi-même* (b). Cela veut dire que vous devez en toute chose mortifier et fouler aux pieds votre volonté, la contredire en tout, en embrassant volontiers la volonté des autres, si toutefois elle est licite et honnête. Mais tenez cela pour règle générale, que, lorsqu'il s'agit des

---

sed loquor potiùs de illà munditià et cordis puritate, quæ hominem elongat, quantùm in hâc vitâ possibile est, à quibuscumque cogitationibus inutilibus : ut jam non libeat homini aliquid cogitare, nisi de Deo, vel propter Deum.

Ad hanc autem obtinendam cœlestem, ut itâ dicam, imò divinam quodammodò puritatem, nam « qui adhæret Domino, unus spiritus est[1] » cum eo, ista necessaria sunt :

1. I Corinth. 6.

choses temporelles qui servent aux besoins du corps, vous ne suiviez jamais votre volonté propre contre celle des autres, quelque déraisonnable que celle-ci vous paraisse. Vous devez souffrir toutes les incommodités, afin de garder la paix intérieure du cœur, qui ne peut manquer d'être troublée dans ces luttes, où l'homme adhérant à son jugement et tenant à sa volonté, cherche à la faire prévaloir contre celle des autres, par des pensées ou des discours contraires à la charité.

Non-seulement dans les choses tem-

Primò omnium studeas, quantùmcumque potes, abnegare teipsum, juxtà Salvatoris præceptum : *Si quis vult post me venire, abneget semetipsum* [1], etc. Et hoc sic intellige : ut tuam voluntatem in omnibus mortifices et conculces, et in omnibus ei contradicas, benignè amplectendo aliorum voluntatem, si tamen licita sit et honesta. Hoc tamen generaliter habeas pro quâcumque re temporali, per quam corporalibus necessitatibus de-

1. Matth. 16.

porelles, mais encore dans les spirituelles, préférez à votre volonté celle des autres, pourvu qu'elle soit bonne, lors même que la vôtre vous paraîtrait plus parfaite : car vous perdrez plus en diminuant en vous l'humilité, la tranquillité et la paix, par des altercations avec votre prochain, que vous ne pourriez gagner en pratiquant toute autre vertu selon votre gré et contre celui des autres.

Il est bien entendu qu'il ne s'agit ici que de ceux qui vous sont familiers, qui comme vous sont adonnés aux exercices spirituels, et tendent à la vertu

---

servitur : numquàm sequaris voluntatem propriam, ubi alium contradicere videas, quantùmcumque exorbitare videatur à judicio rationis ; sufferasque quodcumque incommodum pro internâ mentis tranquillitate servandâ, quæ per tales repugnantias perturbatur, dùm homo suo judicio adhærendo et suam voluntatem implendo, verbis vel cogitationibus cum aliis altercatur.

Et non solùm in temporalibus, sed etiam in his

de perfection ; et non de ceux qui appellent le bien mal et le mal bien, et qui ne sont occupés qu'à reprendre et à juger les paroles et les actions des autres, au lieu de se corriger de leurs défauts : car je ne prétends pas que vous deviez suivre le jugement de ceux-ci dans les choses spituelles. Mais quand il s'agit de choses temporelles, vous devez, comme nous l'avons dit déjà, suivre et faire la volonté des autres, quels qu'ils soient, plutôt que la vôtre.

Même lorsque Dieu vous inspire de faire quelque chose pour sa gloire, ou pour votre avancement spirituel, ou

---

quæ spiritualia sunt, vel ad spiritualia ordinata, alterius potiùs quàm tuam impleas voluntatem, dummodò sit bona, licet tua perfectior videatur : quia majus detrimentum acquires in diminutione humilitatis et tranquillitatis et pacis, cum aliis contendendo, quàm possit provenire profectus in quocumque alio virtutis exercitio, voluntate propriâ assecutâ, alteri repugnando. Et hoc intelligas, quantùm ad illos qui sunt tibi familiares et

pour l'utilité du prochain, si l'on veut vous en empêcher, soit que l'obstacle vous vienne de vos supérieurs, ou de vos égaux, ou même de vos inférieurs, n'entrez point en discussion avec eux ; mais rentrez en vous-même, et vous recueillant avec Dieu, dites-lui : *Seigneur, je souffre violence, chargez-vous de répondre pour moi.* Ne vous attristez point de ce contre-temps, et tenez pour certain qu'il tournera à la fin à votre profit, et à celui des autres. Je vais plus

---

in spirituali exercitio socii, et qui ad perfectionis virtutem anhelant ; non de illis qui « dicunt malum bonum, et bonum malum¹ », et qui student aliorum dicta et facta carpere et judicare, plus quàm sua prava corrigere. Non enim dico, quòd debeas talium judicio adhærere in his quæ spiritualia sunt. Nam, in temporalibus, benè debes quorumcumque voluntatem plus quàm tuam exequi et implere.

Si autem in his quæ secundùm Deum operari desideras, sive ad profectum tuum, sive ad Dei

1. Isa. 5.

loin, et je ne crains pas de vous assurer que vous finirez par comprendre, quoique vous ne le compreniez pas maintenant, que ces obstacles, au lieu d'entraver vos pieux desseins, vous aideront au contraire à les accomplir. Je pourrais vous apporter en preuve des exemples de la sainte Écriture, comme celui de Joseph et de plusieurs autres, si je ne m'étais interdit d'avance cette ressource. Mais croyez à mon expérience, et soyez assuré qu'il en est ainsi.

---

honorem vel proximi utilitatem, aliquos tibi obsistere videas, seu etiam totaliter impedire, sive sint superiores, pares vel inferiores, noli contentionibus deservire; sed teipsum in teipso restringe, et cum Deo tuo colligens, ubique dicas : *Domine, vim patior, responde pro me*[1]. Nec de hoc contristeris; quia non possunt id facere, nisi finaliter pro bono tuo et aliorum sit expediens. Imò plus dico tibi, quòd quantùmcumque ad præsens non videas, videbis finaliter, quòd illud in quo tibi eos impedimenta præstare credebas, erit tibi

1. Isa. 38.

Il arrive quelquefois que c'est Dieu lui-même en quelque sorte qui met obstacle à l'accomplissement des pieux desseins que nous formons pour lui, soit en nous envoyant quelque infirmité, soit de toute autre manière. Ne vous affligez point, dans ce cas, de votre impuissance ; mais supportez-la patiemment, et remettez le tout entre les mains de celui qui sait mieux que vous ce qui vous est utile, et qui, sans que vous le sachiez peut-être, vous attire continuellement à lui, pourvu que vous vous abandonniez entièrement à sa providence (c).

---

adjuvamentum ad tuum propositum assequendum. Licèt autem de horto sacræ Scripturæ possem tibi ad hæc exempla producere, sicut de Joseph, et multis aliis : nolo tamen contrà id facere, quod prædixi; sed experto crede quia itā est.

Si etiam in his quæ secundùm Deum desideras, te videas quodammodò divinitùs impediri, vel per infirmitatem, vel quocumque alio contingente : de hoc nullatenùs contristeris, sed totum

Que toute votre occupation soit donc de vous posséder vous-même dans la paix et la tranquillité du cœur (D) ; et ne vous affligez d'aucun événement, mais seulement de vos propres péchés, et de ceux des autres, ou bien encore de ce qui peut être pour vous une occasion de chute. Qu'aucun accident donc ne vous trouble et ne vous chagrine. Ne vous laissez point non plus emporter à la colère contre les défauts des autres; mais ayez pour tous des sentiments de commisération et de compassion, en pensant que vous feriez bien pis encore vous-même, si le Christ Jésus

---

æquanimiter feras, et te ex toto committas illi, qui meliùs novit quid tibi expediat, quàm tu ipse; qui te ad se continuò sublevat, dummodò teipsum illi ex toto committas, quamvis fortè tu hoc minimè videas.

Ad hoc ergò sit totum studium tuum, ut teipsum in pace et tranquillitate cordis possideas, et pro quocumque eventu non doleas, nisi de solo peccato proprio vel alieno, seu etiam de his quæ te

ne vous conservait par sa grâce (E).

Préparez-vous encore à supporter pour le nom de Jésus-Christ les opprobres, les adversités et les peines de tout genre (F.) S'il s'élève en vous le moindre désir ou même la moindre pensée de grandeur, sous quelque prétexte de charité que ce soit, écrasez-la dès l'origine avec le bâton de la croix, comme la tête du serpent infernal; rappelez à votre souvenir l'humilité et la cruelle passion du Sauveur, qui, fuyant la royauté, a embrassé volontairement la croix, et méprisé toute confusion (G). Fuyant, à son exemple, comme un poison

---

inducerent ad peccatum. Non ergò te contristet quicumque casus fortuitus; non te exagitet indignationis stimulus contrà defectum alterius, sed habeas ad quemcumque miserationis et compassionis affectum, cogitans semper quòd tu pejus faceres, nisi te Christus Jesus suâ gratiâ conservaret.

Præpara insuper teipsum ad quæcumque opprobria, ad quæcumque aspera, ad quæcumque

mortel toute humaine louange, et joyeux de votre misère, regardez-vous sincèrement comme un homme qui mérite d'être méprisé et foulé aux pieds par tous les autres (ii).

Ne perdez jamais de vue vos défauts et vos péchés, et ne craignez pas de les grossir à vos yeux autant que vous le pourrez (1). Jetez, au contraire, derrière vous les défauts des autres, pour ne pas les voir ; et si vous ne pouvez vous les cacher, tâchez du moins de les diminuer et de les excuser, avec une compassion sincère pour votre prochain, et le désir de l'aider de tout votre pouvoir.

---

adversa pro Christi nomine sufferenda. Omnem etiam appetitum seu cogitatum tibi suggerentem appetitum cujuscumque altitudinis, sub quocumque charitatis prætextu, in ipso principio et ortu suo velut caput draconis infernalis cauterio mortifices cum baculo crucis : tibi Christi humilitatem et durissimam passionem ad memoriam revocando, qui regnum fugiens, Crucem voluntariè est amplexus, omni confusione contemptâ.

Détournez les yeux de votre corps et ceux de votre esprit de la vue des autres, afin que vous puissiez vous considérer vous-même.

Examinez-vous sans cesse, et jugez-vous sans dissimulation (J). Dans toutes vos actions, dans toutes vos paroles, dans toutes vos pensées, dans toutes vos lectures, reprenez-vous sévèrement, et appliquez-vous à trouver en vous-même matière à componction. Vous n'avez, pour cela, qu'à considérer qu'il manque toujours quelque chose au bien que vous faites, et que vous n'y mettez jamais la ferveur que vous devriez, mais qu'il est

---

Omnem humanam laudem fugiens cum horrore tamquam venenum mortiferum, et in despectu tuo gaudens, te ipsum talem verè et ex corde reputes, qui meritò debeas ab omnibus conculcari et despici. Videas continuò tuos defectus et peccata tua, et ea aggrava quantùmcumque poteris; aliorum verò defectus post tergum projicias, et non videas, et si vides, allevies, et excuses, et ipsis compatiaris, et adjuves quantùmcumque poteris.

toujours souillé de quelque négligence ; de sorte que toute votre justice peut à bon droit être comparée à un linge souillé.

Reprenez-vous donc continuellement, et ne laissez passer sans un blâme sévère aucune négligence dans les paroles ni dans les œuvres. Reprochez-vous aussi rigoureusement et à toute heure, en présence de votre Dieu, non-seulement les pensées mauvaises, mais encore celles qui sont simplement inutiles : vous regardant comme le plus vil, le plus misérable de tous les pécheurs, quelques péchés qu'ils aient commis ; et comme digne d'être exclus des joies célestes, si

---

Averte oculos tuos et mentis et corporis ab aliorum aspectu, ut teipsum possis inspicere in lumine vultûs tui. Teipsum sine cessatione considera, et semper sine simulatione dijudica. In omni actione tuâ, in omni locutione tuâ, in omni cogitatione tuâ, in omni lectione teipsum reprehende, et in te semper materiam compunctionis studeas invenire : cogitando, quòd bona quæ facis non sunt plené executa, nec illo fervore facta quo

Dieu voulait vous juger selon sa justice et non selon sa miséricorde ; car quoiqu'il vous ait donné plus de grâces qu'à beaucoup d'autres, il n'a trouvé en vous qu'ingratitude (k).

Considérez attentivement aussi et avec un sentiment de frayeur, que vous n'avez de vous-même ni aptitude au bien et à la grâce, ni désir de la vertu (l) ; mais que tout ce que vous avez en ce genre, c'est le Sauveur qui vous l'a donné, par sa miséricorde ; et qu'il aurait pu tout aussi bien, s'il l'eût voulu, faire cette grâce au premier venu des pécheurs, et vous laisser, vous, misérablement enfoncé

---

deberent, et multis negligentiis inquinata : ut merito omnis tua justitia panno menstruatæ debeat comparari. Te igitur ipsum continuò reprehendas ; nec permittas in te sine forti increpatione transire negligentias verborum et operum ; sed et de ipsis cogitationibus, non dico malis tantummodò, sed etiam inutilibus, in conspectu Dei tui omni horâ graviter reprehendas te ; et te reputes magis vilem et miserabilem pro tuis defectibus coram Deo

dans le bourbier du vice. Pensez aussi, et persuadez-vous bien qu'il n'est point de pécheur qui ne correspondît mieux que vous aux inspirations de Dieu, et qui ne fût plus reconnaissant de ses bienfaits, s'il avait reçu les grâces que vous avez reçues vous-même par un effet de sa bonté toute gratuite et non par vos propres mérites. Vous pouvez donc justement vous regarder comme le plus vil et le dernier de tous les hommes, et craindre que Notre-Seigneur ne vous rejette à cause de votre ingratitude. Je ne dis pas toutefois que vous deviez croire que vous êtes hors de la grâce de

---

quàm quoscumque peccatores pro quibuscumque peccatis, et meritò puniendum et à cœlestibus gaudiis excludendum, si secundùm justitiam suam et non secundùm misericordiam vellet tecum agere Deus tuus, qui tantas gratias super multos alios tibi prærogavit, ad quas omnes ingratus extitisti. Considera etiam diligenter et cum pavore frequentissimè rumina, quòd omnem aptitudinem ad bonum, et omnem gratiam seu

Dieu, et dans l'état du péché mortel, quoiqu'il y ait d'autres pécheurs qui ont commis des péchés mortels sans nombre. Mais ne les jugeons point, parce que notre jugement est trompeur, que nous ne connaissons pas ce qui se passe au fond de leur âme, et que nous ignorons par conséquent si Dieu ne leur a pas donné tout à coup la contrition et la grâce sanctifiante.

Lorsque dans un sentiment d'humilité vous vous comparez ainsi aux autres pécheurs, il n'est pas à propos que vous descendiez dans le détail de leurs péchés. C'est assez de les considérer

---

quamcumque sollicitudinem ad virtutis acquisitionem a teipso non habeas, sed Christus suâ misericordiâ dedit tibi : quòd si voluisset, potuisset ita conferre cuicumque scelesto, te in luto fæcis et lacu miseriæ derelicto. Cogita etiam, et ad hoc credendum teipsum inducas, et hoc tibi ipsi persuadeas, quantùm potes, quòd non est scelestus vel quicumque peccator, qui non magis assisteret Deo suo quàm tu, et qui non magis

en général, pour leur comparer votre ingratitude. Que si vous voulez les examiner en détail, vous pouvez le faire, en ayant soin toutefois de vous les approprier à vous-même par une certaine similitude, en gourmandant votre conscience de cette sorte : Si cet homme est homicide, combien de fois, misérable que je suis, ai-je tué mon âme par le péché! S'il est fornicateur et adultère, ne le suis-je pas également à chaque instant du jour, en détournant mes yeux de Dieu et en cédant aux suggestions du démon ; et ainsi de suite.

Mais si vous voyez que le diable

---

recognosceret Dei beneficia, si recepisset gratias, quas tu, solâ Dei gratuitâ bonitate, et non propriis meritis, recepisti : propter quod sine fallaciâ potes teipsum viliorem et inferiorem omni homine judicare; et meritò formidare, ne propter ingratitudinem tuam à suo conspectu te Christus foras abjiciat. Non tamen dico, quòd per ista debeas credere te esse extra gratiam Dei, vel in peccato mortali, quamvis alii peccatores habeant

essaie dans cet exercice de vous porter au désespoir, laissez de côté ces réprimandes de votre propre cœur, et livrez-vous à l'espérance, en considérant la bonté et la clémence de votre Dieu, qui, après vous avoir prévenu de tant de bienfaits, voudra certainement achever en vous l'œuvre qu'il a commencée. Il n'est pas à présumer toutefois que l'homme spirituel qui a déjà quelque connaissance de Dieu, se laisse aller au désespoir, lorsque, emporté par un saint zèle contre lui-même, il se reproche son ingratitude et sa faiblesse. Mais

---

innumerabilia peccata mortalia : quod tamen est nobis multùm occultum, tùm propter fallax judicium, tùm propter subitam contritionem et divinæ gratiæ præviam infusionem. Dùm autem teipsum vilificando aliis peccatoribus comparas, non expedit in speciali ad eorum peccata descendere, sed solùm in quodam generali cum eorum peccatis tuam ingratitudinem ponderando. Quòd si etiam in speciali velis eorum peccata videre, potes eadem peccata in te quâdam similitudine

cela pourrait arriver et arrive souvent en effet chez les commençants, et surtout chez les grands pécheurs que Dieu par un miracle de sa grâce a tirés de l'abîme du péché.

En faisant ce que je viens de vous indiquer, vous acquerrez cette vertu qui est la mère, la source et la gardienne de toutes les autres : je veux dire l'humilité, qui ouvre les yeux de l'esprit, et les rend capables de voir Dieu, en purifiant le cœur de toute pensée superflue (M). Lorsque l'homme, en effet, réfléchissant sur sa corruption, se mé-

---

transformare, sic te in tuâ conscientiâ increpando : Ecce ille est homicida, et ego miser quoties occidi animam meam? Ille fornicator et adulter est, et ego totâ die fornicor et adulteror, à Deo meo oculos avertendo, et diabolicis suggestionibus me supponendo; et sic de aliis. Si autem videris, quòd diabolus te velit in talibus responsionibus quodammodò, per talia, ad desperationem inducere : tunc omissis talibus increpationibus, in spem assurgas, consideratâ bonitate et clementiâ

prise, se reprend, se déteste, et, pénétré de son néant, se déplaît sincèrement à soi-même, il est tellement occupé de ses propres affaires, qu'il n'est plus en état de penser à autre chose, et que toute pensée inutile s'évanouit de son esprit. L'âme, en écartant ainsi d'elle-même et en plongeant dans l'oubli toutes les images des choses qu'elle a vues et entendues, et même des actions extérieures qu'elle a faites, commence à revenir à elle-même, à rentrer en elle-même par une évolution merveilleuse, et à s'approcher de la justice de

---

Dei tui, qui tot te beneficiis jam prævenit, nec dubium quin opus suum in te velit perficere, quod incœpit. Communiter tamen de homine spirituali, qui aliqualem Dei notitiam jam percepit, de hâc desperatione timere non expedit, dùm toto studio ad se increpandum invigilat. Illud tamen posset accidere, imò sæpè accidit in homine incipiente, et specialiter quem Deus liberavit à multis periculosis sceleribus, quibus fuerat involutus.

son origine et de la pureté des esprits célestes. Dans ces réflexions qu'elle fait sur elle-même, l'œil de la contemplation se dilate, et elle dresse en son intérieur comme une échelle par laquelle elle passe à la contemplation des esprits angéliques et de la divinité. Et dans cette contemplation, le cœur s'enflammant d'amour pour les biens célestes, regarde de loin toutes les choses de la terre comme un pur néant.

C'est ainsi que s'allume dans l'âme cette perfection de la charité, qui, comme un feu dévorant, consume toute

---

Ex his quæ suprà jam perstrinxi, generabitur in te virtus illa, quæ est mater et origo custosque virtutum : scilicet humilitas, quæ interiores oculos aperit ad Dei conspectum, cor humanum ab omni superfluà cogitatione purgando. Nam dùm homo in suam resilit pravitatem, seipsum vilificando, se increpando, se detestando, suam nihilitatem considerando, sibi ipsi intentissime displicendo, hæc et similia cogitando, et talem se verè existimando, in tantum circà propria ne-

la rouille de l'homme inférieur; et lorsque l'âme est tout entière occupée par la charité, il n'y a plus de place en elle pour la vanité (N). Tout ce qu'elle pense, tout ce qu'elle dit, tout ce qu'elle fait est inspiré par la charité.

Celui qui est dans ce bienheureux état peut instruire les autres sans détriment pour soi-même, sans danger de céder à un sentiment de vaine gloire; car, encore une fois, la vanité ne trouve point de place dans un cœur que remplit la charité. Quel souci peut-il encore

---

gotia occupatur, quòd omnis alia inutilis cogitatio evanescit. Et sic dùm anima omnia audita, visa et temporaliter operata à se repellit et in oblivionem adducit, incipit ad seipsam redire, et modo mirabili in seipsam convolvi; et sic ad originalem justitiam et cœlestem puritatem appropinquare incipit. Sic dùm in seipsâ reflectitur, contemplationis oculus dilatatur, et in se scalam erigit, per quam transeat ad contemplandum angelicum spiritum, et divinum : et ex tali contemplatione animus exardescit ad bona cœles-

avoir pour les commodités temporelles, lui qui les regarde comme de la boue ? Comment le désir de la louange pourrait-il entrer dans son cœur, lorsqu'il se voit devant Dieu comme un vil fumier, comme un misérable pécheur enclin à tous les péchés, et qui les commettrait tous, si la main du Créateur ne le maintenait continuellement ? Comment pourrait-il s'enorgueillir d'aucune bonne œuvre, lui qui voit plus clair que le jour qu'il ne pourrait faire aucun bien, si la vertu divine ne l'y poussait

---

tia, et omnia temporalia à longè conspicit, tamquàm nihil.

Per hoc illa perfectio charitatis incipit in mente fervescere, quæ velut ignis consumit omnem rubiginem interioris hominis. Quòd si sic totam animam occupat charitas, non est quò intret vanitas. Jam quidquid cogitat, quidquid loquitur vel operatur, totum provenit ex dictamine charitatis. Unde securè potest aliis prædicare sine detrimento, sine inanis gloriæ periculo. Neque enim, ut jam dixi, potest aliqua vanitas subintrare, ubi

et ne l'y contraignait en quelque sorte à chaque instant ? Comment pourrait-il s'attribuer quoi que ce soit comme venant de lui-même, lui qui a éprouvé, je ne dis pas cent fois, mais mille fois, son impuissance à faire aucune bonne œuvre grande ou petite, et qui a tant de fois appris qu'il ne peut faire le bien, lors même qu'il le veut, tandis que bien souvent au contraire, lorsqu'il ne le voulait pas, ou que même il n'y pensait pas, il s'est vu tout à coup transporté d'une ferveur admirable, et prêt

---

charitas totum occupavit. Numquid jam respectum habebit ampliùs ad aliquod commodum temporale, qui omnia reputat velut stercus ? Sed et ipse laudis appetitus numquid animum ejus poterit subintrare, cùm se videat velut stercus vilissimum coram Deo, miserum, abominabilem, et ad omnia peccata proclivem, nisi eum suâ benignitate manus Conditoris continuò conservaret ? Quomodò jam extolli poterit de quocumque bono opere, qui luce clariùs videt se nihil posse penitùs agere, nisi continuò de horâ in horam divina

à faire ce qu'il n'aurait pu faire auparavant avec tous ses efforts.

Dieu permet en nous, pendant longtemps quelquefois, cette impuissance à faire le bien, afin que nous apprenions à nous humilier, à ne jamais nous glorifier en nous-mêmes ; mais à attribuer tout le bien à Dieu, non-seulement par une certaine routine, mais dans toute la sincérité de notre cœur. Et cela est facile à celui qui, instruit par sa propre expérience, voit plus clair que le jour que non-seulement il ne peut faire au-

---

virtus quodammodò cogat eum atque constringat? Quomodò jàm sibi aliquid attribuet ac si à seipso proveniat, qui, non dicam centies, sed etiam millies, est expertus suam impossibilitatem in quibuscumque bonis operibus magnis et parvis; et qui toties cognovit se non posse, dùm voluit ; et quandò, ut ità dicam, non voluit, nec curavit, nec super talibus cogitabat, viderit se subitò divinitùs excitatum fervore mirabili ad illa facienda, quæ priùs cum omni conatu suo implere non poterat ? Nam et talem impossibilitatem idcircò Deus tam

cun bien, mais qu'il ne pourrait pas même dire *Jésus*, s'il n'y était porté par l'Esprit-Saint et s'il n'en recevait le pouvoir de Celui qui a dit : *Sans moi, vous ne pouvez rien faire*. En repassant ces choses en son âme, qu'il rende donc grâce à Dieu, et lui dise : *C'est vous, Seigneur, qui avez fait en nous toutes nos œuvres*. Qu'il lui crie avec le psalmiste : *Ce n'est point à nous, Seigneur, ce n'est point à nous, mais à votre nom qu'il faut donner la gloire*. La vanité n'est donc point à craindre pour lui, puisque la

---

longo tempore dominari permittit in homine, ut homo discat humiliari, et ut numquàm in seipso inaniter glorietur; sed Deo attribuat omne bonum, non solùm ex consuetudine quâdam, sed potiùs ex intimis cordis sui : utpote qui ex propriâ experientiâ doctus, luce clariùs videt quòd non solùm non potest operari, sed nec « dicere : *Dominus Jesus*, nisi in Spiritu sancto [1] », et nisi ille donaret, qui dicit : *Sine me nihil potestis facere* [2].

1. Corinth. 12. — 2. Joan. 15.

gloire de Dieu et le zèle des âmes sont l'unique objet de ses préoccupations.

J'ai touché sommairement et renfermé comme en abrégé les choses qui sont nécessaires à l'homme en lui-même pour ce qui regarde la perfection de sa vie, s'il veut utilement, et sans danger, procurer le salut de son âme. Ce que j'ai dit pourrait suffire à un homme éclairé d'une haute intelligence, et exercé depuis longtemps dans les œuvres spirituelles. Car il lui serait facile de rapporter aux principes de la vie par-

---

Ut jam recogitando, ex totis animæ suæ viribus Domino confiteatur et dicat : *Omnia opera nostra operatus es in nobis, Domine* ; ac cum Psalmistâ clamet : *Non nobis, Domine, non nobis, sed nomini tuo da gloriam* ². Non igitur tali timenda est vana gloria, quandò jam Dei vera gloria et animarum zelus ejus præcordia totaliter occupant.

Ecce jam summariè perstrinxi, et in quodam breviloquio posui ea, quæ sunt necessaria homini in seipso quantùm ad vitæ suæ perfectionem, si

1. Isa. 26. — 2. Ps. 112.

faite que je viens d'exposer ici, tous les exercices et tous les actes qui en découlent. En effet, celui qui garderait parfaitement ces trois choses, la pauvreté volontaire, le silence et la pureté intérieure, pourrait facilement juger comment il faudrait faire tous les autres actes extérieurs des vertus. Mais comme tous ne peuvent pas comprendre facilement ce qui est dit en peu de mots, nous nous arrêterons un peu aux actes particuliers des vertus.

---

utiliter et sine periculo vult animæ suæ procurare salutem. Et hæc quidem sufficerent homini illustrato, et altum intellectum habenti, et qui in operibus spiritualibus longum habuisset exercitium : quia in his quæ posui breviter, tamquàm in quibusdam vitæ perfectæ principiis, recolligere posset quæcumque alia perfectorum actuum exercitia. Nam his tribus primis perfectè servatis, scilicet voluntariâ paupertate, taciturnitate et internâ mentis exercitatione, de quibuscumque aliis exterioribus actibus quomodò essent faciendi, homo facilè judicaret. Quia tamen non omnes possunt capere faciliter breviter dicta, paulò diutiùs insistemus circà particulares actus virtutum.

COMMENTAIRES.

(A) *Après avoir extirpé les sollicitudes… vous devez vous efforcer d'acquérir les vertus, etc.*

En ces paroles, le sainct Aucteur fait allusion à la parabole du semeur de l'Evangile, où nostre Sauveur dit que les espines qui estouffent la semence, ne sont autre chose que les trompeuses richesses ; les vains soucis et sollicitudes de cette vie, les plaisirs et voluptés du monde, qui suffoquent entierement la parole de Dieu et les bonnes inspirations qui sont semées dans nos âmes, et les empeschent de porter aucun fruict. *Divitiæ spinæ sunt*, dit sainct Gregoire, *quia cogitationum suarum punctionibus mentem lacerant, et cùm usque ad peccatum pertrahunt, quasi inflicto vulnere cruentant*[1] : « Les richesses sont vrayement « des espines, parce qu'avec les piqueures de « leurs vaines sollicitudes elles deschirent la « pauvre ame ; et quand elles l'entraînent

---

1. Hom. 15 in Evang.

« jusqu'au peché, c'est lors qu'elles luy sont
« comme une blessure cruelle qui l'ensan-
« glante piteusement. »

Ces espines donc estant arrachées de nostre ame par le moyen de la saincte pauvreté et de la subjection de la langue, l'Aucteur veut que nous l'occupions toute avec grand courage, soing et diligence, de l'exercice des vertus : qui, comme des belles, rares et odoriferantes fleurs, bourgeonneront dans icelle, la rendant un delicieux parterre ; et y attireront, par leur suavité et beauté, le celeste Espoux. Il est si bening et gracieux, qu'il y daignera bien descendre, y prendre ses esbats comme en son jardin de plaisance, et y faire son agreable demeure. Particulierement, en ce chapitre, nostre Sainct en marque trois principales, en faisant trois eschelons pour monter de l'une à l'autre : l'humilité, qui est comme le fondement et premier eschelon; la pureté, qui est comme le milieu et second degré; et la charité, qui est comme le faite et le sommet de ceste eschelle mystique, sur le haut de laquelle le Seigneur est appuyé. Car pour parvenir à la charité, il faut avoir une grande pureté; et pour atteindre à la pureté, il faut passer par l'humilité.

C'est donc la charité qui doit estre le but de nos exercices, le blanc où portent nos desirs, et la fin de nos aspirations, puis qu'en la poursuivant, ce n'est autre chose que Dieu, nostre fin derniere, que nous cherchons. Car « Dieu est charité [1] ». Charité, dis-je, increée ; lequel nous aymons et possedons, auquel nous nous unissons, et duquel nous jouyssons, par le moyen de la charité infuse dans nos cœurs par sa propre bonté, je dis par son Sainct-Esprit : *Charitas Dei*, dit ce grand amant de cest amour infiny, *diffusa est in cordibus nostris per Spiritum sanctum, qui datus est nobis* [2]. « La charité de Dieu a esté
« respanduc dans nos cœurs par le Sainct-
« Esprit, qui nous a esté donné ».

A ce propos, le pieux et ancien docteur *Gerardus Zutphaniensis* dit fort pertinemment [3]:
« Si en vos exercices spirituels, vous ne visez
« à la fin d'iceux, souvent vous travaillerez
« beaucoup, et resterez autant esloignés de

---

1. Joan. 4. — 2. Rom. 5. — 3. De refor. inter., c. 3.

« vostre fin comme auparavant ; vous vous
« peinerez parmy l'ardue difficulté de jeus-
« nes, veilles, abstinences et choses sembla-
« bles, et n'advancerez gueres au chemin de
« la perfection. La principale donc et der-
« niere fin à laquelle tousjours vous devez vi-
« ser, est la charité. L'autre, qui est une fin
« seconde et dispositive, ou la derniere et plus
« proche disposition à la fin principale, c'est
« la pureté de cœur. Vous devez en tous vos
« exercices dresser l'œil de vostre intention à
« ces deux fins, et vous cognoistrez par là com-
« bien vous advancez ou reculez : car vous
« profitez autant comme vous vous approchez
« d'elles, et vous allez en arriere, à mesme
« que vous vous en esloignez. »

Sainct Bernard est du mesme advis. Il dit que la pureté opere en nous trois choses : la liberté d'esprit ; une joie d'asseurance interieure, veu que, *secura mens juge convivium,* « l'âme pure « et la conscience nette est un perpetuel « banquet » ; et l'affermissement de la charité. *Puritas,* dit-il, *tria confert : spiritum libertatis, gaudium securitatis, firmitudinem charitatis.* Sainct Bonaventure aussi la descrit en cette façon : *Munditia cordis est, quâ clarificatur cor, et mundatur ad videndum Deum et ardentissime diligendum :* « La pureté de cœur est une « vertu, par le moyen de laquelle le cœur est « esclairé et purifié pour veoir Dieu, et l'ay-« mer tres-ardemment. » Enfin, tous les saints Docteurs s'accordent en cela, que la fin où nous devons viser, c'est la charité ; et que le moyen pour y parvenir est la pureté. Car, comme dit sainct Bernard, *Deus qui munditiæ amator est, cor pollutum habitare non potest.* « Dieu qui est amateur de pureté, voire la « pureté et saincteté infinie, ne peut point « habiter dans un cœur souillé et impur. » Mais aussi, lors que l'ame est pure et nette, il se vient volontiers « repaistre parmy les lys [1] de sa candide blancheur, y parsemant tout aussitost la rose de son amour. Car, comme il est « blanc et rouge », *Dilectus meus candidus et rubicundus* [2], il veut que l'ame, son Espouse, porte ses mesmes livrées.

Mais si l'humble et obscure violette ne s'y trouve, elle ne pourra avoir ny le lys ny la

---

1. Cant. 2. — 2. Cant. 5.

rose. Ceste petite fleur, qui par sa couleur, odeur, stature et proprieté represente si bien la saincte humblesse, comme dit sainct Bernard, est tousjours la premiere qui paroist en l'agreable printemps. Lors aussi que ce printemps verdoyant de la grace vient renouveller nos ames toutes demy mortes et sechées de lasche tiedeur, ceste fleur d'humilité, petite en apparence, mais pleine de cordiale vertu, est un de ses premiers effects. C'est une des premieres qu'elle produit et faict fleurir dans l'ame : sans elle, les autres ne sont pas vrayes vertus, ny ont aucun merite devant Dieu. Sainct Bernard ose bien dire que, sans icelle, mesme la virginité de la Vierge des Vierges n'eust pas esté agreable à Dieu : *Sine humilitate, audeo dicere, nec virginitas Mariæ placuisset* [1]. Aussi ne se glorifie-t-elle que de l'humilité, en son sacré Cantique, disant : *Quia respexit humilitatem ancillæ suæ* [2] : « Le Seigneur a re-
« gardé l'humilité de sa servante. » « Qu'on sça-
« che donc, dit le mesme sainct Bernard [3], que
« la premiere, la plus saincte, la plus chaste
« de toutes les vierges, met sa gloire souve-

---

1. Hom. in laud. V. M. — 2. Luc. 1. — 3. De Pas., c. 17.

« raine en la violette d'humilité, bien que
« le lys de pureté, la rose de charité, et les
« fleurs de toutes les autres vertus esclatent
« en elle avec une excellence et sureminence
« singuliere. C'est donc l'humilité qui naist la
« premiere, qui prepare la place aux autres
« deux, et merite que l'une et l'autre nous
« soient données, dit le mesme docteur : veu
« que c'est aux humbles que Dieu donne sa
« grace. Lors que nous les avons, elle les
« conserve : car l'Esprit du Seigneur ne
« repose ny faict residence que sur l'ame
« humble et paisible. Les conservant, elle les
« perfectionne : *Quia virtus in infirmitate,*
« *hoc est, in humilitate perficitur* [1] : « Parce
« que la vertu se perfectionne par l'infir-
« mité, c'est-à-dire par l'humilité ».

Le mesme sainct, sur ces paroles : *Quæ est ita quæ ascendit sicut aurora consurgens, pulchra ut luna, electa ut sol* [2] : « Quelle est celle-cy
« qui s'advance comme l'aurore à son lever,
« belle comme la lune, brillante comme le
« soleil ? » compare l'humilité à l'aurore,

1. II Corinth. 12. — 2. Cant. 6.

d'autant qu'elle est le commencement du jour de la grace, et, comme il dit, le fondement de l'edifice spirituel, lequel osté tout s'en ira en ruine ; et la pureté à la lune, d'autant qu'elle emprunte sa splendeur du soleil de la charité, qui est elle-mesme comparée aussi au soleil, à cause de sa chaleur et rare beauté. Il est bien clair aussi que par l'humilité on arrive à la pureté. Car purifier le cœur, qu'est-ce autre chose que desraciner d'iceluy les passions et affections dereglées, ou au moins les esteindre autant qu'il est possible ? Mais l'amour-propre estant la source de toutes, et celle qui leur donne le mouvement, cela ne se peut sans la saincte hayne de nous-mesmes, par le moyen de laquelle nous gardons nostre ame à la vie eternelle, dit nostre Sauveur. Or, nous ne nous pouvons pas hayr, sans nous cognoistre en verité, c'est-à-dire, sans humilité. Car sainct Bernard definit ainsi l'humilité : *Humilitas est virtus, quâ homo verissimâ sui agnitione sibi ipsi vilescit*[1] : « L'humilité est une

---

1. Lib. de grad. humil.

« vertu, par laquelle l'homme, par une tres-
« vraye et naïfve cognoissance de soy, de-
« vient vil à soy-mesme », s'avilit devant ses
yeux, fait peu de cas de soy et se mesprise.
Ceste cognoissance donc engendre la saincte
hayne qui nous fait embrasser l'abnegation et
parfaict renoncement de nous-mesmes, et nous
exercer en les actes de profonde humiliation
interieure et exterieure ; et par ce moyen, de
rechef, l'humilité se fonde et enracine plus
avant dans nos ames.

(B) *Et d'abord vous devez renoncer à vous-même.*

Voicy donc le premier advis que le sainct
aucteur nous donne pour fonder en nous la
vertu d'humilité, et nous acheminer à la parfaite purification de nos ames. C'est la mortification de nostre volonté, c'est l'abnegation de
nous-mesmes, qu'il veut que nous prenions à
cœur. Il y a de la difficulté, cela est vrai ;
et la difficulté qu'il y a de quitter toutes les
choses exterieures par le moyen de la pauvreté, n'est que petite au prix de celle-cy :

car, comme dit sainct Gregoire, *Abnegare quod homo habet, non est magnum, sed abnegare quod ipse est* [1] : « Ce n'est pas beaucoup que « l'homme renonce à ce qu'il a, mais bien « qu'il renonce à ce qu'il est », c'est-à-dire, à sa volonté, et à l'amour-propre, nommé par les Grecs *Philautie* (amour de soy-mesme), qui nous cause tant de maux comme nous en ressentons journellement dans nos ames ; ce qui a fait dire à Thalassius : « Veux-tu, pour une bonne fois, t'affranchir de tous maux ? renonce à la philautie mère de tous maux [2]. » Cest amour de nous-mesmes nous est connaturel, il est profondement enraciné dans nos entrailles, enté dans nos os, et establi dans nos veines ; de sorte que, à vray dire, lors qu'il se faut resoudre d'y renoncer de propos deliberé, *hic opus, hic labor est*, « c'est là qu'il y a de la peine et du travail ». Mais quoy ? Il faut avoir grand cœur. « Mor-« tifiez-vous, dit sainct Bernard [3], mais pour « l'amour de celuy qui est mort pour vous : « que si vostre fatigue et vos peines prises

1. Hom. 32. — 2. Monach. hecat. — 3. Explan. 75 qui habit.

« pour son amour abondent, vostre consola-
« tion aussi abondera par sa grace. » *Mortifi-
camini, sed propter eum qui mortuus est pro
vobis, quòd si abundat tribulatio vestra pro eo,
abundabit consolatio vestra per eum.* » Nostre
Sauveur mesme nous invite à ce sainct exercice de la mortification, disant : *Si quis vult
post me venire, abneget semetipsum, et tollat
crucem suam quotidiè, et sequatur me* [1] : « Qui
« veut venir apres moy, qu'il renonce à soy-
« mesme, qu'il porte sa croix, et me suive. »
« Comme s'il disoit : Celuy qui me desire,
« qu'il se mesprise ; qui a envie de faire ma
« volonté, qu'il apprenne de rompre la
« sienne. Mais voilà qu'incontinent la guerre
« se leve, nos ennemis s'arment aussi-tost
« contre nous, lors que nous prenons une si
« saincte resolution. Armons-nous aussi
« contre eux, servons-nous des armes de
« nostre Roy ; prenons et portons nostre
« croix à son imitation, et par icelle nous
« triompherons de nos ennemis. » *Ac si dicat,
qui me desiderat, se despiciat, qui vult facere*

1. Luc. 9.

voluntatem meam, discat frangere suam; sed continuo bella insurgunt, armantur protinus adversum nos inimici; et nos armemur contra, imitemur arma Regis nostri, ut tollamus et nos crucem nostram, in quâ de inimicis nostris triumphemus [1] :

Si nous avons donc quelque desir de la perfection, embrassons courageusement ce sainct renoncement de nous-mesmes, duquel le sainct auteur nous donne plusieurs beaux enseignements en ce chapitre et en tout ce livret, tres-dignes d'estre bien retenus et pratiqués, et qui nous aideront merveilleusement pour parvenir à nostre fin desirée, je dis à la tres-desirable charité, et union intime de nos ames avec Dieu. Mais si nous les refusons et rejetons, nous-mesmes nous en fermons le chemin et le pas. Car tous les saincts nous l'asseurent, dit le Bienheureux Barthelemy des Martyrs, « sans un continuel et rigou« reux soing de se mortifier, et de renoncer « à soy-mesme, aucun ne peut profiter en la « voye de Jesus-Christ. » *Viri sanctissimi*, dit-il, *illud asserunt, absque assiduo et severo sese abnegandi, et mortificandi studio, neminem*

---

1. Serm. 2 de S. André.

in viâ Christi posse proficere[1]. Et il nous y exhorte aussi en ces termes : « Mets-toy en peine « d'obeir à tous, voire aux moindres, renon- « çant à toy-mesme pour l'amour de Jesus- « Christ ; et ne faisant cas de ta volonté, « tasche de la sousmettre en tout à celle des « autres, si ce n'est en les choses mau- « vaises. » Le Sage nous donne la mesme leçon : *Post concupiscentias tuas non eas*, dit- il, *et à voluntate tuâ avertere*[2] : « Ne va point « apres les desirs de ton cœur et destourne- « toy de ta propre volonté ». *Propter te*, dit David, *mortificamur tota die*[3]. Ainsi doit dire une ame religieuse : « Pour l'amour de « vous, Seigneur, je me mortifie tout le « jour », à toutes rencontres et occasions ; et cela ne m'est pas fascheux, puisque je le fais pour vostre amour.

(c) *S'il arrive que Dieu mette obstacle à vos pieux desseins, etc., ne vous affligez point*:

Icy le Sainct nous enseigne à nous resigner

1. Compend., c. 4. — 2. Eccles. 18. — 3. Ps. 43.

entierement à la volonté de Dieu en tous succes et evenements : recevant esgalement de bon cœur de sa main paternelle les fascheux comme les joyeux, et nous laissant gouverner à sa Providence divine, qui ne dispose rien que pour nostre bien, salut et perfection ; et disant avec le patient Job : *Si bona suscepimus de manu Domini, mala quare non sustineamus* [1] ? « Si nous avons receu « tant de bien de la main de Dieu », qui nous a donné nostre estre et tout ce que nous avons ; « pourquoy n'endurerons-nous de « bon cœur les adversités qu'il permet nous « arriver ? » Mesme quand il luy plaist que nos bons desseins soient empeschés, nous ne nous en devons aucunement fascher ny contrister. Lors qu'il trouve bon de nous envoyer infirmités et maladies qui nous ostent le moyen et la force de bien observer nos sainctes reigles, et de faire tout ce que nous desirons pour la gloire de Dieu et pour nostre perfection, nous nous devons resjouir que son bon plaisir soit accomply en nous. Que si

---

1. Job. 2.

nous nous en faschons, c'est signe evident que nostre desir n'est pas purement tourné vers Dieu, mais qu'il est meslangé d'amour-propre, et qu'il y a de la recherche de nous-mesmes. Car si nous ne visons qu'à plaire à Dieu et à faire sa volonté, aussi contents serons-nous de la faire en ceste façon, comme en l'autre. *Signum quippe evidentissimum est cordis in Dei amore tepidi*, dit le B. Barthelemy des Martyrs, *ac non penitus Deo suo dediti, non consolari, et intimâ perfundi lœtitiâ, dum recogitat beneplacitum divinæ voluntatis*[1]. « C'est un signe evident et une preuve
« claire et certaine, qu'un cœur est tiede en
« l'amour de Dieu, et qu'il ne s'est pas encore
« entierement donné à son Dieu, que de
« n'estre pas consolé et remply d'une intime
« allegresse, lors qu'il pense que c'est le bon
« plaisir de la volonté divine, que cela soit
« ainsi, ou qu'un tel effect soit arrivé. » Et de fait, c'est une des plus grandes preuves qu'on puisse avoir, d'aimer Dieu sincerement, et d'avoir atteint la perfection, que d'estre

[1]. Compend. Par. 1, cap. 7.

entierement resigné et parfaitement conformé à la volonté de Dieu en toutes adversités, afflictions, aridités, delaissements et tribulations, et de s'en resjouir autant que des prosperités et consolations.

(D) *Que toute votre occupation soit de vous posséder dans la paix.*

De la resignation dont nous venons de parler, naist la paix et joye interieure; car l'ame estant ainsi conforme au divin vouloir, rien ne la peut troubler ny inquieter. « Si des « adversités, des secheresses et sterilités « d'esprit arrivent aux vrais et parfaicts « serviteurs de Dieu, dit l'aucteur sus alle- « gué, ils se consolent en cela mesme, en « pensant seulement qu'il plaist ainsi à Dieu : « car l'unanimité et conformité de nostre « volonté avec la volonté de Dieu, est une « abondante source de toute joye, qui jamais « ne tarira. » Celuy qui est ainsi vrayement resigné, dit le mesme, est tout entouré et muny de la protection divine, Dieu luy sert de rempart; et partant, qui luy veut nuire ou faire mal, faut qu'il touche Dieu le premier ; ce qui estant impossible, rien ne luy peut porter dommage, rien ne le peut troubler, ny luy oster son repos. Sainct Bonaventure affirme aussi qu'une des choses qui plus aident à la paix, est ceste conformité à la volonté de Dieu.

L'humilité y aidera aussi grandement ; voire sans humilité, il n'y a aucune vraie paix. Nostre Sauveur ayant dit : « Apprenez « de moy que je suis doux et humble de « cœur », adjouste immediatement : « Et « vous trouverez le repos de vos âmes ». *Discite a me quia mitis sum et humilis corde, et invenietis requiem animabus vestris* [1]. « Nulle « creature, dit le B. Barthelemy des Mar« tyrs, ne peut troubler le vray humble, car il « s'est si profondement abaissé et s'est ap« profondi si bas, que personne ne le peut « trouver. » *Verum humilem nulla creatura turbare valet; ita enim profunde se depressit, ut a nullâ creaturâ reperiri valeat* [2]. Le mesme aucteur nous donne aussi cest advis pour

1. Matth. 11. — 2. Compend. Par. 1, cap. 8.

acquerir la paix interieure : *Ad veram pacem, et puram cordis tranquillitatem nunquam pervenies, nisi viribus omnibus Deo unitis, creaturarum omnium obliviscaris* : « Jamais « tu n'arriveras à la vraie paix et à la pure « tranquillité de cœur, si tu ne t'oublies de « toutes les creatures, unissant à Dieu toutes « tes puissances. » Conformement à quoy, sainct Bernard dit : *Hæc est vera tranquillitas, cum tota mens in seipsâ colligitur, et in uno æternitatis desiderio immobiliter figitur* [1] : « Celle-là est la vraie tranquillité, quand « l'esprit se recueillant tout en soy-mesme, « s'arreste immuablement au seul desir de « l'eternité. »

Bref, par le moyen de la pureté de cœur, à laquelle nostre sainct aucteur va nous acheminant, nous possederons encore ceste paix et tranquillité ; laquelle nous est extresmement necessaire pour nous advancer au chemin commencé : n'y ayant rien qui nous empesche tant, comme les vaines tristesses, les troubles et inquietudes. Car elles nous ostent

---

1. De inter. dom., cap. 49.

tout le goust des choses sprituelles ; nous rendent enclins à l'impatience, rudesse et malgratieuseté ; consument l'ame et le corps, suivant ceste parole du Sage : *Sicut tinea vestimento, et vermis ligno, ita tristitia viri nocet cordi* [1] : « Comme la teigne mange les habits, « et le ver ronge le bois, ainsi la tristesse « nuit au cœur, et le consume » ; et enfin nous rendent inhabiles à tout bon exercice. Sainct François disoit que l'ennemy se resjouit fort, quand nous sommes tristes : parce que facilement il accable l'ame en la tristesse, et la suffocque par le desespoir ; ou bien il la ramene aux plaisirs mondains, luy faisant chercher les esbats et delectations terrestres. Car, selon sainct Gregoire, *Sine delectatione anima esse non potest, nam aut infimis delectatur, aut summis* [2], « l'ame ne peut jamais estre sans quel- « que sorte de plaisir, ou elle se delecte en « les choses terrestres, ou en les choses « celestes. » De sorte que l'ennemy nous degoustant, par la tristesse, des choses sainctes, nous faict retourner, par le mesme moyen, à la recherche des consolations vaines.

1. Prov. 25. — 2. Moral., lib. 18, cap. 8.

Il faut donc qu'avec tout soing et diligence nous chassions ces troubles et tristesses, leur coupant chemin de bonne heure, aussi-tost que nous les sentons entrer dans nos ames, devant qu'elles y prennent pied et racine. Et ce, par le moyen de l'oraison, disant avec David : *Redde mihi lœtitiam salutaris tui* [1] : « Seigneur, rendez-moi la saincte joye « de vostre salutaire » ; et par le bon conseil de ceux qui nous gouvernent, ausquels nous les devons aussi-tost descouvrir ; et taschant d'acquerir les vertus susdites, a sçavoir l'humilité et resignation, en exerçant souvent les actes ; et de conserver et augmenter en nous de plus en plus la pureté de cœur, compagne inseparable de la tranquillité. Car, comme dit le R. P. Alvarès de Paz, *Cordis tranquillitas ex ipsius cordis puritate dependet, nam culpæ licet leves collacerant, affectus inordinati discruciant* : « La tranquillité du cœur depend de « la pureté du cœur mesme : car les pechés, « bien que petits, le deschirent, les affections « desordonnées le tourmentent. Si tu veux

---

1. Ps. 50.

« donc, dit-il, que ton cœur soit tousjours
« en paix, evite toutes sortes d'offenses,
« voire les plus petites ; et de celles que tu
« feras, purifie-t-en aussi-tost par la contri-
« tion. » Et c'est ce qu'il faut faire ; non pas
s'en troubler ou inquieter. Il faut recognoistre humblement nostre faute, nous en humilier devant Dieu, luy en demander pardon, et faire quelque acte de contrition, avec un ferme propos d'amendement.

Mais nostre sainct aucteur nous defendant ceste pernicieuse tristesse, de laquelle nous avons parlé, nous en descouvre et enjoint aussi-tost une bonne, qui est totalement opposée à celle-là. Car ceste-cy naist d'humilité, l'autre naist de l'orgueil caché ; ceste-cy prend racine de l'amour de Dieu, et celle-là de l'amour de nous-mesmes ; ceste-cy est accompagnée de joye et repos interieur, autant comme l'autre le bannit et le chasse. C'est donc une saincte tristesse selon Dieu, qui nous faict pleurer nos pechés et ceux des autres. C'est celle de laquelle parle nostre Sauveur, quand il dit : *Beati qui lugent*

quoniam ipsi consolabuntur [1] : « Bien heureux
« sont ceux qui pleurent, car ils seront con-
« solés ». — « La tristesse religieuse, dit
« sainct Bernard, pleure ses pechés ou ceux
« du prochain. Bienheureux sont ceux qui ne
« pleurent que pour ceste intention, car ils
« peuvent bien attendre asseurément la dou-
« ceur de la consolation divine. »

C'est ceste bonne tristesse de laquelle
l'Apostre parlant aux Corinthiens, dit : « Je
« me resjouis, non de ce que vous estes con-
« tristés, mais de ce que vous vous estes
« contristés pour faire penitence ; car vous
« vous estes contristés selon Dieu, et la tris-
« tesse qui est selon Dieu opere une peni-
« tence stable pour le salut [2]. »

« Ceste tristesse, dit Cassien, qui opere ainsi
« le salut par la penitence, est obeyssante,
« affable, humble, debonnaire, souëfve et
« patiente, comme descendant de la charité
« de Dieu ; elle se porte infatigablement à
« toute douleur de corps et contrition d'es-
« prit, par le grand desir qu'elle a de la per-

---

1. Matth. 5. — 2. II Corinth. 7.

« fection ; *est quodammodo læta et spe pro-*
« *fectus sui vegeta*, elle est en quelque façon
« joyeuse, et, par l'esperance qu'elle a de son
« advancement, tousjours vigoureuse[1]. »

Touchant cecy, sainct Chrysostome dit que, comme il n'y a aucune perte en ce monde qui se puisse restaurer avec la douleur et tristesse, si ce n'est la perte qui nous vient par le peché ; par ainsi en tous autres subjects la tristesse est mal employée, si ce n'est en celuy-cy.

(E) *Ne vous laissez pas emporter à la colère contre les défauts des autres.*

Tous les saincts Docteurs recommandent fort ce point, comme chose qui importe grandement, soit au repos de nos ames, soit à l'humilité, comme aussi à la charité du prochain. Voire le Sainct des saincts, ne nous donne-t-il pas ceste leçon, disant : *Quid autem vides festucam in oculo fratris tui, trabem autem quæ in oculo tuo est non consideras*[2] :

---

1. Lib. 9, cap. 11. — 2. Matth. 7.

« Que t'amuses-tu à regarder un festu en
« l'œil de ton prochain, et ne te prends pas
« garde cependant du gros poutre qui va cre-
« ver le tien ? »

« L'œil, dit sainct Bernard, est un beau
« membre et instrument du corps ; il le
« seroit bien plus, si, comme il veoid le
« reste, il se pouvoit veoir soy-mesme.
« Ce qui estant octroyé à l'œil inte-
« rieur, si, neantmoins, prenant exemple de
« l'œil exterieur, il se neglige soy-mesme,
« s'occupant aux affaires des autres, il ne peut
« puis apres lors qu'il le veut, se retourner
« vers soy-mesme. Enten, et vacque donc à toy-
« mesme : car tu es pour toy une bien grande
« matiere d'occupation et de souci [1]. » *Fili,
noli esse curiosus*, dit le livre de l'*Imitation* [2].
« Mon fils, ne sois point curieux, et ne t'em-
« barrasse point en des vains soucis. Que
« t'importe cecy, ny cela ? Suy-moy seule-
« ment, tu ne respondras pas pour les autres,
« de toy seul il te faudra rendre compte. »

Sainct Bernard nous apprend comme nous

---

1. De vit. solit. — 2. Im., lib. 3, c. 28.

devons excuser les defauts de nos prochains, en ceste façon : *Cave alienæ conversationis esse aut curiosus explorator aut temerarius judex :* Garde
« toy d'espier ou remarquer curieusement la
« vie et les actions des autres, ny d'en juger
« temerairement. Bien que tu voyes devant
« tes yeux quelque faute ou imperfection,
« ne juge pas pour cela ton prochain, mais
« excuse-le benignement. Si tu ne peux excu-
« ser l'œuvre, excuse l'intention, ou l'igno-
« rance, ou la surprise, ou l'accident. Que
« si la faute est si evidente qu'elle refuse
« toute excusation, ne laisse pas pour cela
« de te persuader et de te dire à part toy :
« Ceste tentation a esté fort vehemente ;
« qu'eut-elle faict de moy, si elle eust eu sur
« moy semblable pouvoir ? sans doute j'en
« eusse autant fait, ou pire que cestuy-cy. »

Alter alterius onera portate, dit sainct Paul, *et sic adimplebitis legem Christi* [1]. « Portez les
« fardeaux les uns des autres, et vous accom-
« plirez ainsi la loy de Jesus-Christ. » Nous ne pouvons pas accomplir la loy de Jesus-Christ,

---

1. Gal. 6.

si nous ne nous supportons les uns les autres. Cela nous devroit estre bien facile, puis que les charges de nos imperfections que nous faisons porter aux autres, sont souvent plus pesantes et fascheuses que celles qu'ils nous font porter. Nous voulons qu'ils les supportent patiemment, et nous fascheroit bien qu'ils s'en plaignissent : et nous faisons tant de difficulté de supporter les leurs, qui sont plus legeres ! Ce n'est pas peser à mesmes poids leurs defauts et les nostres, que d'agir ainsi, ny faire à nostre prochain ce que nous voulons qui nous soit faict. C'est pourquoy il est bien à craindre que Dieu ne nous rende le mesme poids et mesure que nous avons faict aux autres, se monstrant aussi exact et severe à nous juger, que nous l'avons esté à censurer les actions des autres. *Nolite judicare*, dit nostre Sauveur, *et non judicabimini; nolite condemnare, et non condemnabimini : in quo enim judicio judicaveritis, judicabimini, et in quâ mensurâ mensi fueritis, remetietur vobis*[1] : « Ne jugez pas, et vous ne serez pas jugés ;

---

[1]. Matth. 7.

« ne condamnez pas les autres, et vous ne
« serez pas condamnés. Car le jugement que
« vous ferez des autres, vous sera faict, et
« vous serez mesurés à la mesme mesure que
« vous aurez mesuré vos prochains. »

Qu'y a-t-il de plus clair que ces paroles de l'éternelle verité ? Quels effets ne devroient-elles faire dans nos ames ? Ne sont-elles pas un suffisant motif pour nous faire supporter, dissimuler et excuser d'un cœur benin et misericordieux tous les manquements, mœurs grossieres et manieres inconsiderées de nos freres chrestiens ou religieux ? « Efforce-toy,
« dit l'Imitation [1], d'estre patient à supporter
« les defauts et quelles infirmités que ce
« soyent des autres, puisque il y a en toy
« plusieurs choses qu'il est bien de besoing
« qu'ils supportent. Si tu ne te peux faire à
« ton gré, comment veux-tu que les autres
« y soyent ? Nous voulons bien, dit-il, que les
« autres soyent parfaicts, et nous ne voulons
« pas amender nos defauts ; nous desirons
« qu'on corrige severement les autres, mais

1. Im., lib. 1, c. 16.

« nous ne voulons pas estre corrigés. »

Tant s'en faut que nous devions faire cela, que tout au contraire nous devons estre pleins de compassion envers les autres, et rigoureux et severes envers nous-mesmes, et user tousjours de beaucoup plus de douceur envers eux, qu'envers nous. Et comme dit sainct Bernard, « de la cognoissance et experience « de nostre propre infirmité, nous devons « apprendre d'estre debonnaires envers tous, « et à ne nous fascher ny indigner contre les « defaillants et imparfaicts [1]. » Et, comme dit l'abbé Theremont, dans Cassien [2], c'est un signe tres-evident d'une ame qui n'est pas encores purifiée de la lie de ses vices, de n'estre pas meüe d'une affection de misericorde et compassion envers les pechés d'autruy, mais d'y estre rigoureuse et severe.

(F) *Préparez-vous à supporter pour le nom de Jésus-Christ les opprobres, etc.*

C'est icy un grand moyen pour acquerir la vertu d'humilité. Car « l'humiliation est le

---

1. Serm. 44. — 2. Coll. 11.

« chemin qui nous mene à l'humilité, dit
« sainct Bernard ; si nous desirons donc la
« vertu d'humilité, ne fuyons pas le chemin
« de l'humiliation. » *Humiliatio via est ad humilitatem : si virtutem appetis humilitatis, viam non refugias humiliationis* [1]. Par ainsi tous les mespris, opprobres et injures qu'on endure pour l'amour de Dieu, sont autant de pierres qu'on entasse au bastiment de l'humilité. C'est aussi un propre effect de la mesme vertu que d'endurer patiemment et joyeusement ces humiliations, comme dit sainct Anselme, lequel met en cela le plus haut degré d'humilité. Car comme toutes les autres vertus, ainsi l'humilité s'acquiert par les actes frequents d'icelle ; et elle, estant une fois fondée dans l'ame, produit les mesmes actes avec d'autant plus grande perfection et facilité, que ceux qui l'ont produite sont esté plus aspres et difficiles. C'est pourquoy il est bien besoing d'un grand courage et d'une magnanime resolution d'atteindre à la perfection et de conquerir le ciel à quel prix que ce soit,

1. Epist. 87.

pour digerer toutes les difficultés qui se rencontrent à la poursuite de ceste noble et tres-excellente vertu d'humilité : difficultés neantmoins qui sont renduës douces, estant destrempées dans la Passion, travaux et humiliations du Fils de Dieu, si ravalées par le mespris, mais si relevées par l'inestimable prix de son amour infini.

« Mesprise-toy donc toy-mesme, dit le B. Bar-
« thelemy[1], et desire d'estre mesprisé de tous,
« et tiens-toy pour le plus vil et abject de tous
« les hommes, pour l'amour de Celuy qui a
« bien daigné prendre pour toi la tres-abjecte
« forme de serviteur. Il nous a faict paroistre
« son excessive charité, en endurant pour nous
« les tourments les plus douloureux et igno-
« minieux qu'on peust jamais imaginer. S'il y
« a en nous quelque estincelle de son amour,
« et de recognoissance envers Celuy qui a
« tant faict et enduré pour nous, il faut que
« nous le luy tesmoignions en embrassant le
« mespris et humiliation de sa croix : nous
« tenants pour trop heureux, lors qu'il se

---

1. Compend., lib. 1, cap. 3.

« presentera quelque occasion d'endurer quel-
« que injure, mespris, contumelie, ou quelque
« parole fascheuse pour son amour. »

Ad hoc unigenitus Dei filius formam infirmitatis nostræ suscepit, dit sainct Gregoire, *ad hoc invisibilis, non solùm visibilis, sed etiam despectus apparuit; ad hoc contumeliarum ludibria, illusionum probra, passionum tormenta toleravit: ut superbum non debere esse hominem doceret humilis Deus* [1]. « Pour ceste fin l'unique
« Fils de Dieu a pris la forme de nostre infir-
« mité ; c'est pour cela que l'Invisible s'est
« monstré à nous, non-seulement visible,
« mais aussi mesprisé ; c'est pour ce suject
« qu'il a souffert tant de contumelies, baf-
« fouëments, mocqueries, opprobres, et les
« tourments d'une si cruelle Passion : afin que
« de Dieu humble et tant humilié, l'homme
« apprist à n'estre pas superbe ; et qu'il ne
« tinst pas à deshonneur d'endurer pour
« Jesus-Christ, ce que luy, estant Dieu d'in-
« finie majesté, a bien daigné enduré pour le
« sauver. »

[1]. Moral., lib. 34, cap. 18.

(G) *S'il s'élève en vous la moindre pensée de grandeur, etc.*, *écrasez-la dès l'origine.*

Nostre sainct Aucteur, qui estoit illuminé de Dieu et cognoissoit si clairement toutes les astuces et tentations de l'ennemy, nous advertit icy d'un piege que cest ange de tenebres se transformant en ange de lumiere dresse bien souvent aux ames pieuses, lesquelles il ne peut pas surmonter par des tentations manifestes. Perdant courage de ce costé-là, il les attaque soubs couleur de bien, de zele, de gloire de Dieu, salut du prochain ; et avec ceste couleur honneste, leur fait desirer quelque honneur, grade, dignité et charge honorable. Mais s'il est rusé et cauteleux à nous tenter, nous le devons aussi estre à luy resister : nous gardant bien d'y consentir, et mesme d'y arrester nostre pensée ; brisant aussi-tost la teste du serpent, ce commencement de la tentation, avec le baston de la croix, c'est-à-dire par la souvenance de l'humilité incomparable de nostre Sauveur ; et contrecarrant ce vain desir d'honneur par des actes de profonde humilité, confusion et aneantissement de nous-mesme, nous remettant en memoire nos pechés, miseres et imperfections. Et il nous faut bien estre sur nos gardes, pour recognoistre ces tentations et toutes autres, pour leur couper chemin avant qu'elles ayent entrée dans nos ames, nommement celles qui ont apparence de bien. Car; comme dit sainct Bernard, *Quæ sub boni specie se ingerunt, et difficilius discernuntur, et periculosius admittuntur* [1]: « Celles qui vien« nent soubs pretexte de bien, il y a plus de « peine à les discerner, et l'on y adhere avec « plus de danger. » *Bonus nunquam nisi boni simulatione deceptus est* [2]: « Le bon et vertueux « jamais n'a esté deçeu, que soubs apparence « de bien. »

Aussi-tost donc que nous les voyons paroistre, il faut, suivant le conseil de sainct Hierosme, tuer cest ennemy nostre, cependant qu'il est petit, l'escraser en sa naissance, le suffoquer dès son origine, avant qu'il croisse,

---

1. De vit. solit. — 2. Serm. 66 in Cant.

qu'il prenne force, et qu'il nous donne la mort. *Dùm parvus est hostis, interfice,* dit ce Sainct ; *nequitia elidatur in semine. A scintilla unâ augetur ignis* [1], dit le Sage. « D'une « bluette s'allume maintes fois un grand « feu ». *Principiis obsta : serò medicina paratur, cùm mala per longas invaluere moras,* dit Ovide. « Resiste aux commencements : « trop tard on donne le remede, quand le « mal a bien pris racine par les trop longs « delays. » *Beatus qui tenebit, et allidet parvulos tuos ad petram* [2], dit le Psalmiste. « Bienheureux est celuy qui tiendra tes petits, « et les escrasera contre la pierre ». Par ces petits, les saincts Docteurs entendent les commencements des tentations ; par la pierre, nostre Sauveur. Il faut donc rompre ceste petite et maudite engeance contre la pierre vive et tres-ferme, Jesus-Christ nostre Redempteur, ayant recours à sa Passion et à sa Croix : puisque aussi, *Petra refugium herinaceis,* les trous, je dis les playes de ceste pierre sacrée, sont le refuge des herissons, à

---

1. Eccli. 11. — 2. Ps. 136.

sçavoir des pauvres ames pecheresses, qui sont toutes remplies d'esguillons et d'espines de pechés, tentations et imperfections. De nous-mesmes nous ne pourrions pas en remporter la victoire. Car, comme dit sainct Bernard avec une grace charmante, « et qui
« sommes-nous, ou quelle est nostre force
« pour pouvoir resister à tant de tentations?
« C'estoit bien cela certes que Dieu pretendoit,
« respond-il, c'estoit bien à ce point qu'il nous
« vouloit reduire : afin que voyants et co-
« gnoissants nostre foiblesse, et que nous
« n'avons aide ny secours qu'en luy, nous
« recourrions en toute humilité à sa miseri-
« corde ». *Hoc erat certè quod quærebat Deus, hoc erat ad quod nos perducere satagebat : ut videntes defectum nostrum, et quòd nobis non sit auxilium aliud, ad ejus misericordiam totà humilitate curramus.*

(H) *Fuyez comme un poison toute humaine louange.*

Les louanges humaines sont bien à fuir pour les grands dommages qu'elles portent.

Car n'estant, comme dit sainct Bernard [1], qu'un sifflement vain et un peu de vent aux oreilles, elle aveugle le cœur, elle l'enfle ; elle allume le feu d'envie ; elle fait qu'on se mescognoist et enorgueillit. C'est le poison de l'humilité.

Il ne se faut pas donc estonner si nostre Aucteur dit qu'on la fuye comme un venin mortel : veu que si la personne qui est louée n'est bien sur ses gardes, l'humilité s'esvanouit toute de son ame. Il y a aussi des grands dangers d'offenser Dieu, car « tout l'honneur
« et gloire que tu vas mendiant et recher-
« chant, dit sainct Bernard [1], si tu ne le
« referes à Dieu, tu le luy desrobes ». *Tibi enim undè gloria, putride pulvis? tibi undè? De vitæ sanctitate? Sed Spiritus sanctus est qui sanctificat....* Car par quel titre desires-tu la
« gloire, o pourriture et poussiere ? De quel
« droict t'appartient-elle ? Est-ce pour la
« saincteté de la vie ? Mais le Saint-Esprit
« est celuy qui sanctifie. La faveur populaire
« t'applaudit-elle de ce que tu as bien pres-

---

1. Lib. de pers. sust., c. 11. — 1. Serm. 13, sup. Cant.

« ché, que tu as dit de bonnes paroles, et
« avec grace ? Mais c'est Jesus-Christ qui te
« les a mises en la bouche, et qui t'a donné
« la sapience. C'est pourquoy tu seras à la
« verité un fidele serviteur, si de toute la
« gloire de ton Sauveur, qui ne vient pas de
« toy, mais seulement passe par toy, il ne
« t'en reste rien entre les mains. » *Fidelis
reverà famulus es, si de multâ gloriâ Domini
tui, etsi non exeunte ex te, tamen transeunte per
te, nil tuis manibus adhærere contingat.*

Et ailleurs le mesme Sainct dit [1] : « Celuy qui
« sait parfaictement mespriser les humaines
« louanges, lors qu'il entend qu'on le louë
« de ce qu'il ne recognoist pas en soy, il n'y
« acquiesce ny le croit aucunement, se souve-
« nant de ce que dit le Prophete : « Ceux qui
« te louent et te disent bienheureux, te se-
« duisent, et te font cheoir en erreur ».
« Et lors qu'il veoid clairement que le bien
« et vertu dont on le louë est vraie ; neant-
« moins, se munissant du bouclier de la
« verité, il rejette de soy ceste flesche d'hon-

1. Epist. ad Hen.

« neur et louange, l'attribuant à Dieu seul et
« luy en donnant gloire, il dit : *Gratiâ Dei*
« *sum id quod sum*[1] : C'est par la grace de
« Dieu que je suis ce que je suis, que j'ay
« ceste habileté, grace ou vertu. A luy seul,
« et non à moy, en est deuë toute la gloire. »
*Non nobis, Domine, non nobis, sed nomini tuo
da gloriam.*

(I) *Ne perdez jamais de vue vos défauts.*

Cest enseignement et ceux qui suivent, nous rendront faciles et legers ceux qui precedent. Le sainct Aucteur, ce semble, ne vise à autre chose qu'à nous faire entrer bien avant en la cognoissance de nous-mesmes, sans laquelle, dit sainct Bernard, nul ne peut estre sauvé, et de laquelle naist comme de sa propre racine, l'humilité, mere de salut, et la crainte de Dieu, qui est le commencement du salut comme elle l'est de la sapience. C'est une science que ceste cognoissance de nous-

---

1. I Corinth. 15.

mesmes, qui est la plus haute et la plus profonde de toutes les sciences, comme asseurent les saincts Docteurs, nommément sainct Augustin et sainct Bernard. La plus haute, d'autant que par icelle nous montons à la cognoissance de Dieu. La plus profonde, d'autant que les autres enflent, selon le dire de l'Apostre ; mais ceste-cy edifie et humilie, et, selon sainct Bernard, elle prepare et commence en nous l'edifice des vertus. Mais elle est aussi la plus difficile. Car nostre amour propre nous aveugle et rend nos yeux tous chassieux, nous empeschant de cognoistre ou de vouloir cognoistre au vrai ce que nous sommes. *Multæ scientiæ hominum, sed nulla melior est illâ quâ cognoscit homo seipsum*, dit le mesme Sainct. « Il y a plusieurs sciences
« parmy les hommes, mais il n'y a aucune
« de meilleure, que de se cognoistre soy-
« mesme ».

Voicy donc le premier moyen que nous donne nostre sainct Aucteur pour acquerir ceste cognoissance. C'est de nous remettre devant les yeux nos pechés : pesant leur gravité et enormité ; l'estat deplorable auquel ils ont reduit nostre ame lors que nous les avons commis, la rendant ennemie de Dieu, esclave de Satan et du peché mesme, et coulpable de la mort eternelle ; combien nous sommes dignes de tout mespris, pour avoir mesprisé ce grand Dieu d'infinie Majesté. Vous pouvez bien croire avec certitude, dit un pieux aucteur moderne, que, pour beaucoup que vous vous humiliez et que vous vous mesprisiez et abaissiez, jamais vous ne pourrez vous tant ravaller, ny arriver à l'abysme de mespris que merite celuy qui a offensé un bien si infiny, comme est Dieu. C'est un abysme infiny et tres-profond, qui n'a ny fonds ny rive, que cecy. Car jusqu'à ce que nous voyions, au ciel, combien Dieu est bon, nous ne pourrons cognoistre du tout combien est grief le peché par lequel sa bonté immense est offensée ; et quelle punition merite celuy qui l'a perpetré. Oh ! si nous allions tousjours avec ceste consideration, poursuit-il, et que nous creusions profondément dans ceste miniere de nos pechés, combien peu d'estat nous ferions de nous-mesmes, combien joyeusement recevrions-nous les mespris et les injures ! Qui a esté traistre à Dieu, quels abaissements et mespris ne doit-il embrasser pour l'amour de luy ! Qui a eschangé Dieu contre une fantaisie, un appetit et vain plaisir d'un moment ; qui a offensé son Createur, et meritoit d'estre condamné aux supplices eternels : quels mespris, affronts et calomnies ne doit-il souffrir de bon cœur, en recompense et satisfaction des offenses qu'il a commises contre la divine Majesté ?

C'est donc un des moyens et motifs les plus efficaces pour nous cognoistre sans feintise, et nous humilier profondément, que la consideration de nos pechés. C'est un fardeau bien pesant, qui est bien suffisant pour nous faire abaisser. *Priusquàm humiliarer, ego deliqui* [1], dit David. « Avant que de m'humilier, j'ai peché. » Comme s'il disoit : La gravité de mon peché m'a fait baisser la teste, sa laideur m'a fait rougir de honte, sa pesanteur m'a fait ravaller plus bas que terre, m'a fait me confondre et humilier. *In veritate tuâ humiliasti me*, dit-il encore. « En vostre verité, Seigneur, vous

---

1. Ps. 118.

« m'avez humilié. » Comme disant, lors qu'un petit rayon de vostre verité a esclairé dans mon ame tenebreuse, m'ouvrant les yeux pour veoir le neant de ma bassesse et la hauteur inaccessible de vostre incomparable Majesté offensée si griefvement par un si chetif vermisseau ; lors, dis-je, que mon ame illuminée de vostre verité, a commencé d'appercevoir l'enormité effroyable de ses pechés: c'est pour lors qu'elle s'est humiliée, abaissée et aneantie, ne trouvant aucun lieu assez bas et profond pour se ravaller.

(J) *Ayez l'œil ouvert sur vous, et jugez-vous sans feinte.*

C'est le second moyen que nous donne ce sainct Aucteur pour arriver à la vraie cognoissance de nous-mesmes. Et c'est bien convenablement. Car, pour cognoistre quelque chose, nous la regardons ; pour devenir sçavants, nous considerons et espluchons les arts et sciences, et les reigles qui y sont données, nous les rendant familieres, à force de les estudier et repeter ; nous lisons aussi et feuilletons soigneusement les livres. De mesme donc, pour nous cognoistre, il nous faut nous regarder souvent pour veoir quels nous sommes : si humbles ou hautains, si revesches ou obeyssants, si bienveillants ou peu gracieux, si patients ou impatients, si fervents ou relaschés, ainsi du reste. Il faut aussi, pour acquerir ceste science si relevée, si profonde et difficile, que nous allions espluchant par le menu nos pensées, paroles et œuvres : pour veoir si en icelles il n'y a point quelque offense de Dieu ou du prochain ; si nous ne nous flattons et espargnons point trop au service de Dieu ; s'il n'y a point de vaine gloire ou de jactance ; sondant le plus secret de nos intentions, pour discerner s'il n'y a rien d'oblique, et si elles visent purement à Dieu, ou non. Il nous faut aussi feuilleter le livre de nostre conscience, pour cognoistre si elle est pure, nette et sincere ; si elle n'est point grevée de quelque lourd peché mortel ou veniel, ou d'affection au peché ; si elle est preste de rendre bon compte de soy à Dieu, à toute heure qu'il la voudra faire comparoistre devant le tribunal de sa Justice. En nous regardant et considerant ainsi (ce qu'il faut faire au moins une fois le jour), et voyant tant de defauts et miseres en nous, nous commencerons à cognoistre ce que nous sommes. Nous nous rendrons cest exercice facilement aisé en le continuant, et la cognoissance de nous-mesmes nous deviendra si familiere, que quand les autres nous diront nos verités, nous les advouerons avec humilité. Car ceste cognoissance ne doit pas estre aride et seche; mais accompagnée de contrition, d'un severe jugement de nous-mesmes, et d'une bonne reprimande suivie du ferme propos d'amendement.

Sainct Bernard nous apprend à faire cest examen en ceste sorte : « Sois fort curieux et
« soigneux à te prendre garde de la pureté de
« ton ame, et examine ta vie tous les jours.
« Considere diligemment combien tu t'advan-
« ces, ou combien tu recules ; quel tu es en
« tes mœurs et en tes affections, combien
« semblable à Dieu, ou combien dissemblable ;
« combien tu es proche ou esloigné de luy,
« non par intervalle de lieux, mais par les
« affections et les mœurs. Rentre donc en

« toy-mesme ; mets toutes tes fautes et trans-
« gressions devant tes yeux, et ne laisse rien
« passer sans correction et reprimande. »
Statue te ante te, dit-il, *tanquam alium, et sic
temetipsum plange.* « Comparois devant toy-
« mesme, comme devant un autre, entrant
« en examen et jugement de tes pechés et de
« tes deportements ; et voyant tant de fautes,
« pleure sur toy, et deplore tes offenses. »
*Indicabo tibi, o homo, quid sit bonum, et quid
Dominus requirat à te : utique facere judicium et
justitiam, et ambulare sollicitum cum Deo tuo,*
dit Michée. « Je te montreray, o homme, ce
« qui est bon et ce que le Seigneur demande
« de toy. C'est de faire jugement et justice,
« et marcher avec crainte devant ton Dieu. »
Denis le Chartreux dit sur ce passage, que
faire jugement et justice, n'est autre chose
que considerer et examiner bien nostre vie,
et tout ce qu'il y a en icelle de reprehensible ;
nous juger en toute verité sans dissimulation,
et nous corriger efficacement, abhorrant nos
pechés, les pleurant, n'en laissant aucun sans
sa punition et penitence, et mettant toute
peine pour nous amender. C'est « faire juge-

« ment », puis que nous nous jugeons ; c'est « faire justice », puis que nous punissons nos fautes. « Celuy qui fera ainsi, dit ce Sainct, « eschappera la rigueur du jugement de Dieu, « et la peine eternelle de l'enfer. » *Quod qui fecerit, divini judicii districtionem, æternamque inferni pœnam evadet.* Car, comme dit sainct « Paul, si nous nous jugions nous-mesmes, « nous ne serions pas juges ». *Si nosmetipsos dijudicaremus, non utique judicaremur.*

Or nostre sainct Aucteur ne veut pas seulement que nous examinions et jugions nos pechés, mais aussi nos bonnes œuvres, comme estant remplies de beaucoup d'imperfections, faictes avec tiedeur, souillées de plusieurs negligences. C'est bien loing de s'enorgueillir ou entrer en vaine gloire pour icelles. C'est conformément à ce que dit Job : *Verebar omnia opera mea, sciens quod non parceres delinquenti :* « J'estois remply de crainte en toutes mes « œuvres, sçachant que vous ne laissez pas « eschapper sans punition ceux qui pechent ». Comme disant : Parce que je sçay, Seigneur, que non seulement vous chastiez les mauvaises œuvres, mais aussi les imperfections et manquements qui sont meslés parmy les bonnes ; c'est pourquoy aussi je les examine, pour n'y commettre aucun defaut, mais les faire avec la plus grande perfection qui m'est possible. L'ame qui est ainsi occupée à se cognoistre et examiner, n'a garde d'examiner ny remarquer les actions des autres. Car, comme dit sainct Bernard, *Qui semetipsum aspicit, non quærit in quo alios reprehendat, sed in semetipso quod lugeat :* « Celuy qui est « attentif à se considerer, ne cherche pas « quoy reprendre dans les autres, mais de « quoy pleurer en soy-mesme ».

(κ) *Regardez-vous comme le plus vil de tous les pécheurs.*

C'est icy un fruict de la cognoissance de soy mesme, un moyen tres-propre pour fonder en nous la vraie humilité, et un acte fort excellent d'icelle. J'ose bien dire excellent, puis que ceste saincte vertu, petite et basse en apparence, nous exalte et nous fait d'autant plus grands devant le divin conspect, que nous sommes plus petits devant nos yeux.

C'est la parole de la verité : *Omnis qui se humiliat exaltabitur :* « Quiconque s'humilie, « sera exalté ». Humilions-nous donc hardiment. Il n'y peut avoir aucun danger à nous humilier tant bas que nous voudrons et que nous pourrons, dit sainct Bernard, mais bien un profit inestimable ; mais il y a un grand mal, et un danger horrible, à nous eslever tant soit peu, et à nous preferer, voire mesme à une seule personne, quelle qu'elle soit; veu que, au jugement de la verité mesme, peut-estre ceste personne sera non seulement aussi bonne, mais encores meilleure que nous. « C'est pourquoy, conclut ce Sainct, « ne veuille point, o homme, te comparer « aux plus grands que toy, non aux inferieurs, « non à quelques uns, non pas à un. Car que « sçais-tu si celuy-là, lequel peut-estre tu « tiens pour le plus vil et miserable de tous, « duquel tu as en horreur la vie tres-mes- « chante et abominable, et lequel partant tu « crois estre digne de tout mespris, je ne dis « pas en comparaison de toy, qui peut-estre « as la confiance de vivre desjà dans la so- « brieté, la pieté et la justice, mais mesme

DE LA PURETÉ DU CŒUR, ETC.

« en comparaison de tous les autres mes-
« chants. comme le plus pervers de tous ;
« que sçais-tu, dis-je, si bien-tost, par le
« changement de la droicte du Tres-Haut, il
« ne sera en soy meilleur que toy et eux ;
« et si en Dieu il ne l'est des-jà ? Et c'est
« pour cela que nostre Sauveur ne nous a pas
« recommandé de choisir un rang dans le
« milieu, ny l'avant-dernier, mais le dernier
« de tous, disant : *Recumbe in novissimo*
« *loco*[1] *:* « Range-toy au plus bas et dernier
« lieu », afin que tout seul tu te tiennes
« pour le dernier et le moindre de tous, et
« qu'à nul non seulement tu ne te preferes,
« mais mesme ne t'oses comparer. »

Il y a encores en cecy une autre consideration que nostre Sainct met un peu plus bas. C'est que si Dieu, qui distribue ses dons comme il luy plaist, avoit donné autant de graces, et conferé autant de benefices au plus meschant de tous les hommes, comme il nous en a si liberalement eslargi, il en feroit mieux son profit que nous, et serviroit sa divine Majesté avec

1. Luc. 14.

beaucoup plus grande perfection, comme disoit de soy l'humble sainct François. *Latroni si tanta contulisset Altissimus, gratior te foret, Francisce* [1] : « Si le Tres-Haut avoit tant fait « de graces à un larron, il luy seroit plus « agreable que toy, o François. » Si ce grand Sainct disoit cela de soy, qu'est-ce que nous devons dire ? Joinct aussi que si Dieu ne nous tenoit de sa main, et ne nous departoit une grace particuliere, nous ferions autant ou pis que le plus scelerat du monde. « Car il n'y « a aucun peché, dit sainct Augustin, qu'un « homme fasse, que tout autre ne le puisse « faire aussi bien que luy, si Dieu ne le re- « tient. » *Nullum est peccatum quod fecit homo, quod non possit facere alter homo, nisi juvetur à Deo, à quo factus est homo* [2].

(1.) *Considérez aussi que de vous-même vous n'avez ni aptitude au bien, etc.*

Il n'y a rien de plus clair et certain que cecy, à sçavoir, que de nous-mesmes nous

---

1. Bonav. Vit. S. Franc., c. 6. — 2. Serm. 33.

n'avons rien, comme nous disions cy-dessus. Car celuy qui nous a donné l'estre que nous avons, et l'estre naturel, et le surnaturel, ce grand Dieu, aucteur de la nature et donateur de la grace, ne nous a-t-il pas donné en mesme temps tout le reste? N'est-ce pas luy qui nous a enrichis de dons naturels et surnaturels, et qui nous a faicts tous tels que nous sommes, excepté le peché, lequel seul vient de nous? Le neant, et le peché, incomparablement pire que le neant: voilà ce qui est de nostre creu; mais tout le bien appartient à Dieu seul. *Perditio tua ex te, Israel, tantummodo in me auxilium tuum* [1] : « Ta perte vient « de toy, o Israel, mais de moy vient toute « ton aide et ton secours », dit Dieu par son Prophete. Et s'il nous semble que nous avons quelque capacité pour acquerir les sciences, vertus et autres choses : qui nous a donné, je vous prie, ceste capacité, que Dieu? C'est donc à luy seul que nous devons tout ce que par le moyen d'icelle, nous pouvons faire ou operer. *Quid habes quod non accepisti, quòd si*

---

[1]. Ose. 1.

accepisti, quid gloriaris quasi non acceperis [1] ? « Qu'as-tu que tu n'ayes reçeu, dit l'A-« postre ? que si tu as tout reçeu de Dieu, « pourquoy t'en glorifies-tu comme si tu ne « l'avois pas reçeu ? » *Sine me nihil potestis facere* [2], dit le Sauveur. « Sans moy, vous « ne pouvez rien faire. » C'est donc, dis-je de rechef, à luy seul que nous en devons la gloire, puisque luy seul est aucteur de tout, et que c'est avec l'assistance de sa divine grace que nous faisons tout bien et toute œuvre meritoire. *Omnia opera nostra operatus es in nobis* [3], dit le Prophete. « C'est vous, « Seigneur, qui faictes et operez en nous « toutes nos bonnes œuvres. » Disons donc « de cœur et de bouche, avec sainct Cyprien: *In nullo gloriandum, quandò nostrum nihil* : « De rien il ne nous faut glorifier, puisqu'il « n'y a rien de nostre. »

(M) *En faisant ceci, vous acquerrez cette vertu qui est la mère des autres.*

Jusqu'icy nostre sainct Auteur nous a don-

---

1. Corinth. 4. — 2. Jean 15. — 3. Is. 26.

né de tres-bons, propres et efficaces moyens pour acquerir la saincte vertu d'humilité. C'est le premier degré de nostre eschelle spirituelle. Et il luy donne ces beaux titres de mere, source et gardienne des autres vertus, conformément aux louanges que luy donnent tous les saincts Docteurs. Sainct Cyprien dit qu'elle est le fondement de saincteté [1]. Sainct Hierosme l'appelle la premiere vertu des Chretiens [2]. Sainct Augustin dit que l'humilité rend les hommes semblables aux saincts Anges, tout ainsi comme la superbe des Anges a faict des demons [3]. Elle conserve l'ame, dit-il encores, et la defend en toute tentation [4]. Car, comme dit sainct Gregoire [5], de ce que les humbles se mesprisent en toutes choses, de là vient qu'ils sont plus asseurés contre toutes choses. Ce grand Docteur appelle aussi l'humilité la mere et maistresse de toutes les vertus [6]; et ailleurs il la nomme la racine et source d'icelles [7]. « Tout ainsi, dit-il, qu'autant que la fleur ou la

1. Serm. de nat. Christ. — 2. Epist. ad Eustoch. — 3. Lib. de sal. mund, c. 28. — 4. Supra Ps. 120. — 5. Lib. 6 moral., c. 6. — 6. Lib. 23, c. 13. — 7. Lib. 27, c. ult.

« branche demeure sur la racine, elle se con-
« serve ; en estant coupée, elle seiche bien-
« tost ; de mesme la vertu, quelle qu'elle
« soit, se conserve et accroist tant qu'elle
« persevere sur ceste racine d'humilité ; et
« aussi-tost qu'elle en est separée, elle sei-
« che, flestrit, et se perd entierement. » Et
sainct Bernard dit qu'elle est le fondement et
la gardienne des vertus.

Maintenant donc le sainct Aucteur nous
fait veoir comme par le moyen d'icelle l'ame
arrive à la vraie et parfaicte pureté, qui est
nostre second degré ou eschellon.

C'est, en premier lieu, que nostre ame s'occupant ainsi toute à la cognoissance de soy-
mesme, à la consideration de son neant, de sa
bassesse, de ses miseres et pechés, et de sa faiblesse et totale impuissance à tout bien ; à se reprendre, chastier et corriger : tous autres soings
et pensements inutiles viennent à tarir ; tous
vains desirs, tous autres desseins, tous soupçons, rancunes et envies sont bannis du cœur ;
toutes les passions s'accoisent et se soumet-
tent parfaictement à Dieu, veu que, comme

asseure sainct Chrysostome [1], le vrai humble n'est troublé d'aucune passion. L'ame aussi s'oubliant de toutes les creatures et de toute chose qui la pourroit divertir, s'approche de ce repos de conscience et paix interieure dont cy-dessus nous avons parlé ; et ensemble de la pureté de cœur à laquelle elle aspire.

En second lieu, l'humilité ouvrant et esclairant les yeux interieurs de l'ame, et luy faisant veoir sa bassesse, sa laideur, ses offenses et ses grandes imperfections, elle l'induit, comme nous avons dit, à la saincte haine de soy-mesme. Et sur ce suject, le Pere Jean Avila raconte, qu'il a cogneu une personne, qui pria Dieu plusieurs fois qu'il luy pleust luy descouvrir ce qu'elle estoit. Dieu luy accordant sa requeste, luy ouvrit tant soit peu les yeux, luy faisant veoir quelque peu de la laideur de ses pechés et imperfections. Il se vid si laid et abominable, qu'il se prit à crier avec grande vehemence : Seigneur, par vostre misericorde, ostez-moy ce miroir de devant mes yeux, je ne puis plus veoir ma figure.

---

[1]. In Matth., hom. 66.

La cognoissance donc de ce que nous sommes nous fait concevoir une saincte et genereuse horreur et haine de nous-mesmes. Laquelle nous anime genereusement à la defaite de nostre amour propre, avec la bande de toutes les passions dont il est la racine et la source : nous faisant embrasser l'entier renoncement et la profonde humiliation de nous-mesmes; et mortifiant si bien toutes ces passions, qu'elles n'osent plus lever la teste, ny regimber contre la raison.

C'est par le moyen des advis precedents que cela se fait. Et pour lors, l'ame est toute purifiée, et preste pour estre enflammée, ou pour mieux dire, vivifiée par la charité parfaicte, comme une matiere bien disposée à recevoir sa forme. Car comme l'ame donne la vie au corps, ainsi la charité donne la vie à l'ame : sans icelle, l'ame n'est qu'un infect et fetide cadavre. *Beati mundo corde*, dit nostre Sauveur, *quoniam ipsi Deum videbunt*[1]. « Bien « heureux sont ceux qui ont le cœur pur et « net, car ils verront Dieu. » L'ame donc

---

1. Matth. 5.

ainsi espurée des affections terrestres et de ses passions, desnuée de soy-mesme et de toute creature, monte facilement de la cognoissance de soy-mesme, en laquelle elle s'est long-temps exercée, à la cognoissance de Dieu ; de la consideration de ses miseres, à la consideration des grandeurs de Dieu. Ses yeux sont clairvoyants pour contempler la Divinité. Plus elle s'est approfondie et aneantie en soy-mesme, d'autant plus haut est-elle relevée en la contemplation de la Bonté supreme. Et la voyant, avec ce regard interieur, si aimable, si admirable, et infiniement agreable et delectable, si parfaicte en soy, et si benignement communicable et debonnaire envers nous : elle s'embrase toute en son divin amour, elle s'escoule et se fond toute, comme la cire, aux rayons de ce Soleil de Justice. *Anima mea liquefacta est, ut dilectus locutus est*[1], dit celle qui en avoit fait l'espreuve. « Mon ame s'est doucement fondue, lors que « mon bien-aimé a parlé. » Elle s'unit intimement à ceste bonté, et se transforme toute

1. Cant. 5.

en elle par l'ardeur de la charité. Et c'est icy le troisiesme degré de l'eschelle mystique ; c'est le sommet d'icelle, sur lequel le Seigneur s'est appuyé. Car c'est par le moyen de ceste charité que Dieu repose et fait son agreable sejour dans nos ames; comme dit nostre Sauveur : *Si quis diligit me, sermonem meum servabit, et Pater meus diliget eum, et ad eum veniemus, et mansionem apud eum faciemus* [1] : « Si quelqu'un m'aime, il gardera mes paro- « les, et mon Pere l'aimera, et nous viendrons « à luy, et ferons nostre demeure chez luy».

Mais ceste demeure se prepare par la pureté, comme desjà tant de fois il a esté dit. Et sainct Bernard l'exprime fort bien [2], comparant nostre ame à un miroir par lequel on veoid Dieu et on contemple ses perfections, d'autant plus que ceste ame est l'image de Dieu mesme. *Tergat ergo speculum suum,* dit-il, *mundet spiritum suum, quisquis sitit videre Deum suum; hoc speculum verus pœnitens non cessat quotidie inspicere, tergere, tenere et custodire.* « Quiconque donc a une soif ardente de

---

1. Joan. 14. — 2. De int. dom., c. 13.

« veoir son Dieu, qu'il essuie son miroir, qu'il
« purifie son esprit. Le vray penitent ne cesse
« de regarder et considerer chaque jour ce
« miroir », pour veoir s'il y trouve quelque
chose qui desplaise à Dieu ; « de l'essuyer »,
par les larmes d'une vraie contrition, et à la
sacrée piscine de la confession ; « de le tenir »,
de peur qu'il ne tombe en bas, et ne s'attache
à la terre par affection ; « de le garder », afin
que Celuy de qui les delices sont d'estre avec
les enfants des hommes, y trouve un receptacle bien pur, quand il luy plaira d'y venir
establir sa demeure. Et peu apres il adjouste :
« Ce miroir donc estant ainsi nettoyé, et ayant
« esté un long temps diligemment regardé,
« une certaine clarté de la divine lumiere
« commence à reluire en luy, et un admirable
« rayon d'une vision inaccoustumée brille aux
« yeux de son cœur. L'ame toute enflammée
« de la vision de ceste lumiere, commence
« à contempler de l'œil espuré de son cœur
« les choses superieures et interieures ; elle
« commence d'aimer Dieu, de s'unir à Dieu,
« faisant aussi peu de cas de tout le reste des
« choses, comme si elles n'estoient pas ;

« elle renonce encores plus parfaictement à
« toutes ses affections, et s'applique toute au
« seul amour de Dieu, sçachant que celuy-là
« seul est bien heureux, qui aime Dieu de
« tout son cœur[1]. » A ce propos dit le Bienheureux Barthelemy des martyrs : Tout
comme le soleil visible respand sa lumiere sur
un luisant miroir qui luy est diametralement
objecté, et forme sa figure dans iceluy ; tout
de mesme, estant pure et libre de tout empeschement, l'ame est illustrée des clairs rayons
du soleil invisible, et l'image de ce divin
soleil reluit en elle d'une façon merveilleuse[2].

Le mesme Sainct et plusieurs Docteurs se
servent d'une autre comparaison fort convenable pour declarer cecy. C'est que, comme
la pierre qui est en quelque lieu haut, lors
qu'on luy oste les empeschements qui la detiennent là contre sa naturelle inclination,
aussi-tost elle court à son centre, qui est la
terre ; de mesme nostre ame, qui est une
substance spirituelle et creée pour Dieu,

---

1. De int. dom., c. 14. — 2. Compend., 2 part.

aussi-tost qu'on la delivre de tous empeschements et obstacles, qui ne sont autres que ses
appetits desordonnés, passions et mauvaises
inclinations, elle s'achemine en toute vitesse
à Dieu qui est son centre et sa fin bien heureuse, et s'unit à luy par amour : car il est
tousjours prest de la recevoir. « Dieu, dit
« l'Aucteur sus nommé, ne desire autre
« chose que de se communiquer liberalement
« à nous ; et nostre ame estant desembrouil-
« lée des vices et des choses exterieures, tend
« à Dieu de son plein gré, sçachant que c'est
« de luy qu'elle a tiré son origine ; comme la
« pierre, laquelle est un corps pesant, appete
« naturellement d'aller en bas : car Dieu seul
« est le lieu naturel de l'âme. » Et comme
dit sainct Augustin : *Ponderibus suis aguntur
omnia, et loca sua petunt, levia sursum, et gravia deorsum; pondus meum, amor meus, eo feror
quocumque feror* [1] : « Toutes choses se tour-
« nent selon leur poids, et tendent à leur lieu
« naturel : les choses legeres en haut, comme
« le feu ; les choses pesantes en bas, comme

1. Conf., lib. 13, c. 9.

« la terre. Mon amour est mon poids : par
« luy je me porte, en quelque lieu que je me
« porte. » Ce qu'est le poids en les elements
et corps mixtes, cela est l'amour en l'ame
raisonnable. Elle ne se meut, si non conformément à l'amour qui domine en elle. Si
l'amour est sensuel et terrestre, elle ne vise
qu'à la terre, tous ses desirs sont sensuels,
et elle devient toute terrestre. Mais si elle se
defait, par le moyen de la mortification continuelle, de l'affection de toutes les creatures
et de l'amour desordonné de soy-mesme, l'amour de son Createur regnera aussi-tost dans
son cœur : ce sera son poids, et elle se portera avec une extresme legereté à son centre,
à sa fin, à son repos unique et à son lieu naturel, qui est Dieu.

La similitude dont se sert le Psalmiste voulant exprimer l'ardeur du desir qui le portoit
à Dieu, est aussi fort convenable. *Quemadmodum desiderat cervus ad fontes aquarum, ita
desiderat anima mea ad te, Deus. Sitivit anima
mea ad Deum fortem vivum*[1], ou, selon une

---

[1]. Ps. 41.

autre version, *fontem vivum*; ou bien selon l'Hebreu, *ad Deum, ad Deum vivum*; pour mieux exprimer son affection pathetique, et combien purement et ardemment son ame couroit à son Dieu. « Comme le cerf, dit-il, halete à la
« fontaine des eaux, ainsi mon ame vous de-
« sire, o mon Dieu, et vous va cherchant à
« perte d'haleine. Mon ame a soif de Dieu fort
« et vivant », ou, « de Dieu fontaine d'eau
« vive » ; ou, selon l'Hebreu : « Mon ame a
« grand soif de Dieu, de Dieu vivant ». Ceste repetition montre la vehemence du desir, et la ferveur de l'amour.

Sur ce passage sainct Augustin dit ainsi : *Cervus serpentes necat, et post serpentium interemptionem majori siti inardescit ; peremptis serpentibus, ad fontes acrius currit. Serpentes vitia tua sunt, consume serpentes iniquitatis, tunc amplius desiderabis fontem veritatis*[1] : « Le cerf, dit-il, tue
« les serpents, et apres les avoir tués, il a plus
« grande soif qu'auparavant, et court plus
« ardemment aux fontaines. Les serpents sont
« tes vices : tue donc et consume les serpents

---

1. Supr. Ps. 41.

« d'iniquité, et lors tu desireras plus vivement
« la fontaine de verité. »

(N) *Lorsque l'âme est tout entière occupée par la charité, il n'y a plus de place en elle pour la vanité.*

Lors donc que l'ame tombant en terre comme le grain de froment, et s'abaissant soubs les pieds de tous par l'humilité, meurt à soy et tue toutes ses passions, affections dereglées et imperfections par la saincte haine de soy-mesme, l'abnegation et une mortification exacte et continuelle : mourant ainsi en soy et à soy, elle revit à une meilleure vie. Car c'est ceste heureuse mort de laquelle parlant l'Apostre dit : *Mortui estis, et vita vestra abscondita est cum Christo in Deo*[1] : « Vous estes morts, mais vostre vie est ca-
« chée avec Jesus-Christ en Dieu. » Elle porte ce beau fruict de la vie nouvelle et toute saincte à laquelle elle ressuscite ; un cœur nouveau est creé en elle, tout pur et net de

1. Colos. 3.

toute macule, et un esprit droict est renouvelé au fond de ses entrailles. Auparavant, elle vivoit en soy ; mais lors, Dieu vit en elle : JESUS-CHRIST est sa vie, et le Sainct-Esprit est l'ame de son esprit, comme disoit de soy le mesme Apostre : *Vivo autem jam non ego, vivit verò in me Christus*[1]. « Je vis, mais non « plus moy, c'est JESUS-CHRIST qui vit en « moy ». O fortunée mort, qui nous fait ressusciter à une si heureuse vie ! « Bienheureux « et sainct est celuy, dit le bien-aymé dis- « ciple de JESUS[2], qui a part en ceste pre- « miere resurrection : en ceux-là la seconde « mort n'aura aucun pouvoir » ; et pourveu qu'ils perseverent, ils sont asseurés d'avoir part à la seconde resurrection de la gloire, comme ils l'ont eue à la resurrection de la grace. Car, comme dit l'Apostre parlant de telles personnes, *Cùm autem Christus apparuerit vita vestra, tunc et vos apparebitis cum ipso in gloriâ*[3]. Comme s'il disoit : Puisque vostre vie est cachée en JESUS-CHRIST et que JESUS-CHRIST vit en vous, « lors que JESUS-CHRIST, qui est

---

1. Gal. 2. — 2. Apocal. 20. — 3. Colos. 3.

« vostre vie, apparoistra, lors aussi vous
« apparoistrez avec luy en la gloire ».

C'est la charité qui nous fait ainsi vivre en Dieu, et fait vivre Dieu en nous; laquelle occupant en ceste façon toute l'ame, puis que Dieu qui est la charité mesme et infinie vit en elle, il n'y a plus aucun lieu pour la vanité, dit nostre sainct Aucteur, comme celuy qui l'avoit bien experimenté en soy-mesme : il n'y a plus de superbe, estime propre, presomption, ny jactance. *Cum sic amor Christi,* dit sainct Bernard, *totum absorbuerit affectum hominis, ut, negligens et immemor sui, non nisi Jesum Christum et ea quæ sunt Jesu Christi sentiat; tunc demùm (ut arbitror), perfecta est in eo charitas. Huic itaque qui sic affectus est, non est onerosa paupertas; iste non sentit injurias, ridet opprobria, contemnit damna, mortem lucrum reputat, imo nec mori se putat, cùm magis de morte ad vitam transire se sciat* [1]. Lors que l'amour de JESUS-CHRIST
« a ainsi absorbé et englouty toute l'affection
« de l'homme, que, s'oubliant soy-mesme,

---

1. De int. dom., c. 17.

« il ne sent plus que Jesus-Christ et les
« choses qui touchent à son service : c'est
« lors, comme j'estime, que la parfaicte cha-
« rité est en luy. A celuy-là la pauvreté n'est
« point fascheuse ; il ne sent pas les injures,
« il se rit des opprobres, il mesprise tout
« dommage, et tient la mort pour un gain ;
« voire il ne pense pas qu'elle soit mort pour
« luy, veu qu'il sçait bien que ce sera plus
« tost un passage de la mort à la vie. »

CHAPITRE IV.

DE LA SOUMISSION A UN DIRECTEUR.

Il faut savoir que celui qui aurait un directeur par lequel il se laisserait conduire, auquel il obéirait en toutes ses actions, petites et grandes, arriverait plus facilement et plus vite à la perfec-

CAPUT IV.
DE INSTRUCTORE IDONEO.

Sciendum igitur, quòd homo faciliùs et in breviori tempore posset ad perfectionem pertingere,

tion, qu'il ne pourrait le faire par lui-même, eût-il un degré d'intelligence extraordinaire, et des livres qui lui expliquent la nature de toutes les vertus et les moyens de les acquérir.

Je vais plus loin, et je dis que Notre-Seigneur, sans lequel nous ne pouvons rien, n'accordera jamais sa grâce à celui qui, ayant à sa disposition un homme capable de l'instruire et de le diriger, néglige ce puissant moyen de sanctification, croyant qu'il se suffit à lui-même, et qu'il peut par ses propres forces chercher

---

si haberet instructorem cujus regimine duceretur, cujus obedientiam in omnibus actibus parvis et magnis totaliter sequeretur, quàm aliquis posset per seipsum proficere, quantùmcumque vigeat acumine intellectûs, et libros habeat, in quibus videat virtutum omnium structuram exaratam.

Imò plus dico, quòd numquàm Christus suam gratiam ministrabit, sine quo nihil possumus, si homo habet à quo possit instrui et deduci, et negligit vel non curat alterius ducatum amplecti,

et trouver les choses utiles au salut.

Car cette voie de l'obéissance est la voie royale qui conduit sûrement les hommes au haut de cette échelle mystérieuse, où le Seigneur semble s'appuyer. C'est la voie qu'ont tenue tous les saints Pères dans le désert. Et tous ceux, en général, qui ont tendu vers la perfection, ont suivi ce sentier; à moins que, par un privilége et une grâce singulière, Dieu n'ait instruit par lui-même quelques âmes n'ayant personne qui pût les diriger. Dans ce cas, la bonté divine supplée les moyens extérieurs, lors-

---

credens sibi sufficere, et per se posse investigare et invenire quæ sunt utilia ad salutem. Ista enim via obedientiæ est via regia, quæ homines inoffenso pede ducit ad summitatem scalæ, cui Dominus apparet innixus. Hanc viam tenuêre omnes sancti Patres in eremo ; et breviter, omnes qui ad perfectionem attigerunt, per hanc semitam processerunt. Nisi fortè Deus aliquos per seipsum instruxerit, ex privilegio gratiæ singularis, deficientibus eis et non inventis qui eos foris instrue-

qu'elle trouve un cœur humble et embrasé du désir de s'approcher de Dieu.

Hélas! faut-il le dire, on ne trouve aujourd'hui presque plus personne qui soit capable de diriger les autres dans la voie de la perfection. Bien plus, celui qui veut tendre vers Dieu en trouvera beaucoup qui chercheront à l'en dissuader, tandis qu'il en trouvera à peine un seul qui consente à l'aider.

Il faut donc recourir à Dieu de tout son cœur, le prier avec instance et humilité de cœur de nous instruire lui-même, et nous jeter entre ses bras avec

---

rent : quia tunc pietas divina per se supplet quod exteriùs minimè reperitur, si tamen corde humili et ferventi ad Deum accedunt.

Et quidem isto tempore, hei nobis miseris! quasi nullus reperitur, qui alios de perfectione vitæ instruat; cùm potiùs, si homo velit tendere ad Deum, inveniat retrahentes multos, et quasi neminem adjuvantem. Quamobrèm expedit, ut tunc homo ad Deum toto corde recurrat, et ab eo instrui cum omni orationum instantiâ et cordis humilitate

un abandon entier à sa divine Providence. Touché de notre confiance, il nous recevra avec bonté comme de pauvres orphelins; car il ne veut la mort de personne, mais que tous arrivent à la connaissance de la vérité.

Je m'adresse donc à vous, qui désirez de tout votre cœur trouver Dieu, et tendez de toutes vos forces à la perfection, afin de pouvoir être utile aux autres. Je m'adresse à vous qui approchez de Dieu d'un cœur simple et sans aucune duplicité, qui cherchez à pénétrer jusqu'au fond des vertus, et qui désirez

---

deposcat, et se in Deum projiciat, se illi totaliter committendo, ut ipsum benignus tanquàm orphanum sine patre recipiat, qui neminem vult perire, sed vult ad cognitionem veritatis quoscumque venire.
Igitur ad te dirigo sermonem meum, qui magno cordis affectu Deum desideras invenire, qui ad perfectionem anhelas, ut animabus aliorum utilis esse valeas. Ad te ergò nunc dirigo sermonem meum, qui corde simplici et non duplici accedis ad Deum, qui quæris virtutum intima

arriver par la voie de l'humilité à la gloire de la majesté.

COMMENTAIRES.

Celui qui aurait un directeur, etc., arriverait plus facilement, et plus vite à la perfection.

Nostre Sauveur Jesus-Christ sans doute est nostre vray et souverain Maistre, infiniment sage, et suffisant pour nous enseigner et instruire de tout ce qui est necessaire et utile pour nostre salut et perfection. Car il est ce divin Precepteur envoyé par le Pere eternel çà bas en terre pour acheminer les mortels à leur salvation ; celuy duquel parle Isaïe, lors qu'il dit : *Et erunt oculi tui videntes Præceptorem tuum, et aures tuæ audient verbum post tergum monentis : Hæc est via, ambulate in eâ, et non declinetis neque ad dex-*

---

penetrare, qui per viam humilitatis pervenire desideras ad gloriam majestatis.

teram, neque ad sinistram[1] : « Tes yeux ver-
« ront ton Maistre, et tu ouyras les paroles
« de celuy qui t'admonestera, criant par
« derriere toy : « C'est icy le droict chemin,
« marche par iceluy et ne penche point à
« droicte ny à gauche. » — Ce qu'il a accomply
à la lettre, exerçant tres-excellemment l'office
de Maistre celeste et vray Conseiller, lors que,
selon que dit le Prophete, « il fust veu en
« terre et conversa avec les hommes » : *Post
hæc in terrâ visus est, et cum hominibus conversatus est.* Et il l'exerce encores journellement en l'interieur de nos ames d'une façon toute spirituelle et mystique.

Neantmoins, luy qui, par son infinie sagesse, dispose toutes choses souëfvement au grand profit de nos ames, a tres-sagement ordonné que les hommes gouverneroient et enseigneroient les autres hommes ; ceux qui gouvernent et enseignent, et ceux qui sont enseignés et gouvernés devant en retirer des utilités et profits merveilleux, et des signalés merites : ceux qui gouvernent ou enseignent, en exerçant la cha-

---

1. Isaïe, 30.

rité, la benignité, la patience et plusieurs autres vertus ; ceux qui sont soubs leur conduicte, practiquant l'humilité, soubmission, obeissance et mortification ; et acquerant, par ce moyen, des riches thresors de grace et de gloire; car ce souverain Legislateur leur donne son ample benediction, voyant qu'ils se captivent aux lois de la volonté d'un homme, pour accomplir plus parfaictement la loy de sa charité et divin amour.

Selon le conseil donc de nostre sainct Aucteur et le commun consentement de tous les Docteurs, celuy qui desire atteindre à la perfection ne doit point se gouverner de sa teste, ny se fier à son jugement, quelque grande capacité, experience ou doctrine qu'il puisse avoir ; mais se soubmettre humblement (car c'est icy un grand acte d'humilité) à la conduicte d'un bon pere spirituel ou superieur, qui nous serve de bonne et fidele guide au chemin salutaire que nous entreprenons. Que suivant sa volonté nous fassions toutes nos actions, ou laissions de faire ce qu'il ne trouvera pas bon ; luy obeissant en toutes choses ponctuellement, ne faisant rien qu'avec sa licence, n'entreprenant rien de nouveau qu'avec son auctorité et conseil, et reiglant nos exercices spirituels, nos mortifications et penitences au niveau de son obeyssance. Nous eviterons, par ce moyen, le danger de l'indiscretion, veu que toute nostre discretion est entre les mains de celuy qui nous gouverne ; et nos œuvres recevront tout un autre lustre, perfection et merite de ceste humble soubmission ; en tant qu'elles sont faictes par obeissance, avec humilité et renoncement de volonté propre. Car ceste volonté propre se trouvant en une bonne action, elle luy oste presque tout le merite. Mais si elle s'y trouve, non seulement sans la volonté du superieur ou directeur, mais aussi contre icelle ; lors, elle n'oste pas simplement tout le merite, mais la rend demeritoire, sale et infecte devant Dieu. *Habenda est planè in agendis*, dit sainct Bonaventure, *obedientiæ sanctæ auctoritas, sine quâ nec ipsa bona, bona sunt ; voluntas siquidem propria boni virtutem infirmat*[1]. « Il faut que l'auctorité de la saincte « obeissance accompagne toutes nos actions ;

---

1. Spec. disc., part. 3, cap. 4.

« car sans icelle, les bonnes œuvres elles-
« mesmes ne sont pas bonnes, la volonté pro-
« pre leur ostant toute leur valeur et merite. »
Sainct Bernard parle ainsi sur ce propos : *Etenim si in die jejunii mei invenitur voluntas mea, non tale jejunium elegit Sponsus, nec sapit illi jejunium meum lilium obedientiæ sed vitium propriæ voluntatis* : « Si, au jour
« de mon jeusne se retrouve ma propre vo-
« lonté, ce n'est pas là un jeusne agreable
« à l'Espoux ; et mon jeusne ne luy exhale
« pas le lis d'obeissance, mais le vice de
« propre volonté. Et je ne dis pas seule-
« ment du jeusne, mais aussi du silence, de
« l'oraison, lecture, travail des mains, bref,
« de toutes les observances des Religieux,
« esqu'elles se retrouve la volonté propre,
« et non l'obeissance du maistre ou supe-
« rieur. » Et peu après, il s'escrie : *Grande malum propria voluntas, quâ fit ut, bona tua, bona non sint* [1] : « O le grand mal que c'est la
« propre volonté, qui fait que tes biens sont
« vuides de tout bien et merite ! » « Que donc
« les disciples de Jesus-Christ renonçant en-

---

1. Serm. 71 sup. Cantic.

« tierement à eux-mesmes, dit sainct Bona-
« venture [1], en toutes leurs actions, paroles,
« exercices, et en l'usage de toutes choses,
« suivent non leur propre volonté, mais la dis-
« position et ordonnance de leurs superieurs. »

La volonté propre, dit sainct Bernard, s'appelle ainsi, d'autant qu'elle n'a rien de commun avec Dieu, ny avec les hommes; elle ne vise point à plaire à Dieu, ny à l'utilité du prochain, mais seulement à satisfaire à soy-mesme, et veoir la fin de ce que luy dit son caprice. Lors donc que nous faisons en quelque chose nostre volonté, nous ne pouvons pas dire que nous agissons pour l'amour de Dieu ny du prochain, mais pour l'amour de nous-mesmes. *Huic contraria est*, dit-il, *rectâ fronte charitas, quæ Deus est.*
« Ceste maudite volonté propre est directe-
« ment contraire à la charité, qui est Dieu;
« car elle faict inimitié et une cruelle guerre
« contre Dieu. Et qu'est-ce que Dieu hait ou
« punit, que la propre volonté? Qu'elle cesse,
« et l'enfer cessera. Car contre qui ce feu
« eternel exercera-t-il sa fureur, que contre

---

1. Spec. disc., part. 3, cap. 4.

« la volonté propre ? » *Quid enim odit aut punit Deus, præter proprium voluntatem ? Cesset voluntas propria, et infernus non erit. In quem enim ignis ille desæviet, nisi in propriam voluntatem ?*

« Il y a, dit le mesme Docteur, deux
« lepres en nostre cœur : la propre volonté,
« et le propre jugement. Toutes deux sont
« extresmement mauvaises, et d'autant plus
« dangereuses, qu'elles sont plus interieures. »
In corde duplex est lepra : propria voluntas, et proprium judicium ; lepra utraque nimis pessima, eòque perniciosior, quò magis interior.

Or, par la saincte subjection de laquelle nous parlons maintenant, nous sommes garantis de l'une et l'autre, veu que nous soubmettons nostre jugement et nostre volonté à la sage conduicte de nos directeurs ou superieurs. Et pour estre mieux purifiés, tant de ces lepres, que de toutes les autres qui infectent et enlaidissent nos ames, il faut que nous les leur descouvrions avec une grande sincerité et candeur ; que nous leur declarions humblement nos passions, affections et inclinations naturelles ; secondement, nos mauvaises habitudes, vices et imperfections ;

troisiesmement, les repugnances interieures que nous sentons à l'exercice des vertus, et nommément de celle que nous poursuivons et à l'acquisition de laquelle nous travaillons ; quatriesmement, les manquements journaliers que nous faisons contre icelle, et contre les autres. Il faut ainsi leur rendre compte au temps marqué, comme une fois ou deux la semaine ; leur faire sçavoir toutes les tentations, afflictions, angoisses interieures et aridités dont nous sommes travaillés ; apprendre d'eux à vaillamment combattre, et à surmonter nos ennemis, et nous surmonter nous-mesmes, qui sommes le pire ennemy que nous ayons, veu que, selon le dire de nostre Sauveur, *Inimici hominis domestici ejus*, « nos plus cruels adversaires sont ceux de « nostre maison », nos propres passions, et nostre amour-propre, qui, sous l'apparence d'une fausse affection, nous trahit et nous livre à nos ennemis mortels ; recevoir d'eux enfin le remede de nos infirmités, et des bons conseils pour nous advancer en vertu. Nous devons suivre leurs conseils de point en point, nous rendant maniables à eux comme des petits enfants, afin qu'ils nous puissent plier à tout ce qu'ils cognoistront estre de la volonté de Dieu, sans rencontrer aucune resistance de nostre part ; et que, par ce moyen, ils nous acheminent au droict sentier de la perfection, et nous menent comme par la main jusqu'au sommet d'icelle. Et, à ce propos, sainct Jean Climaque raconte que ces saincts et parfaicts religieux de son temps estoient si exacts à la declaration de leur interieur, que plusieurs d'entr'eux portoient des tablettes ou petits cahiers pendus à la ceinture, où ils marquoient leurs imperfections et les tentations qui leur passoient par l'esprit durant le jour, pour en pouvoir rendre meilleur compte à leurs superieurs. Et il nous exhorte par apres à faire de mesme. « Avant toutes « choses, dit-il, confessons nos fautes à « nostre juge (ainsi appelle-t il le superieur), « et soyons prests à les confesser devant « tous, s'il le vouloit ainsi ; car les playes « estant descouvertes et mises au jour, « n'empireront jamais, mais elles seront « gueries [1] ».

1. Sch. grad. 4.

CHAPITRE V.

DE L'OBÉISSANCE.

Après avoir posé comme fondement principal de la vie chrétienne, la pauvreté et le silence, que l'athlète de Jésus-Christ se mette en devoir de tenir en tout et partout, autant qu'il lui sera possible, invariablement la règle et le sentier de l'obéissance (A). Qu'il ne s'écarte en rien de la règle, des constitutions, des rubriques de l'ordinaire

CAPUT V.

DE OBEDIENTIA SERVANDA.

Duobus igitur jàm præmissis, scilicèt paupertate et taciturnitate, tanquàm fundamentis primariis, Christi athleta se accingat, ut obedientiæ regulam et semitam in omnibus et per omnia teneat, quantùm poterit, inconcussè : secundum regulam, constitutiones, rubricas ordinarii et aliorum li-

et des autres livres; en tout temps et en tout lieu; au dedans et au dehors; au réfectoire, au dortoir, au chœur; dans les inclinations et les prostrations; en se levant, et en se tenant debout. En un mot, qu'il connaisse parfaitement toutes les ordonnances des supérieurs, et qu'il les observe à la lettre, ayant toujours devant les yeux cette parole de Jésus-Christ : « Qui vous écoute, m'é-
« coute, et qui vous méprise, me mé-
« prise (B) ».

---

brorum, omni loco et tempore, intùs et extrà, in refectorio, dormitorio, in choro, inclinationes et prostrationes faciendo, surgendo et stando ; et omnes majorum ordinationes ad unguem teneat, et servet quantùm potest, semper cogitans verbum Christi : *Qui vos audit, me audit ; et qui vos spernit, me spernit* [1].

1. Luc. 10.

COMMENTAIRES.

(A) *Que l'athlète de Jésus-Christ se mette en devoir de tenir en tout... la règle et le sentier de l'obéissance.*

L'obeissance, selon sainct Jean Climaque [1], est le sepulcre de la propre volonté, et celle qui excite en nous l'humilité, et qui fait qu'on ne se fie jamais à son propre jugement, jusqu'au dernier soupir de la vie. Sainct Bonaventure la definit : « Un sacrifice volontaire et raison-« nable de la propre volonté. » *Obedientia*, dit-il, *est spontaneum et rationabile propriæ voluntatis sacrificium* [2]. C'est pourquoy aussi en la saincte Escriture ce sacrifice est preferé à tout autre: *Melior est obedientia quàm victimæ, et auscultare magis quàm offerre adipem arietum.* « L'obeissance est meilleure que les sacrifices ; « et obeir est beaucoup plus agreable à Dieu, « que de luy offrir à force holocaustes. »

Sainct Gregoire exposant ces paroles,

---

1. Ech. grad. 4. — 2. Consil., part. 3, sect. 44.

dit elegamment : *Obedientia quippe victimis jure præponitur, quia per victimas aliena caro, per obedientiam vero voluntas propria mactatur : tanto igitur quisque Deum citius placat, quanto ante ejus conspectum, repressâ arbitrii sui superbiâ, gladio præcepti se immolat* [1] : « A bon droict, l'obeissance est « preferée aux victimes ; veu que par les « victimes on sacrifie la chair des animaux, « mais par l'obeissance on sacrifie à Dieu sa « propre volonté. D'autant plus tost donc on « apaisera Dieu, que, reprimant l'orgueil de « son propre arbitre, on s'immolera humble- « ment devant sa divine Majesté par le glaive « du commandement. » *Obedientia sola virtus est quæ virtutes cæteras menti inserit, insertasque custodit*, dit le mesme Sainct. « L'obeis- « sance est la seule vertu qui ente en nostre « esprit toutes les autres vertus, et les con- « serve apres les y avoir entées. »

« C'est chose certaine, dit sainct Diadoche [2], « que l'obeissance tient le premier rang entre « les vertus qui nous acheminent à la perfec-

---

1. Moral., lib. 35, cap. 10. — 2. De perf., cap. 41.

« tion : car elle chasse l'arrogance, et engen-
« dre l'humilité ; par ce moyen, l'entrée est
« faicte et la porte est ouverte à la charité
« de Dieu, en ceux qui embrassent ceste
« vertu de bon cœur. » « Car autrement
« il ne donnera point jouissance de soy
« au desobeissant, dit sainct Bernard,
« celuy qui a tant aimé l'obeissance, qu'il
« a preferé mourir que de n'obeir. *Non
dabit inobedienti copiam suî tantus obedientiæ
amator, ut mori, quàm non obedire maluerit* [1].
Et il dit au mesme endroict : *A mandatis tuis
intellexi, inquit Propheta : ut scias nisi obedientiæ mandatorum contemplationis gustum
penitus non deberi.* « Je suis esté esclairé inte-
« rieurement apres avoir faict vos comman-
« dements, dit le Prophete, afin que tu sça-
« ches que le goust de la contemplation n'est
« deu qu'aux obeissants. »

« D'autant, dit sainct Bonaventure [2], qu'il
« n'y a rien de plus asseuré au chemin de salut,
« que de renoncer à soy-mesme par une hum-
« ble obeissance ; partant la verité dit à ceux

---

1. Sup. Cantic., Serm. 46. — 2. Reg. novit., cap. 13.

« qui la veulent suivre : « Qui veut venir apres
« moy, qu'il renonce à soy-mesme », par la
« subjection de l'obeissance ; « qu'il porte sa
« croix », par la maceration de sa chair ; « et
« qu'il me suive », en perseverant jusqu'à la
« fin. » Et à juste raison il les invite à la subjection de l'obeissance : d'autant que par icelle on remporte une merveilleuse victoire de tous les ennemis. Temoin le Sage, qui dit : *Vir obediens loquetur victorias*[1] : « L'homme obeis-
« sant chantera des victoires ». « Car nous
« soubmettant humblement à la volonté d'au-
« truy, nous nous surmontons nous-mesmes
« en nostre cœur », dit sainct Bernard. *Quia dùm alienæ voci humiliter subdimus, nosmetipsos in corde superamus*[2]. Et qui plus est, Dieu mesme est vaincu par l'obeissance. Car, comme dit sainct Gregoire, « si nous obeis-
« sons à nos prelats et superieurs, Dieu obeira
« à nos prieres ». Et sainct Augustin asseure que « Dieu exauce plustost une seule priere
« de l'obeissant, que dix mille oraisons de
« celuy qui ne faict cas de l'obeissance. »

1. Prov. 21. — 2. De ord. vitæ.

Citius exauditur una oratio obedientis, quàm decem millia contemptoris [1].

Sainct Bonaventure qualifie ceste excellente vertu de ces beaux titres : *Obedientia est schola Salvatoris, nobile genus martyrii, palma triumphalis, et scala Paradisi* [2]. « L'obeissance « est, dit-il, l'eschole du Sauveur » ; parce qu'il l'a enseignée par son exemple, venant en ce monde, vivant en ce monde et sortant de ce monde. « Elle est une noble sorte de martyre, et la palme triomphale » ; parce qu'elle decapite l'homme, et luy tranche la teste de la propre volonté, le faisant par ce moyen triompher de ses ennemis et parvenir à la glorieuse palme de la recompense eternelle. « Elle est la clef et l'eschelle du Paradis » ; car comme la desobeissance du premier homme le ferme, ainsi l'obeissance en ouvre les portes.

Sainct Jean Climaque dit encore que l'obeissance est une navigation asseurée, veu qu'on navigue au milieu des orages de la mer tempestueuse de ce monde, porté entre les bras d'autruy; et un chemin faict en dormant.

1. De oper. monach., c. 17. — 2. De sal. lit. 4, cap. 2.

Ce qu'explique fort bien sainct Bonaventure, par ceste comparaison : « L'obeissance, dit-il, « est comme un navire qui nous mene de la « terre au ciel. Car tout ainsi que celuy qui « navigue, ne se meut que par le mouvement « du navire, et partant, qu'il repose ou « dorme, il chemine tousjours; de mesme est « celuy qui pour une bonne fois s'est embar- « qué en la sacrée nacelle de l'obeissance, « s'abandonnant à la volonté et gouvernement « de son superieur, et renonçant entierement « à tout mouvement de sa volonté propre : « il s'advance tousjours. Qu'il veille ou qu'il « dorme, qu'il jeusne ou qu'il mange, qu'il « marche ou qu'il se repose, qu'il prie ou se « recrée, il profite, il marche à grands pas à « la perfection, il navigue en toute asseu- « rance, et s'achemine incessamment d'une « merveilleuse vitesse au port asseuré de la « terre des vivants, nostre vraie patrie, où « est la perpetuité du veritable repos. »

Il dit aussi que le vray obeissant est comme un homme qui va à cheval, lequel marche tousjours sans se remuer ; il se repose, et le cheval qui le porte marche pour luy. Ainsi le vray obeissant merite en se reposant; quoy qu'il fasse, il monte en degrés de grace, qui luy seront autant de degrés de gloire là haut au ciel ; et ce, d'autant qu'il ne s'appuye pas sur sa volonté, mais sur celle de son superieur, laquelle faisant, il est toujours asseuré de faire la volonté de Dieu.

Ce n'est pas donc de merveilles, si le glorieux sainct Vincent qui cognoissoit bien la valeur et le prix de l'obeissance, nous l'inculque tant en ce chapitre et au precedent ; et s'il desire que nous l'observions si parfaictement et constamment, et avec toutes les qualités requises. Or ces qualités, sainct Bernard les reduit à sept principales [1].

La premiere, selon luy, c'est d'obeir volontiers et de bon cœur ; suivant ce que dit le Psalmiste : *Voluntariè sacrificabo tibi* [2] : « Je « vous sacrifieray volontairement » ; non par force, non à regret ny par contraincte, mais d'une pleine, franche et cordiale volonté.

Ceste bonne volonté doit accompagner toutes nos œuvres, comme la couronne d'icelles,

---

1. De obed. grad. — 2. Ps. 53.

et celle qui leur donne le prix et le merite; suivant ce que dit le Prophete : *Domine, ut scuto bonæ voluntatis tuæ coronasti nos*[1]: « Seigneur, vous nous avez couronnés du bouclier de vostre bonne volonté ». Il l'appelle un bouclier, d'autant que ce sont les meilleures armes que nous puissions avoir pour nous defendre de nos ennemis et avoir victoire d'eux, que la bonne volonté. Aussi, à la naissance du Roy pacifique, les Anges n'annoncerent-ils la paix qu'aux hommes « de bonne volonté, » qui n'est autre chose qu'une volonté conforme à celle de Dieu, et bien resignée entre les mains des superieurs. C'est pourquoy le Psalmiste dit, « du bouclier de vostre bonne volonté », parce que ceste bonne volonté, diametralement opposée à la volonté propre, est si uniforme avec la volonté de Dieu, qu'il semble qu'elles ne soient qu'une mesme chose. Aussi, comme la propre volonté apporte la mort, ceste-cy au contraire donne la vie : *Vita in voluntate ejus*[2]: « La vie est en sa volonté ». Il n'y a autre vie, que de vouloir ce que Dieu veut.

1. Ps. 5. — 2. Ps. 29.

Afin donc que nostre obeissance soit au Seigneur un sacrifice en odeur de suavité, il faut qu'elle soit faicte avec bonne volonté, avec une pure intention de plaire à Dieu et d'accomplir sa volonté. Car, comme dit sainct Chrysostome, *Voluntates bonæ sic suaves sunt apud Deum, quemadmodum apud homines odoriferi flores* [1] : « Les bonnes volontés et les « œuvres accompagnées d'icelles, sont ainsi « parfumées devant Dieu, comme sont aux « hommes les fleurs les plus exquises et les « plus odoriferantes ». Au contraire, ce qui est fait avec mauvaise intention ou par contrainte, n'est aucunement meritoire. Car, *Nemo invitus benè facit*, dit sainct Augustin, *etsi bonum est quod facit* : « Personne ne fait « aucun bien contre sa volonté, quoyque ce « qu'il fait soit bon et louable. » De la bonne volonté, dit sainct Bernard, tout bien prend commencement et valeur. Quoy qu'on fasse, rien ne peut estre bon, s'il ne procede de la bonne volonté. Sans la bonne volonté, aucun ne se peut sauver ; avec icelle, aucun ne peut perir.

1. Sup. Matth., hom. 39.

Obeir volontiers donc, c'est conformer entierement nostre volonté à celle de nos superieurs, et obeir à Dieu en eux, et à eux pour Dieu, d'un cœur filial et avec un amour cordial : mettant tout nostre vouloir et non vouloir entre leurs mains, embrassant de bon cœur et à bras ouverts tous leurs commandements et ordonnances : en sorte que leur volonté soit la nostre, et que nous n'en ayons point d'autres.

La seconde qualité de l'obeissance, c'est d'obeir simplement, c'est-à-dire avec soubmission de jugement. Car, comme cy-dessus il a esté dit, le propre jugement est une lepre bien dangereuse, aussi bien que la propre volonté ; et comme nous remedions à ceste-cy en obeissant volontiers, nous sommes aussi purifiés de celle-là en obeissant simplement, foulant aux pieds nostre advis et conseil propre, pour n'en avoir point d'autre que celuy de nos superieurs. *Qui ambulat simpliciter*, dit le Sage, *ambulat confidenter*[1]. « Celuy qui « marche simplement, marche en asseu-

---

1. Prov. 10.

« rance. » Il est aussi escrit au livre de la Sagesse : *In simplicitate cordis quærite illum*[1] : « Cherchez le Seigneur en simplicité de « cœur ». Si nous cherchons nostre Sauveur en son eschole, qui est l'obeissance, cherchons-le simplement, obeissons à l'aveugle. Autrement, en vain le chercherons-nous ; car sa communication et douce conversation n'est qu'avec les simples : *Et cum simplicibus sermocinatio ejus*[2].

Celuy-là obeit simplement, qui ne sçait point trouver à redire en ce qu'on luy commande ; qui, recevant tous commandements qui luy sont faicts, comme venants de Dieu, croit que tout luy est commandé avec bonne raison, discretion et meure consideration. Il ne sçait juger autrement de son superieur. Et si son propre jugement veut quelquefois donner son advis, il l'abat aussitost par des actes de profonde humiliation, tranchant ce petit rejetton d'orgueil avec le couteau de la mortification, se chapitrant soy-mesme, et condemnant sa temerité.

---

1. Sap. 1. — 2. Prov. 3.

Mais il y en a plusieurs, dit sainct Bernard, qui, après qu'on leur a commandé quelque chose, font toutes sortes de questions : *Cur, quare, quamobrem? quis hoc adinvenit consilium? Crebras ingeminant querelas :* « Pourquoy, disent-ils, pour quelle cause, « à quel propos nous commande-t-on ou nous « defend-on cecy ou cela ? Ils redoublent « leurs plaintes : Qui a trouvé ce conseil, ou « qui l'a suggeré au superieur ? » Voilà les murmures, dit ce Sainct, qui se levent incontinent, et les paroles qui ne ressentent qu'amertume et indignation ; de là procedent toutes ces excuses, dissimulations et pretextes pour esquiver le commandement, ou ces substilités pour le faire revoquer. Mais quoy ! *Nolite errare, Deus non irridetur* [1]. « Ne vous trom« pez pas, Dieu ne peut point estre deceu ». *Murmuras*, dit-il, *contra Prælatum in tabernaculo cordis tui, elevat manum suam ad te prosternendum dextera Dei.* « Tu murmures « contre ton Prelat dans ton cœur, ou qui pis « est, par ta langue ; et Dieu eslevera son bras « tout-puissant, pour t'abattre et te punir. »

---

1. Gal. 6.

La troisiesme condition, c'est d'obeir joyeusement : *Hilarem enim datorem diligit Deus* [1]. « Car Dieu aime ceux qui luy donnent joyeusement »; et « qui le servent avec allegresse », *Servite Domino in lætitiâ* [2], comme adjouste David. *Si vis perfectus esse*, dit sainct Bernard, *hilariter et cum magnâ vultûs alacritate suscipe jubentis imperium : ut voluntati cordis, simplicitati operis vultûs hilaritatem adjungas.* « Si tu veux estre parfaict en « l'obeissance, reçois joyeusement et avec « un visage ouvert le commandement qui « t'est faict : joignant à la volonté du cœur, « et à la simplicité de ton œuvre, l'allegresse « du visage » ; ayant la joie au cœur et à la face, afin que le superieur te commande tousjours avec plus de facilité et liberté.

Donc le vray obeissant sera tousjours content en son cœur et joyeux en son exterieur, quoy qu'on luy commande, quelque penible et malaisé qu'il soit. Il s'estimera trop heureux d'avoir ceste occasion d'obeir et rompre sa volonté pour l'amour de Dieu. Et il don-

---

1. II Corinth. 9. — 2. Ps. 99.

nera, par ce moyen, contentement à Dieu, satisfaction à ses superieurs, bonne edification à ses freres ou sœurs de religion, et les conviera par son exemple à en faire de mesme.

La quatriesme, c'est d'obeir promptement et sans aucun delai, courant, c'est-à-dire se portant avec une meure vitesse, à ce qui luy est enjoint; suivant ce que dit le Prophete Royal : *Viam mandatorum tuorum cucurri* [1] : « J'ai « couru en la voie de vos commandements ». *Fidelis obediens*, dit sainct Bernard, *nescit moras, fugit crastinum, ignorat tarditatem, præripit præcipientem, parat oculos visui, aures auditui, linguam voci, manus operi, itineri pedes, totum se colligit ut imperantis colligat voluntatem*. « Le fidele obeissant ne « connaist point les delais, il fuit les remises « au lendemain, il ignore ce que c'est que de « retarder, car il est tousjours prompt et dis-« pos; il previent son superieur, se presen-« tant à luy lors qu'il cognoit sa volonté; il « appreste ses yeux à veoir, ses oreilles à ouyr, « sa langue à parler, ses mains à travailler et

---

1. Ps. 118.

« ses pieds à marcher ; il se recueille tout
« dans soy-mesme et se rend merveilleuse-
« ment attentif, pour mieux ouyr et recueillir
« le commandement de son superieur, pour
« le bien comprendre et retenir, sans en
« laisser eschapper une parole ; il n'attend
« que la derniere syllabe pour l'aller promp-
« tement mettre en execution ». *In auditu
auris obedivit mihi* [1], dit Dieu par son Prophete, « il obeit aussitost qu'il a ouy » ; le
son de la voix du superieur n'a pas plutost
retenti à ses oreilles, qu'il met la main à
l'œuvre. Cela est aussi-tost fait que dit.
Et ceste devote promptitude redouble le merite de l'obeissance, lequel est grandement
amoindry, lors qu'il faut repeter plusieurs fois
le commandement, avant qu'on ne l'accomplisse. Car, *non est obediens, sed negligens,
qui secundum expectat mandatum* [2] : « Celuy-là
« n'est pas obeissant, mais negligent, qui
« attend qu'on luy commande une chose deux
« fois », dit sainct Bonaventure.

La cinquiesme condition, c'est d'obeir

---

1. Ps. 17. — 2. In collat. 8.

courageusement, ne cedant à aucune difficulté, tentation ny repugnance, s'il en arrive au chemin de la saincte obeissance. *Viriliter agite et confortetur cor vestrum, omnes qui speratis in Domino*[1], dit le Psalmiste. « Com-« portez-vous vaillamment, et que vostre « cœur soit fortifié, o vous tous qui esperez « au Seigneur. » Comme s'il disoit : Il n'est pas douteux qu'il se presente à vous plusieurs difficultés, veu que le chemin de la vertu est entouré d'espines, et que Satan met tous ses efforts pour empescher vos pieux desseins, et comme il a fort à cœur ceste vertu si glorieuse et si meritoire, il enrage, voyant que vous mettez toute vostre gloire à la practiquer avec toutes les conditions requises, et il invente mille artifices et stratagemes pour vous descourager. Mais bon courage ! vous esperez au Seigneur : il ne manquera pas de vous prester sa divine assistance : il vous donnera le moyen et la force de poursuivre le chemin commencé, et de vaincre vos ennemis. *Si tribulatio intonat*, dit sainct Bernard, *si perse-*

---

1. Ps. 30.

cutio insultat, si peccatores tibi laqueum ponunt, si maligni iter tuum impediunt, tu obedientiæ viam non deseras. « Si la tribulation tonne, « si la persecution se leve, si les pecheurs « te tendent des pieges, si les mechants s'ef- « forcent d'empescher ton chemin : pour toy, « ne laisse pas pour cela la voie d'obeis- « sance ». Car ce meschant ne se soucie pas fort qu'on commence d'obeir parfaictement, pourveu qu'on ne persevere pas longuement. Et que servent toutes les autres qualités, dit ce Sainct, si la force manque, qui establit les autres vertus en la forteresse de la constance, et les munit si bien, que la furie de ce persecuteur n'y peut aspirer ?

C'est Dieu qui nous donnera ceste force, si nous la luy demandons humblement et instamment ; ou plutost luy-mesme sera nostre forteresse inexpugnable, nostre garde et nostre rempart. *Diligam te, Domine, fortitudo mea*, dit le Prophete, *Dominus firmamentum meum, et refugium meum, et liberator meus*[1]. « Je vous aimeray, o Seigneur, ma force et

---

1. Ps. 17.

« ma forteresse, mon refuge et mon libera-
« teur. » *Deus Dominus fortitudo mea*, dit
Habacuc, *et ponet pedes meos quasi cervorum,
et super excelsa mea deducet me victor in psalmis
canentem* [1]. « Le Seigneur Dieu est ma force :
« il rendra mes pieds legers comme ceux des
« cerfs », pour fuir et eschapper les embusches de mes ennemis ; « il combattra et vain-
« cra pour moy, et il me conduira en des
« lieux si eslevés », m'amenera à une telle
perfection et m'eslevera tellement au-dessus de moy-mesme par la contemplation,
que mes ennemis ne me pourront plus
atteindre ; *in psalmis canentem* : lors, voyant
les misericordes et merveilles de sa bonté,
tout tressaillant d'une joie non pareille, « je
« luy chanteray sans cesse des hymnes », et
des cantiques de jubilation, remerciement et
louange.

La sixiesme qualité, c'est d'obeir humblement, ne cherchant point à retirer nostre
gloire de l'obeissance, mais seulement la gloire
de Dieu. Car si la vaine gloire s'y mesle, elle

---

1. Habac. 3.

gastera tout, nous desrobera nostre merite, et finira, si nous ne la chassons, par nous despouiller des autres conditions de l'obeissance, voire de toute vertu. « La vaine gloire, dit « sainct Chrysostome [1], est chose fort dan« gereuse, et source de beaucoup de maux ; « c'est une beste farouche, indomptable, et « de plusieurs testes armée contre ceux « qui la nourrissent. Car, comme le ver « consume le bois dont il naist, et la rouille « le fer dont elle provient, et la teigne la « laine : ainsi la vaine gloire pert l'âme qui « la nourrit. » Chassons-la donc bien loing de nous par le moyen de la vraie humilité et disons avec David : *Fortitudinem meam ad te custodiam* [2] : « Je garderay pour vous ma « force, o Seigneur » ; je ne m'en attribueray pas la gloire, mais à vous seul. Car il y en a plusieurs, dit sainct Bernard, qui ne gardent pas leur force pour Dieu, mais pour la vaine gloire ; qui se fient en leur vertu, qui se glorifient des vertus que Dieu leur a departies, comme s'ils ne les avoient pas receues, faisant

---

[1]. Hom. 23 in Joann. — [2]. Ps. 58.

en cela injure à leur Createur. Mais ceux-là, dit-il, gardent leur force pour Nostre-Seigneur, lesquels, apres avoir fait ce qu'ils ont pu, disent : *Servi inutiles sumus, quod debuimus facere, fecimus* [1] : « Nous sommes servi« teurs inutiles, nous n'avons fait que ce que « nous devions ». Si nous voulons donc que nostre obeissance soit de tous points accomplie, il la faut accompagner de la saincte defiance de nous-mesmes, et d'une profonde humilité.

La septiesme condition, c'est d'obeir en perseverant jusqu'à la fin. Car, non celuy qui aura commencé, mais celuy qui perseverera jusqu'à la fin, sera sauvé. Il y en a beaucoup qui commencent, bien peu qui perseverent. *Sic currite ut comprehendatis* [2], dit l'Apostre. « Courez en façon que vous gaigniez le prix « de la gloire. »

Nous commençons par le moyen du renoncement de nostre propre volonté et jugement. Poursuivons donc vaillamment avec la force et constance, et achevons heureusement avec

---

1. Luc. 17. — 2. I Corinth. 9.

la perseverance, si nous desirons atteindre à la couronne immortelle. *Esto fidelis usque ad mortem, et dabo tibi coronam vitæ* [1], dit le Fils de Dieu en l'Apocalypse. « Tiens bon, sois « fidele jusqu'au dernier soupir, et je te don- « neray la couronne de vie. » *Nemo coronabitur, nisi qui legitime certaverit* [2], dit le Vase d'election. « Aucun ne sera couronné, que « celuy qui aura legitimement combattu », qui se sera monstré vaillant à la bataille, et aura perseveré jusqu'à la fin d'icelle. Nostre bataille dure autant que nostre vie. Car, *militia est vita hominis* [3], « la vie de l'homme est « un combat perpetuel ». Il ne faut pas donc que nous nous tenions asseurés de la victoire jusqu'à la fin de nostre course, puisqu'on n'a pas la victoire qu'à la fin du combat. Si nous perseverons jusques à ce point-là, nous pourrons lors dire avec sainct Paul : *Bonum certamen certavi, cursum consummavi, fidem servavi* [4] : « J'ai fait, par la grace de Dieu, un « heureux combat, j'ay parachevé ma course, « j'ay gardé la fidelité à mon Dieu ; il ne me

---

1. Apocal. 2.— 2. II Tim. 2.— 3. Job. 7.— 4. II Tim. 4.

« reste plus que la couronne de gloire, que
« Dieu me donnera par sa misericorde, la-
« quelle je m'en vay recevoir ».

On adjouste une huictiesme condition à
l'obeissance : c'est qu'elle soit ponctuelle,
entiere et parfaicte ; c'est-à-dire, que nous
ne nous contentions pas de faire ce qui nous
est commandé, mais le fassions pleinement
et de point en point, en la façon qu'entend
celuy qui nous l'a enjoint, n'en obmettant
pas voire la moindre parcelle. *O monachum
obedientissimum*, dit sainct Bernard, *qui ex
quibuslibet Seniorum verbulis, ne unum quidem
iota prætervolat; non attendit quale sit quod
præcipitur, contentus quia præcipitur*[1]. « Oh!
« que ce religieux-là est parfaictement obeis-
« sant, qui ne laisse un seul iota des moin-
« dres commandements de ses superieurs,
« qu'il ne l'accomplisse entierement ; ne
« regardant pas ce qu'on luy commande, ny
« pourquoy on luy commande, content de
« sçavoir qu'on le luy a commandé. »

Il y a encores une neuviesme condition
requise, afin qu'il ne manque rien à la beauté,

1. Epist. 7 ad Adam. Mo.

ornement et perfection de ceste si excellente vertu. C'est d'obeir universellement et indifferemment en toutes sortes de choses, qu'elles soient agreables ou fascheuses, faciles ou difficiles, basses ou relevées, estants indifferents à tout ce qu'il plaira à nos superieurs nous enjoindre, recevant autant de bon cœur un commandement comme l'autre ; voire obeissant plus volontiers en les choses qui sont plus dures, et plus contraires à nostre volonté ; car il n'est pas si dangereux qu'il s'y mesle de l'amour ou volonté propre, comme en celles qui sont selon nostre goust ; et partant l'obeissance en est plus pure, saincte et agreable à Dieu. C'est ce qui fait dire à sainct Bernard[1] que l'obeïssance doit avoir quelque chose du sien en les choses adverses, basses, viles et fascheuses, les desirant et les recevant à bras ouverts ; et derechef, qu'elle ne doit rien avoir du sien en les choses prosperes et qui ont quelque apparence d'honneur, car elle ne les doit pas desirer ny rechercher, mais les fuir tant que possible. Et de ceste sorte, en les cho-

1. De ord. vitæ.

ses adverses elle sera d'autant plus glorieuse, que plus purement elle joint son desir au divin bon plaisir et se conforme à sa divine disposition ; et dans les choses prosperes elle sera d'autant plus vraie et sincere, qu'elle a son cœur du tout degagé de ceste presente gloire qu'elle reçoist contre son gré.

Il ne sera peut-estre pas mal à propos de clore ce petit discours sur l'obeissance, avec quelques exemples d'une rare et parfaicte obeissance, qui nous exciteront vivement à pratiquer ceste vertu avec la plus grande perfection qu'il nous sera possible.

Sainct Jean Climaque raconte qu'un homme des plus nobles et plus apparents d'Alexandrie, nommé Isidore, touché un jour d'en haut, s'alla rendre en un couvent de grande austerité et saincteté. L'abbé Jean, qui estoit le Superieur, homme remply d'une sagesse et prudence divine, cognut, à le veoir, que c'estoit un homme hautain, aspre et intraictable. Pour sonder donc la solidité de sa resolution, il luy dit d'un maintien severe : « Si tu as resolu fermement de porter le joug de Jesus-Christ, je veux, avant toutes choses, l'exercer au travail et humilité de l'obeissance ». Isidore luy respondit : « O mon Pere, comme le fer est entre les mains du forgeron, qui le bat sur l'enclume et en faict à son plaisir, ainsi je me remets entre les vostres et me soubmets à vostre volonté, faictes de moy ce qu'il vous plaira ». L'abbé luy repartit : « Je veux, mon frere, que vous fassiez vostre demeure à la porte du monastere, sans en bouger, et que, vous jetant aux pieds de tous les entrants et sortants, vous leur disiez : « Priez pour moy, mon pere, car je suis un grand pecheur ». Isidore obeit à l'abbé, comme un ange à Dieu, avec toute joie et soubmission, et demeura là sept ans entiers. Et lors le Pere voulut, apres une si incomparable souffrance, et une telle espreuve de parfaicte obeissance, le faire entrer dans le monastere en la compagnie des autres freres; mais Isidore le supplia instamment de luy laisser là parachever sa course, donnant à entendre qu'il ne luy en restoit plus gueres. Et, de fait, à dix jours de là il fit une saincte et tres-heureuse fin, ayant atteint le comble d'humilité, componction et perfection : et de ceste bassesse si profonde en laquelle il s'estoit rangé par obeissance, il s'envola glorieux au ciel, posseder la couronne immarcessible de l'eternelle jouissance.

Le mesme aucteur raconte qu'en un monastere d'Asie, il y avoit un moine vieux fort negligeant, peu retenu, et d'une humeur rude et colerique. Il avoit pour disciple un jeune religieux nommé Acace, qui estoit fort simple, obeissant, prudent et debonnaire. Il enduroit tant de maux de ce sien maistre, qu'on ne les pourroit pas raconter, et qu'ils sembleroient incroyables. Car, non-seulement il luy disoit et faisoit innombrables injures et ignominies, mais aussi le battoit tous les jours fort rudement. Tantost on voyoit ce pauvre Acace qui avoit un œil enflé et gasté, tantost sa face desfigurée, d'autres fois sa teste toute fracassée, et d'autres le reste du corps blessé. La patience de ce bon disciple estoit merveilleuse à endurer tout cela, plutost que de se plaindre ou quitter une si fascheuse obeissance : voulant soustenir ce rude combat en obeissant et perseverant jusqu'à la mort. Ainsi le fit-il. Car ayant demeuré neuf ans soubs la charge d'un si cruel maistre, nostre Seigneur mit fin à ses travaux, le tirant de la prison de ce corps et luy donnant l'eternelle possession du royaume celeste. Estant donc sainctement decedé, il fut ensevely au cimetiere des Peres. A cinq jours de là, ledit maistre alla trouver un ancien et sainct Pere, de là auprès, et luy dit qu'Acace estoit mort. Ce bon Pere, poussé d'une particuliere inspiration, luy respondit : « Certes, vous ne « me ferez pas croire cela ». Le vieillard luy repartit : « Venez, et vous le verrez, puisque « vous ne me croyez pas ». Ils s'en allerent donc tous deux au cimetiere ; et ce bon Pere cria lors à voix haute, parlant à Acace mort qui vivoit en parfait repos, comme s'il eust esté en ceste vie mortelle, luy disant : « Frere « Acace, eh quoy ! est-il bien vray que vous « soyez mort ? » Ce vray obeissant monstrant son obeissance mesme apres sa mort, respondit du sepulcre : « Eh ! comment se pourroit-« il faire, mon Pere, qu'un vray obeissant « mourust jamais ! »

Oh ! que bien employée est l'obeissance, qui a merité une telle recompense ! O paroles d'or, bien dignes d'une ame qui desjà jouissoit de la divinité, et beuvoit à grands traits des fontaines du Sauveur et du torrent d'inenarrable volupté et inestimables delices qui sont au palais du souverain Monarque ; et là voyoit clairement le grand estat que Dieu fait des vrais obeissants, puisqu'il en ressentoit la glorieuse et si copieuse recompense ! Paroles tres-dignes d'estre gravées au milieu de nos cœurs, pour n'estre jamais oubliées de nous !

Le mesme Jean Climaque raconte qu'au susdict monastere, duquel l'abbé Jean estoit Superieur, qui estoit homme de grande saincteté et d'insigne discretion et sagesse ; comme ils estoient une fois à table, il fit appeler un religieux, nommé Laurent, qui estoit un venerable vieillard ayant desjà demeuré 48 ans au monastere. Lequel estant venu, et, après avoir reçeu à genoux la benediction de l'abbé selon la coustume, s'estant relevé, ledit pere Jean ne luy dit du tout rien, mais il le laissa demeurer debout devant la table. Aussi ce bon obeissant y demeura-t-il sans sonner mot ny se plaindre ou remuer, et sans demander au Pere qu'est-ce qu'il luy vouloit, environ deux heures, l'abbé voulant ainsi espreuver son obeissance. Estant par apres interrogé sur ce qu'il pensoit lors qu'on l'avoit faict demeurer là si long temps, il respondit qu'il se representoit Jesus-Christ en la personne du Superieur, et qu'il ne s'imaginoit pas d'estre devant la table des hommes, mais devant le sainct autel, et demeuroit là en prieres, n'admettant point aucune mauvaise pensée ny petit murmure contre son Superieur, à cause de la sincere foy et charité qu'il avoit pour luy. Car il est escrit : *Charitas non cogitat malum*, « La charité ne pense jamais en mal ». Ce qui nous apprend la sincere affection que nous devons avoir envers nos superieurs, interpretant en bonne part tout ce qu'ils font.

Nous lisons aussi en la vie de sainct Jacques l'Alleman, de nostre Ordre, qu'il s'occupoit à peindre des images fort artistement sur du verre, lesquelles il faisoit ensuite cuire dans le four, afin que la peinture tinst, et pour luy donner plus de lustre. Et une fois, comme il en avoit mis deux grandes et belles dans le four, le Superieur voulant faire l'espreuve de son obeissance, luy dit qu'il s'en allast quester.

Luy, sans rien repliquer, ny demander le loisir d'oster ces images du four, prit incontinent la besace, et s'en alla faire la queste, laissant ces belles images à la mercy du feu, et demeurant plusieurs heures par la ville. Mais Dieu, à qui la vertu d'obeissance est si chere, voulut faire paroistre combien cest acte luy avoit esté agreable. Car lorsque ce bienheureux Frere retourna de la queste, il trouva ses images non-seulement sans aucune lesion, mais encores ornées d'une beauté et lustre tout extraordinaire : si bien que jamais de son travail n'estoient reussies de si belles pieces, comme elles reussirent ceste fois-là de son obeissance. Ainsi Dieu honore ceux qui l'honorent, et fait des miracles pour caresser ceux qui, pour lui obeir, foulent aux pieds leur propre volonté.

(B) *Qu'il ne s'écarte en rien de la Règle et des Constitutions, etc.*

Icy nostre sainct Aucteur nous recommande l'estroicte observance de nos sainctes reigles, desirant que nous les observions en toute perfection, comme un tres-efficace moyen institué par les saincts Peres inspirés et guidés du Sainct-Esprit, pour atteindre à la perfection. Par ainsi, selon leur nom, elles doivent estre la reigle de toute nostre vie; et nostre vie ne doit estre qu'une perpetuelle observation d'icelles, dans les choses grandes et dans les petites, jusqu'aux moindres ceremonies. Car « qui mesprise ces petites « choses », qui neanmoins sont de grand merite, « decherra peu à peu » et viendra à tomber en des lourdes fautes : *Qui minora contemnit*, dit le Sage, *paulatim decidet. Nisi fortè*, dit sainct Bernard, *quos videmus manifestè apostatare a Deo, repentè fieri pessimos arbitremur, et non magis paulatim defecisse, cùm comederint alieni robur eorum.* « Nous « croirions donc, dit-il, que ceux que nous « voyons apostasier ouvertement, sont deve« nus si meschants tout-à-coup? Mais, au « contraire, ils sont descheus tout bellement, « leurs ennemis ayant peu à peu mangé leur « force. » Ils leur ont fait premierement quitter les ceremonies, puis les constitutions moins importantes, par apres les reigles plus importantes, et enfin ils leur ont fait jeter le froc aux orties. C'est pourquoy qui desire perseverer en la religion, et qui aspire à la perfection, doit faire grand cas, non-seulement des reigles principales, mais aussi des plus petites, les observant toutes de point en point.

Ainsi faisoit nostre glorieux sainct Vincent. Il est remarqué fort expressement en sa vie, qu'estant si occupé à l'office apostolique de la predication, ne faisant qu'aller d'un pays à l'autre pour convertir les ames pecheresses ou infideles (comme de fait il a converty et gaigné à Dieu plus de cent mille chrestiens de mauvaise vie, vingt et cinq mille Juifs et huit mille Maures); neantmoins, malgré tant de voyages, durant longues années, il n'obmit un seul point de sa reigle. Il gardoit au pied de la lettre la reigle et les constitutions de l'Ordre et, comme il est porté en l'enqueste de sa canonisation, on ne sçauroit trouver un novice en tout l'Ordre, plus soigneux que luy d'observer toutes les ceremonies, voire les plus legeres. Puis donc qu'il a si parfaictement accomply ce à quoy il nous exhorte en ce chapitre et dans les suivants, ses paroles doivent avoir un grand pouvoir sur nous, et nous induire à l'imiter.

Le R. P. Alvarès de Paz nous y exhorte aussi en ces termes : « Sois soigneux observateur de « ta reigle et de ton institut, dit-il : cela te « gardera de tes ennemis et resjouira gran- « dement ta mere la saincte religion. L'obser- « vation de la reigle, c'est le salut de l'ame ; « c'est le riche thresor de celuy qui la garde, « et ce qui le dispose à la familiarité avec « Dieu. Ceste observance te rendra parfaict : « te fera fils honorable et bien-aimé de la « religion, aimable à tes freres, terrible aux « demons et semblable aux saincts Anges. »

Je finis avec une belle sentence de sainct Bernard, qui touche tant à l'obeissance comme aussi à l'observance des reigles : *Modus obeditionis est tenor professionis, nec se valet extendere potestas imperantis, nisi quatenus attigerit votum profitentis. Cæterùm Subjectus hujuscemodi obedientiam quæ voti finibus cohibetur noverit imperfectam : nam perfecta obedientia legem nescit, terminis non arctatur, neque contenta angustiis professionis, largiori voluntate fertur in altitudinem charitatis ; et*

ad omne quod injungitur spontanea, vigore liberalis alacrisque animi, modum non considerans, in infinitam libertatem extenditur.
« La mesure de nostre obeissance, dit-
« il, est la teneur de nostre profession ; et la
« puissance du superieur ne se doit pas
« estendre par dessus le vœu qu'a fait l'infe-
« rieur. Mais, au reste, que l'inferieur sçache
« qu'une telle obeissance, qui est bornée par
« les limites du vœu, est fort imparfaicte.
« Car la parfaicte obeissance n'a point de loi ;
« elle n'est resserrée par aucunes bornes, et,
« ne se contentant pas des limites de sa pro-
« fession, elle se porte par une volonté plus
« ample en la hauteur de la charité, prompte
« et disposée pour tout par la vigueur d'un
« esprit genereux envers Dieu et allegre, ne
« tenant aucune mesure, elle s'estend en une
« liberté infinie. »

CHAPITRE VI.

DE LA MODESTIE EXTÉRIEURE.

Que l'athlète chrétien s'efforce ensuite de soumettre son corps totalement au service de Jésus-Christ.

Il faut donc qu'il tienne en bride tous ses actes, de sorte que tous les mouvements de son corps soient réglés par la modestie et la plus exacte bienséance, et qu'il soit comme esclave de la discipline religieuse. Car vous ne pourrez jamais réprimer les mouvements déréglés de votre âme, si vous ne vous appliquez

CAPUT VI.

DE MODO REGULANDI CORPUS.

Deinde ad coaptandum corpus suum totaliter in obsequio Christi Jesu coerceat, ut omnes actus et motus corporis sint omni morum honestate compositi, secundùm Regularem disciplinam. Neque enim poteris unquàm animam ab inordinatis co-

d'abord à soumettre votre corps à une discipline exacte, en ne lui permettant non-seulement aucun acte, mais encore aucun mouvement qui ne soit dans l'ordre de la bienséance.

COMMENTAIRES.

Icy nostre Sainct nous induit à la modestie religieuse, laquelle est fort necessaire, comme il dit, pour bien reigler l'ame et toutes ses affections. Car le corps et l'ame ayant une si estroicte liaison ensemble, l'un ne peut pas estre destraqué, que l'autre ne le suive : l'exterieur bien composé cause en l'ame une plus grande recollection ; et l'interieur bien reiglé rend encores plus belle l'exterieure composition du corps.

Nostre glorieux Sainct a bien cognu combien ceste modestie aidoit à la perfection, pour nous la recommander si fort en ce

---

hibere, nisi priùs studueris corpus tuum subjicere disciplinæ, ipsum restringendo non solùm ab omni actu, sed etiam ab omni motu incongruo et inepto.

chapitre et dans les suivants, conformément, au reste, à ce qu'ont pensé tous les autres saincts docteurs. *Modestia*, dit sainct Chrysostome, *et ipsa virtutis pars est, nullus tamen absque hâc Deum videbit* [1]. « La modes-
« tie, dit-il, est une partie de la vertu, sans
« laquelle neantmoins aucun ne pourra voir
« Dieu. » Sainct Gregoire-le-Grand dit ainsi : *Ad custodiendam cordis munditiam, exteriorum quoque sensuum disciplina servanda est* [2]: « Pour
« garder la pureté de cœur, il faut maintenir
« la modestie et composition des sens exte-
« rieurs ». *Ubi Christus est, modestia quoque est* [3], dit sainct Gregoire de Nazianze. « Là où
« est Jesus-Christ, là se trouve aussi la mo-
« destie. » Et de fait, l'Apostre, apres avoir recommandé aux fideles la joie du Sainct-Esprit, adjouste immediatement : *Modestia vestra nota sit omnibus hominibus* [4]: « Que
« vostre modestie soit cognue de tous ».
Comme disant : Je ne desire pas que vous ayez une joie qui vous rende legers et dissolus ; mais une saincte allegresse interieure,

1. Hom. 51 in Matth. — 2. Moral., lib. 21, cap. 2. — 3. Epist. 193. — 4. Philip. 4.

toute en Dieu et de Dieu, qui vous apportera une composition exterieure toute modeste. En un mot, si Dieu est avec vous, et que vostre joie soit en lui, vous serez modeste indubitablement. Comme, au contraire, l'immodestie et le manque de composition exterieure, dit sainct Bonaventure, est un indice evident d'une ame indevote et mal recueillie.

La tres-saincte Vierge pourra aussi nous servir de modele en ceste vertu, comme en toutes les autres. « Marie, dit sainct Am-
« broise, estoit vierge de corps et d'esprit,
« humble de cœur, grave en ses paroles,
« prudente dans ses conseils, retenue dans
« ses discours. Elle excelloit en foy, en pu-
« deur, en pieté, en silence. Il n'y avoit rien
« que de reiglé en son marcher, en son air, en
« son parler, en ses regards, en ses actions.
« Elle avoit pour principe de ne chercher que
« Dieu, de vivre en solitude, de ne faire de
« peine à personne, de faire du bien à tous,
« d'honorer les personnes agées, de ne point
« porter envie à ses egaux, de fuir la vaine
« gloire, d'aimer la vertu, de suivre en tou-
« tes choses la droicte raison. »

CHAPITRE VII.

DE LA MANIÈRE DE RÉGLER SON CORPS DANS LE BOIRE ET LE MANGER.

Travaillant donc à bien régler le corps, vous devez d'abord combattre en vous la gourmandise (A). Car si vous ne remportez la victoire sur ce vice, vainement travaillerez-vous à acquérir les autres vertus. Voici donc ce que vous devez observer.

D'abord, n'ayez jamais rien de particulier, mais contentez-vous des mets qui sont servis en commun à tous les

---

CAPUT VII.
DE MODO REGULANDI CORPUS CIRCA CIBUM ET POTUM.

Igitur regulationem corporis intendendo, primò contrà gulam insistas. Nisi enim contrà hanc victoriam habeas, in vanum laboras in acquisitione aliarum virtutum. Istum autem modum observes.

Primò, ut nihil tibi in speciali procures, sed cibariis, quæ fratribus communiter apponuntur,

frères. Si quelques séculiers veulent vous envoyer un plat, refusez-le ; mais s'ils veulent le donner au couvent, ils peuvent le faire. N'acceptez point les invitations que vous font les frères hors du réfectoire (B); mais ne mangez qu'au réfectoire, en ayant soin d'observer tous les jeûnes de l'Ordre. J'entends, tant que Notre-Seigneur vous gardera en santé : car si vous tombez malade, acceptez les adoucissements qu'exige votre faiblesse; sans rien vous procurer vous-même, mais en recevant avec action de grâce ce que l'on vous sert.

---

sis contentus. Secularibus volentibus tibi xenia mittere, nullatenus acquiescas pro tuâ personâ : si tamen volunt conventui mittere, mittant. Invitationes fratrum extrà refectorium nullo modo recipias, sed continuo refectorium teneas, omnia jejunia ordinis observando. Et hoc intellige, quamdiù Christus te in sanitate conservabit. Nam si infirmus fueris, juxtà infirmitatis necessitatem te tractari permittas, nihil tibi penitùs procurando, sed omnia cum gratiarum actione recipias,

Afin d'éviter tout excès daus le boire et le manger, étudiez avec soin votre tempérament, examinez bien ce qu'il exige, afin de pouvoir discerner le nécessaire du superflu. Ayez pour règle générale, de manger autant de pain que le demande votre constitution, surtout lorsque vous jeûnez; et ne croyez point au démon, lorsqu'il cherchera à vous persuader d'agir autrement. Vous pourrez savoir ce que la nature exige, et ce qui lui est superflu, si, dans les temps où vous faites deux repas, vous vous trouvez pesant après None, et sentez

---

que tibi fuerint ministrata. Ut autem non excedas in sumptione cibi et potûs, debes naturam tuam diligentissimè examinare, quanto cibo et potu valeas sustentari : ut scias judicare inter superfluum et necessitatem. Hoc autem habeas pro regulâ generali, ut saltèm de pane comedas sufficienter, quantùm natura requirit, specialiter dùm jejunas; nec unquàm credas diabolo suadenti tibi facere abstinentiam de pane. Et in hoc poteris experiri quantùm natura requirit, vel quid sit illi

quelque ardeur dans l'estomac, de sorte que vous ne puissiez ni lire, ni écrire, ni prier, car cela vient ordinairement d'un excès de nourriture. Il en est ainsi, si vous éprouvez la même chose après Matines, lorsque vous avez soupé ; ou bien encore si, lorsque vous jeûnez, vous éprouvez la même pesanteur après Complies. Mangez donc autant de pain qu'il vous en faut, de sorte cependant qu'après le repas vous soyez prêt à lire, à écrire ou à prier. Si toutefois vous n'êtes pas alors aussi disposé à le faire qu'aux autres heures, pourvu que vous

---

superfluum : si tempore binæ refectionis, post Nonam inveneris te gravatum, et in stomacho sentias quemdam ardorem, ut orare, scribere vel legere nequeas : communiter hoc accidit propter excessum ; idem si sentias post Matutinas, quandò cœnasti. Similiter quoque quandò jejunas, si post Completorium idem gravamen adesse percipias. Igitur comede satis de pane, sic tamen, ut post commestionem sis paratus legere, scribere vel orare. Si tamen illà horà non esses ità aptus sicut

ne sentiez point cette pesanteur dont je parlais, ce n'est pas un signe que vous ayez commis quelque excès.

Apprenez donc à connaître ce qui suffit à votre nature, en suivant la méthode que je viens de vous indiquer, ou toute autre selon l'inspiration du Seigneur, que vous devez prier simplement de vous instruire à ce sujet. Mais ayez bien soin d'observer assidûment la règle que vous vous serez prescrite, et de faire attention, lorsque vous êtes à table, à ce que vous mangez ; et si, par négligence, vous avez excédé en quelque

---

aliis horis, dùm tamen non sentires gravamen illud, ut prædixi, non est signum excessûs. Cogita igitur tuæ naturæ sufficientiam modo prædicto, vel aliter, prout te docebit Altissimus, à quo debes simpliciter postulare. Sis sollicitus valdè illum modum continuè observare, et semper in mensâ quidquid comedis æstimare : et quando per negligentiam excesseris, non sinas absque pœnitentiâ dignâ pertransire.

De potu verò nescio tibi regulam ponere, nisi

chose, punissez-vous par quelque pénitence (c).

Quant au breuvage, je ne vous donnerai d'autre règle que de vous restreindre peu à peu chaque jour davantage, de sorte toutefois, que vous n'ayez pas trop soif le jour et la nuit. Spécialement lorsque vous mangez du potage, vous pouvez sans inconvénient boire moins, et vous contenter de ce qui suffit à la digestion. Ne buvez jamais hors des repas, si ce n'est le soir lorsque vous jeûnez, et alors vous devez boire très-peu ; ou bien encore lorsque vous faites

---

quòd paulatim te restringas de die in diem minùs bibendo : ita tamen, quòd non sitias nimis de die et nocte. Specialiter autem cùm potagium comedis, potes faciliùs pertransire cum potu temperato : ità tamen, quòd sufficiat ad cibi digestionem. Nolo tamen bibas extrà comestionis horam, nisi in sero, quandò jejunas, et tunc valdè temperatè ; vel nisi propter laborem itineris, vel quamcumque aliam lassitudinem. Bibas autem vinum ità lymphatum, quòd vini fortitudo deficiat. Et si esset

un voyage ou un ouvrage fatigant. Que votre vin soit tellement mêlé d'eau qu'il perde sa force. S'il est fort, mettez-y moitié d'eau : plus ou moins, selon que le Seigneur vous l'inspirera.

COMMENTAIRES.

(A) *Vous devez d'abord combattre contre la gourmandise.*

Hæc est igitur nobis prima pugna, dit conformement à cecy Cassien, *hæc nostra velut in Olympiacis certaminibus prima probatio : gulæ ventrisque concupiscentiam desiderio perfectionis extinguere* [1]. « C'est icy nostre premier « combat, c'est icy le premier essay que nous « devons faire en nostre carriere, comme « dans les luttes Olympiques : d'esteindre les « appetits de la bouche et du ventre par le « desir de la perfection ». Sainct Bonaventure dit de mesme; et il adjouste que tant moins

---

forte, apponas aquæ medietatem, vel plùs. Et sic magis vel minùs, secundùm quòd Dominus inspiraverit.

1. Lib. 5, cap. 14.

nous vaincrons en ce premier combat, tant plus les autres vices auront de force contre nous, et nous tant plus faibles serons-nous à leur resister.

Pour mieux donc nous apprendre à combattre et vaincre ce vice, les saincts nous ont denombré les especes d'iceluy. Sainct Bernard en met cinq, contenues en ce vers : *Præproperè, lautè, nimis, ardenter, studiosè* [1]. Sainct Bonaventure n'en marque que quatre [2]; la cinquiesme estant comprise, il semble, en la seconde.

La premiere donc, *præproperè*, c'est de manger avant et hors le temps ordonné, ou trop souvent, à la façon des bestes.

La seconde, *lautè*, de chercher, desirer ou se procurer des mets exquis et delicats.

La troisiesme, *nimis*, de se trop remplir et farcir de viandes, plutost que de se refectionner, en prenant plus qu'il ne faut par inconsideration ou delectation.

La quatriesme, *ardenter*, c'est de manger avec trop d'avidité et impetuosité, devorant en quelque façon la viande ; c'est de manger trop hastivement.

---

1. De Pass., cap. 42. — 2. De prof. relig., cap. 36.

A ce vice est opposée la sobrieté, qui consiste à prendre la refection necessaire et moderée, au temps, en la façon, en la quantité et qualité convenables, comme dit sainct Bernard[1]. Au temps : ne mangeant pas hors les heures ordonnées, que par necessité et avec licence. En la façon : mangeant avec la bienseance, la maturité et modestie religieuse, sans aucune precipitation ; et ne mettant pas tout nostre esprit et pensée à la nourriture, comme dit le sainct Aucteur ; mais l'occupant à ouyr la lecture, ou, à defaut d'icelle, en quelque pieuse consideration et affection, l'affection, par exemple, de recognoissance, que sainct Basile dit estre fort propre pour ce temps-là. En la quantité : n'en prenant que ce qui est de besoing, en sorte que le corps soit refectionné, et non pas chargé. Et en la qualité : ne recherchant pas des viandes exquises, rares, et conformes à nostre goust ; mais nous contentant de celles qui nous sont presentées, comme dit nostre Sauveur : *Comedite quæ apponuntur vobis*[2] : « Mangez ce qu'on vous met devant ».

1. De vit. solit. — 2. Luc. 10.

« En gardant ces circonstances, dit sainct
« Bonaventure, ce qu'on mange est plus sa-
« voureux, on le prend avec plus de joie, il
« profite plus à la santé, il charge moins l'es-
« tomac, il est plus facilement digeré ; il n'y
« a pas tant de danger de pescher, et cela est
« plus honneste et religieux. » — « Il n'y a
« rien, dit sainct Chrysostosme, qui esloigne
« tant la maladie, comme la refection mode-
« rée ; ny rien qui conserve si bien la santé,
« rien qui esguise si fort l'esprit et les sens. »

(B) *N'acceptez point les invitations hors du réfectoire.*

C'est une des plus signalées vertus et louanges du bon religieux, que d'estre amy et sectateur de la communauté, laquelle Nostre-Seigneur honore de sa presence et de sa particuliere assistance, comme il a dit : *Ubi duo vel tres congregati fuerint in nomine meo, in medio eorum sum* [1] : « Là où deux ou trois
« seront assemblés en mon nom, je suis là au
« milieu d'eux ». Or, là où est la commu-

---

1. Matth. 18.

nauté, là on est assemblé au nom de nostre Sauveur, et non ailleurs : car on est là par obeissance, et pour faire la volonté de Dieu.

Non amat veritas angulos, dit sainct Bernard, *non ei diversoria placent; in medio stat, id est, disciplinâ communi, communi vitâ, communibus studiis delectatur. Usquequò, miser, diverticula captas, et consolationes propriæ voluntatis tanto labore quæritas, tanto rubore mendicas*[1] ? « La verité, dit-il, n'aime pas les recoings,
« ces tables à part ne luy agreent point. Elle
« se tient au milieu ; c'est-à-dire, elle se plaist
« grandement à la discipline ou observance
« commune, à la vie commune, aux exercices
« communs. Jusques à quand donc, miserable, chercheras-tu tant d'echappatoires pour
« fuir la communauté, et iras-tu espiant si
« soigneusement les moyens d'avoir les con-
« solations de ta propre volonté ; et mendie-
« ras-tu si honteusement de certains soula-
« gements et plaisirs indignes de ton estat ? »

---

1. Serm. 6 de Asc.

(c) *Ayez bien soin d'observer assidûment la règle que vous vous serez prescrite.*

« C'est une chose fort difficile, dit sainct Ber-
« nard[1], que de garder bien ceste mesure entre
« la superfluité et la trop grande abstinence : en
« sorte qu'on ne prenne pas plus de nourriture
« que de ce qui suffit à la nature, et qu'on ne
« retranche rien à la nature de ce qui lui est ne-
« cessaire. » *Difficile est in cibariis modum servare omnimodum, ita ut ultra quam naturæ potest sufficere nil sumatur, nec ipsi naturæ aliquid de necessariis subtrahatur.*

Per abstinentiam, dit sainct Gregoire[2], *vitia sunt extinguenda, non caro; et tanto quisque sibimet debet moderamine præesse, ut et ad culpam caro non superbiat, et tamen ad effectum rectitudinis in opere subsistat.* « Par l'abstinence il faut
« tuer les vices, et non pas le corps ; et chascun
« se doit gouverner en cela avec une si dis-
« crete moderation, que la chair ne se rende
« pas fiere, donnant entrée au peché ; et que
« neantmoins elle puisse subsister pour faire
« les bonnes œuvres, et se bien acquitter du
« service de Dieu ».

1. De pass., cap. 42. — 2. Lib. 26 Moral., cap. ult.

Car par une de ces extremités, l'esprit s'affoiblit et succombe facilement aux vices et tentations ; et par l'autre, le corps, perdant ses forces, tombe sous le faix de la discipline religieuse, et est reduit à des longues et fascheuses maladies, comme dit sainct Bernard ; en sorte que par apres on ne peut servir à soy ny aux autres, et on est rendu onereux et fascheux à tous. « Mais qui
« enseigne ces extremités ? dit-il, quelle per-
« sonne sage feroit telle chose ? Ceux qui le
« font ignorent-ils que la vertu tient le milieu
« entre deux extremités vicieuses ? Car il y a
« un milieu entre trop manger et trop s'abs-
« tenir, et ce milieu-là est la vertu : c'est
« de prendre autant d'aliments qu'il en faut
« afin que la nature ne se debilite, mais non
« pas tant que les vices en prennent vigueur. »
Quis ista docet? quis ista sapiens faciet? Ignorant tales quod virtus est medium vitiorum utrinque reductum? Est enim quoddam medium inter nimis comedere, et nimis abstinere; et illud medium est virtus : hoc est, tantùm sumere alimentorum, ne nimis debilitetur natura; nec tantùm, ut vitia vegetentur.

CHAPITRE VIII.

DE LA MANIÈRE DE SE TENIR A TABLE INTÉRIEUREMENT ET EXTÉRIEUREMENT.

Dès que la cloche sonne, lavez-vous les mains avec gravité, et asseyez-vous dans le cloître. Puis, lorsque la seconde cloche aura donné le signal, entrez au réfectoire, et bénissez le Seigneur de toute la force de votre voix, et avec un extérieur modeste ; puis allez vous mettre à votre place à table, et considérez avec un saint effroi que vous

CAPUT VIII.

DE MODO CONSISTENDI IN MENSA, QUOAD UTRUMQUE HOMINEM.

Pulsato itaque cymbalo, cum omni maturitate lotis manibus, in claustro sedebis ; nolâ pulsatâ, refectorium introibis, et non parces tibi, cum omni fortitudine tuâ, cum vocis et corporis modestiâ Dominum benedicens ; et juxtà ordinem tuum te collocabis in mensâ, cogitans apud te,

devez manger les péchés du peuple (A). Préparez aussi votre cœur à l'intelligence de la lecture qui se fait pendant le repas; ou s'il n'y a pas de lecture, faites quelque méditation pieuse, afin de n'être pas occupé tout entier à manger, et pendant que le corps se nourrit, que l'âme ne soit pas privée de son aliment.

Lorsque vous avez pris votre place à table, arrangez décemment votre habit, repliant votre chape sur les genoux. Faites un pacte strict avec vous-même pour ne jamais regarder autour de vous ceux qui mangent (B) ; mais

---

corde pavido, quòd debeas peccata populi manducare. Cor tuum etiam præparabis ad intelligentiam lectionis quæ legitur in mensâ : vel, si lectionem non habeas, ad meditationem aliquam spiritualem : ut nequaquàm totus comedas, sed corpore suam refectionem habente, anima nullatenùs defraudetur. Positus autem ad mensam, vestimenta decenter coaptes, cappam super genua retorquendo. Statue autem pactum tecum omnino, ut nullo modo circumspicias comedentes, sed

n'ayez les yeux que sur ce qui est devant vous. Lorsque vous serez assis, n'étendez pas aussitôt les mains pour couper votre pain ; mais restez en repos pendant quelque temps, et dites un *Pater* et un *Ave* pour les âmes du purgatoire qui ont le plus besoin de prières.

Appliquez-vous surtout à régler selon la modestie tous vos actes et tous les mouvements de votre corps (c). Si l'on sert sur la table du pain de diverses qualités, dur ou tendre, blanc ou autre, mangez celui qui est le plus près de

---

solùm tibi apposita videbis. In principio, cùm sederis, ne extendas subitò manus ad incidendum panem ; sed stes aliquamdiù super te, usquequò saltèm dicas *Pater noster* et *Ave Maria* pro animabus defunctorum qui in purgatorio existunt magis indigentium.

Hoc autem generaliter habeas, quòd omnem actum et omnem corporis motum cum quâdam modestiâ facias. Si panem diversum, durum, mollem, album, aut aliter factum ante te habeas,

vous, et choisissez de préférence celui pour lequel vous avez moins de goût. Ne demandez jamais rien à table, mais laissez les autres demander pour vous; et, s'ils ne le font pas, attendez avec patience. N'ayez point les coudes sur la table, mais seulement les mains; ne tenez point les jambes écartées, ni les pieds croisés l'un sur l'autre. Si l'on veut vous donner double portion, ou quelque autre chose de plus que n'ont les autres, refusez-le. Faites de même pour tous les mets extraordinaires que l'on vous servirait, fussent-ils envoyés

---

illum comedas qui est vicinior, et libentiùs comedas illum, ad quem minùs sensualitas inclinatur. Numquàm in mensâ aliquid petas, sed permitte alios pro te postulare; quod si non facerent, patientiam habe. Non teneas cubitos super mensam, sed simpliciter manus. Non teneas crura divaricata, nec pedem alteri supponas. Non recipias scutellas duplices, vel aliud quodcumque, nisi tantùm quantùm communiter omnes alii habent. Quamcumque pitantiam, à quocumque

par le prieur lui-même ; et au lieu d'y toucher, cachez-les adroitement, si vous le pouvez, parmi les restes, ou laissez-les dans le plat.

N'oubliez pas que c'est une coutume agréable à Dieu, de laisser toujours dans le plat un peu de potage pour Jésus-Christ dans la personne des pauvres. Faites la même chose pour le pain, en ayant bien soin de lui garder la partie la meilleure, et de manger le reste. Ne vous inquiétez pas d'exciter par là les murmures de quelques-uns, pourvu que votre supérieur ne vous défende

---

missam, etiam à Priore, non comedas ; sed si potes, competenter in fragmentis abscondas, vel in scutellâ. Ubi nota quòd mos Deo gratus est, aliquid de potagio Christo pauperi semper in scutellâ dimittere : similiter aliqua panis fragmenta, non crustas, imò illas comedas, et de pane confracto Christo dimittas. Nec nimis cures si de hoc aliqui murmurent, dummodò prælatus tibi non mandaverit oppositum. Et generaliter de omni eo quod comedis, aliquam particulam

pas d'agir ainsi. En général, réservez pour Jésus-Christ pauvre un peu de tout ce que vous mangez, et toujours ce qu'il y a de meilleur, en prenant pour vous ce qu'il y a de moins bon (D). Il y en a qui ne donnent à Jésus-Christ que les rebuts, comme l'on a coutume de faire pour les porcs. Et si vous pouvez avec une seule des portions qui vous sera servie, manger assez de pain pour vous nourrir, mettez auprès de l'autre portion quelque chose de votre pain, et laissez-la pour Jésus-Christ.

Si le Seigneur vous l'inspire et vous

Christo pauperi dimittas, et bolos meliores, et non viliores. Sunt tamen aliqui, qui vilia tantùm donant Christo, sicut porcis fieri consuevit. Si autem cum uno pulmento sufficienter potes comedere de pane, in secundo pulmento aliquid de pane reponas, et Christo dimittas. Et si tibi Dominus donaverit, potes facere quasdam mirabiles abstinentias Deo gratas, et hominibus incognitas : si est tibi cibus insipidus, ex defectu salis, vel aliâ quâcumque causâ, noli apponere tibi sal

en donne la grâce, vous pouvez pratiquer des actes admirables d'abstinence agréables à Dieu et inconnus aux hommes (E). Par exemple, si le mets qu'on vous sert est insipide, soit parce qu'il manque de sel, soit pour une autre cause, n'y mettez point de sel, ou d'autre assaisonnement ; mais résistez à la sensualité pour l'amour de Jésus-Christ abreuvé de fiel et de vinaigre. Semblablement pouvez-vous laisser en secret toutes les sauces qui ne servent qu'à exciter la gourmandise. Toutes les fois qu'on vous présente, sur la fin du repas,

---

nec aliud condimentum, propter Christum felle et aceto potatum ; sed sensualitati resistas. Similiter quæcumque salsamenta, quæ ad nihilum valent nisi ad gulæ incitamentum, dimittere occultè potes. Quandòcumque aliquis bolus gratus tibi circà finem apponitur, istum dimitte propter Deum. Similiter caseum, fructus, et hujusmodi, sicut nectar, vinum melius apportatum, et cætera, quæ non sunt necessitatis pro salute corporis humani : imò frequenter sunt noxia, dùm non

quelque morceau agréable à votre goût, laissez-le pour l'amour de Dieu. Également pouvez-vous laisser le fromage, les fruits, la liqueur, le vin meilleur, et autres choses semblables, qui ne sont pas nécessaires à la santé, qui souvent même lui sont nuisibles : car ce qui flatte le goût n'est pas toujours utile. Si vous vous abstenez de ces choses pour l'amour de Jésus-Christ, je suis persuadé qu'il vous donnera en récompense la nourriture des consolations spirituelles, et qu'il vous fera même trouver quelque douceur dans les mets

---

prodest, quod delectat. Si dimiseris propter Christum hæc, non dubito quin tibi parabit in dulcedine Christus Dominus cibum consolationis spiritualis, etiam in illo cibo, quo contentus es propter Christum. Et ut meliùs et faciliùs possis à quibuscumque volueris abstinere, ponas in corde tuo, quandò vadis ad mensam, quòd pro peccatis tuis debes in pane et aquâ abstinere. Unde panis sit solus cibus; et pulmentum, non pro cibo adjicias, sed ut possis panem convenientiùs deglutire. Tene,

dont vous vous serez contenté pour lui.

Or, afin que plus facilement vous puissiez vous abstenir de tout ce que vous voudrez, mettez-vous dans l'esprit, lorsque vous allez à table, que, à cause de vos péchés, vous devez jeûner au pain et à l'eau. Que le pain soit donc, dans votre pensée, votre seule nourriture, et ne prenez les autres choses que comme un moyen de la mieux faire passer. Soyez assuré qu'avec cette pensée, la moindre chose que vous mangerez avec votre pain, vous paraîtra un mets exquis.

Évitez de faire comme une grande

---

quòd si hoc posueris in corde tuo, videbitur tibi magna pitantia habere aliquid de pulmento. Et observes quòd non ponas offas multas in parobside, sed sufficiat tibi panem intingere. Quandò verò pulmentum non habueris, comedas panem unum, vel dimidium, vel paulò plùs, videlicet quandò bis comesturus non es; et naturæ satisfacies, etiam si alia non haberes. De multis talibus actibus, quos tibi exprimere non possum, te instruet

soupe dans votre plat, mais qu'il vous suffise d'y tremper votre pain. Si vous n'avez rien avec votre pain et que vous ne deviez faire qu'un repas dans le jour, vous pouvez le manger tout entier, ou en manger la moitié, ou un peu plus, de manière à accorder à la nature ce dont elle a besoin.

Il y a quantité d'autres choses semblables que je ne puis vous dire, et que Notre-Seigneur vous apprendra, si vous recourez à lui de tout votre cœur, et mettez en lui toute votre espérance. Qui pourrait exprimer, en effet, les moyens innombrables que Dieu vous ensei-

---

Christus, si ad ipsum ex corde recurris, et totam spem in ipso posueris. Quis enim exprimere valet modos innumeros, quos tibi Deus demonstrabit? Sis etiam attentus, nec sis de illis, qui finem non faciunt in edendo : imò quàm citiùs poteris te expedias, servatâ debitâ honestate, ut magis lectioni possis attendere.

Dùm à mensâ surgis, ex toto corde regratieris Altissimo, qui tibi contulit bona sua, et qui tibi

gnera? Soyez aussi attentif à la lecture, et ne soyez pas de ceux qui ne finissent jamais de manger. Vous, au contraire, terminez votre repas le plus vite possible, en gardant toutefois les règles de la décence, afin de pouvoir être plus attentif à ce qu'on lit.

Lorsque vous sortez de table, rendez grâce de tout votre cœur au Très-Haut, qui vous a fait part de ses biens, et vous a donné la force de vaincre la sensualité. N'épargnez point votre voix, mais rendez grâce de tout votre pouvoir au Distributeur de tous les biens. Pensez, mon cher frère, combien il y a de pau-

---

virtutem aliquam præstitit, ne tibi sensualitas prævaleret. Non parcas voci tuæ, sed secundùm possibilitatem tuam gratias age bonorum omnium largitori. O charissime, cogita quàm innumerabiles sunt pauperes, qui ad delicias maximas reputassent, si habuissent tantummodò panem quem tibi cum aliis cibariis Dominus ministravit. Ità enim veraciter debes cogitare, quòd Christus est, qui tibi dedit; imò plùs, quòd in mensâ ipse tibi

vres qui auraient cru faire un repas délicieux, s'ils avaient eu seulement le pain que le Seigneur vous a fourni avec les autres mets. Car vous devez considérer que c'est Notre-Seigneur qui vous les a donnés ; bien plus, que c'est lui qui vous a servi à table. Voyez donc avec quelle retenue, quelle révérence, quelle gravité et quelle crainte vous devez vous tenir à table, où votre Dieu lui-même daigne vous servir en personne (F). Oh ! que vous seriez heureux, s'il vous était donné d'en haut de voir ces choses des yeux de l'esprit ! Vous verriez la multitude des saints parcourir avec le Christ tout le réfectoire.

---

servivit. Vide ergò cum quantâ disciplinâ, cum quantâ reverentiâ, maturitate et tremore, debes in mensâ consistere, ubi vides præsentialiter Deum tuum in propriâ personâ ministrare. O quàm beatus esses, si tibi desuper daretur mentalibus oculis ista conspicere ! Videres enim sanctorum multitudinem copiosam cum Christo per totum refectorium discurrere.

COMMENTAIRES.

(A) *Allez vous mettre à votre place à table, et considérez, etc.*

Les ordres religieux s'appellent ainsi, d'autant que tout ce qu'on fait en iceux va par ordre, par rang et par mesure. Si l'ordre y manque, ce n'est pas une religion. L'ordre, dit sainct Bernard [1], donne la forme, la beauté et la perpetuité à toutes choses ; sans iceluy, tout est laid et difforme. Par ainsi, nous devons bien estre soigneux de nous tenir avec un bel ordre en tous les lieux où nous sommes assemblés ; disant avec David : *Domine, dilexi decorem domus tuæ* [2] : « Seigneur, j'aime « passionnement la beauté de vostre mai- « son » ; je suis extresmement affectionné à y maintenir le rang et l'ordre, de tout mon pouvoir.

Cest ordre, estant bien gardé, excite grandement à devotion ceux qui le tiennent, et ceux qui le voient. Il resjouit les Anges,

---

1. Serm. 49 in Cant. — 2. Ps. 25.

et les convie à se venir mesler parmy nous. Il espouvante les malins esprits, à qui ceste armée de serviteurs et servantes de Dieu bien rangée est terrible et formidable [1]. Et, qui plus est, il plaist à Dieu de manière indicible. Car luy qui a fait toutes choses avec ordre, poids et mesure, agrée merveilleusement le rang et bel ordre en la conversation et en l'assemblée de ceux qui font profession de le servir avec perfection, le desordre luy en estant d'autant plus malplaisant et desagreable.

Or, ce que dit le sainct Aucteur, de penser à part nous que nous allons « manger les « pechés du peuple », s'entend, à mon advis, en ce sens : c'est que, presupposé que tout ce qu'ont les religieux leur est donné par charité et aumosne, ils sont censés manger les pechés du peuple, lorsqu'ils mangent ce que le peuple, ou les bienfaicteurs defuncts ou encores vivants, ont aumosné charitablement pour satisfaction de leurs péchés.

1. Cant. 6.

(B) *Faites un pacte avec vous-même pour ne jamais regarder autour de vous.*

La modestie des yeux est une des principales parties de la composition exterieure dont nous parlions cy-dessus. Elle fait presque tout. Car qui l'a, est bien modeste pour l'ordinaire en tout le reste; et qui en manque, ne peut estre appelé modeste, et est exposé aux tentations, subject à la curiosité et à mille pechés et manquements. Car, comme dit Jeremie : *Ascendit mors per fenestras*[1] : « La mort monte par ces fenestres ».

Les yeux sont les fenestres, desquelles nostre ame regarde les choses exterieures, comme dit sainct Basile. Si l'ame est sage, retirée et recueillie en soy, elle ne se mettra pas à ces fenestres, que par necessité ; mais si elle est esgarée, distraicte et indevote, elle le fait assez cognoistre en ce qu'elle s'y met fort souvent, et y est presque tousjours. O combien souvent la mort entre dans les pauvres ames,

---

1. Jerem. 19.

pour ne tenir ces fenestres closes ! *Ex visu cognoscitur vir*, dit l'Ecclesiastique, *et ab occursu faciei cognoscitur sensatus; amictus corporis, et risus dentium, et ingressus hominis enuntiant de illo* [1]. « A veoir un homme, on
« cognoist quel il est ; et à la rencontre d'un
« homme sage, sa face tesmoigne sa vertu.
« Le vestement du corps, le sourire de la
« bouche, et la façon du marcher, donnent des
« nouvelles de la retenue ou legereté d'un
« chascun. » *Speculum mentis est facies*, dit sainct Jerosme, *et taciti oculi mentium fatentur arcana*. « La face est le miroir de l'ame,
« et les yeux modestes ou vagabonds, sans
« mot dire, descouvrent le secret du cœur ».

Et pour retourner à mon propos, on ne sçauroit dire ny penser combien de maux la liberté des yeux cause à l'ame. *Oculus meus deprædatus est animam meam* [2] : « Mon œil a
« esté le larron qui a desrobé et saccagé
« mon ame ». C'est pourquoy il nous importe grandement de les couvrir du voile d'une saincte modestie, bannissant d'iceux toute

---

1. Eccles. 19. — 2. Jerem. Lament. 3.

curiosité. *Assuesce oculos non circumferre ad alienas et vanas res : hoc enim labores omnes monasticos deperire facit.* « Accoustumez-vous à mortifier vostre veue, et à ne tourner pas les yeux çà et là à des choses estrangeres et vaines : car cela faict perir tous les travaux du religieux ». C'est-à-dire que toute la componction et devotion qu'il peut avoir acquise par longues meditations, penitences et exercices, s'enfuit par les yeux, et se dissipe comme de la fumée, par la curiosité. Nous ne devons avoir autre soing ny curiosité, que de n'estre pas curieux, de plaire à Dieu et nous mortifier : faisant comme Job, et selon le conseil de nostre Sainct, un pacte avec nos yeux, de ne les ouvrir que par nécessité.

(c) *Appliquez-vous surtout à régler selon la modestie tous vos actes.*

Le sainct Aucteur, qui nous enseigne en ce chapitre plusieurs pratiques particulieres de bienseance et honnesteté religieuse, nous donne en peu de mots cest advis icy comme une regle generale qui contient toutes les autres sur ceste matiere, et qui doit estre generalement observée en tous temps, en tous lieux, et par toute sorte de personnes.

C'est l'exhortation que nous faict aussi sainct Augustin : *In incessu, statu, habitu et in omnibus motibus vestris nihil fiat quod cujusquam offendat aspectum, sed quod vestram deceat sanctitatem* [1] : « Soyez si modestes en vostre
« allure, en la contenance, et en l'habit, et
« en tous vos mouvements, qu'il n'y ait rien
« qui offense les yeux de personne ; mais que
« tout ressente la saincteté ».

Omnia age blande et dulciter, dit sainct Gregoire, *ut et actio tua discreta sit et lingua mitis* [2]. « Fais toutes tes actions posément et
« doucement ; que ton action soit discrete,
« et ta langue douce et benigne ». « Quand tu
« vas par la maison, dit sainct Bonaventure, ou
« dehors, marche doucement, tiens tes mains
« arrestées, les yeux baissés et modestes, et
« non pas vagabonds ny volages [3]. » *Nec cursim ambulare honestum arbitror*, dit sainct

---

1. Aug. in Regula. — 2. Lib. 5 Reg. ind. 14, cap. 133.
— 3. Reg. nov., cap. 9.

Ambroise, *nisi cùm causa exigit alicujus periculi, vel justa necessitas* [1]. « Ce n'est pas
« chose honneste, à ce que je pense, de marcher en courant ou trop hastivement, si ce
« n'est pour cause de quelque danger, ou
« pour juste necessité ». « Que ton marcher
« soit plein de maturité et de gravité, dit
« sainct Bonaventure [2], et ne cours pas legerement et sans necessité, et ne tiens pas le
« corps trop droit, ny la teste eslevée, mais
« moderement baissée en signe d'humilité ;
« que ton rire soit rare et sans dissolution,
« monstrant plutost une certaine benignité
« qu'aucune legereté. »

Professionem tuam habitu et incessu demonstra, dit S. Isidore, *sit in ingressu tuo simplicitas, in motu puritas, in gestis gravitas, in incessu honestas* [3] : « Monstre ta profession, fais paroistre
« que tu es religieux et serviteur de Dieu, par
« ton habit, par ton maintien et ton allure : qu'il
« y ait en ton marcher une naïve simplicité,
« en tes actions et mouvements une grande

---

1. Offic., lib. 1, cap. 13. — 2. Inst. novit., part. 1, cap. 19 et 21. — 3. In synon., cap. 3.

« pureté, en tes gestes la gravité, en ton
« allure l'honnesteté ». Enfin, comme dit
sainct Bonaventure [1], « une gravité modeste
« apporte un grand ornement aux mœurs ; le
« defaut d'icelle cause deformité et mespris :
« car les membres qui, selon l'Apostre, sont
« mortifiés sur la terre, doivent aussi avoir
« tous leurs gestes et mouvements mortifiés
« et modestes. »

C'est pourquoy les Saincts qui excelloient
tant en mortification interieure, estoient
aussi fort signalés en ceste belle composition exterieure ; et bien tant, que leur
seul maintien estoit une muette et tacite
predication qui esmouvoit les cœurs à la
vertu. Ainsi, nous lisons de sainct François,
qu'il disoit à son compagnon : « Allons pres-
« cher » ; et ayant fait un tour par la ville,
il s'en retournoit à son couvent. Son compagnon voyant cela, luy disoit : « Et quoy,
« mon Pere, vous ne preschez pas ? » « Nous
« avons dejà presché », respondit-il. Voulant
dire que ceste mortification et modestie exte-

1. Spec. dis., part. 1, cap. 19.

rieure avec laquelle ils marchoient, estoit un bon sermon, qui excitoit le feu de la devotion en ceux qui les regardoient.

Metaphraste raconte en la vie de sainct Lucien, martyr, que sa modestie estoit si devote et si extraordinaire, que de le veoir seulement, plusieurs payens estoient esmus à se faire chretiens, et se convertissoient. Sainct Bernardin de Sienne excelloit tant en ceste vertu, que sa seule presence rendoit modestes tous les assistants.

La mortification exterieure de sainct Bernard estoit si admirable, que voyant, il ne voyoit pas; entendant, il n'entendoit rien; et n'usoit aucunement de ses sens, sinon lorsqu'il y estoit contraint pour le service de Dieu. Ce qui provenoit de l'intime union de son cœur avec Dieu, et de sa recollection si profonde, qu'aucunes affaires ny aucunes œuvres exterieures ne l'en pouvoient divertir. De sorte que à veoir son maintien, on cognoissoit facilement que c'estoit un homme mort à toutes les choses de ceste vie, et qu'il ne vivoit pas sur la terre, mais au ciel.

Nous lisons le mesme de plusieurs autres

saincts, nommement du bienheureux Louis de Gonzague, de la Compagnie de Jesus. Il est raconté en sa vie qu'il avoit mis une si bonne garde à ses sens, qu'ayant des yeux et des oreilles, il ne voyoit ny n'entendoit; parce qu'ayant son corps en terre, son cœur estoit fisché au ciel, où estoit sa conversation toute angelique et celeste.

(D) *En général, réservez pour Jésus-Christ pauvre un peu de tout ce que vous mangez.*

Jesus-Christ, nostre Sauveur, a tant honoré les pauvres, qu'il a dit que ce qu'on feroit au moindre d'iceux, il le tient fait à soy-mesme. Le bien donc que l'on fait aux pauvres, on le fait à Jesus-Christ mesme, et il le sçaura bien recompenser en son temps. Car, comme dit le Sage, *Fœneratur Domino, qui miseretur pauperi :* « Celuy-là « donne de l'argent à Dieu en usure, qui a « pitié du pauvre, et le secoure ». Nostre Sainct veut donc que nous fassions ceste aumosne en la façon que nous la pouvons faire, laissant quelque peu de nos mets pour

Jesus-Christ, c'est-à-dire pour les pauvres. C'est aussi pour Jesus-Christ, en ce sens que cela se fait pour son amour et pour luy plaire.

(E) *Si le Seigneur vous l'inspire, vous pouvez pratiquer des actes admirables d'abstinence.*

Les ames desireuses de la perfection trouvent plusieurs moyens de se mortifier dans la nourriture sans compromettre leur santé, et sans qu'on s'en aperçoive. Dieu les leur inspire interieurement. Nostre sainct Aucteur en marque icy plusieurs. Et pour d'autres innombrables desquels on peut user, il s'en remet à l'onction du Sainct-Esprit, qui nous l'apprendra suffisamment, si nous cherchons purement à plaire à sa divine majesté.

Qui nous empesche, par exemple, lors que nous avons plusieurs mets devant nous, de laisser celuy qui est plus plaisant à nostre goust, et manger un autre qui luy sera contraire? et lors que nous mangeons d'un mets de bon appetit, d'en laisser quelques morceaux? ayant tousjours esgard à manger ce qui est plus propre pour la santé, bien que mal plaisant à nostre appetit, et à ne manger pas ce que nous sçavons qui endommage nostre santé, bien que nostre appetit nous y porte. J'entends, lors que nous avons de quoy choisir, car autrement, il faut manger ce qu'on nous donne; et, comme dit le sainct Aucteur et le B. Barthelemy des Martyrs, il se faut abstenir moins du pain que des autres mets, car il en faut manger à suffisance. Du boire, il en faut retrancher tant qu'on peut; et encore plus des mets, car il n'en faut prendre que ce qui est necessaire pour faire avaler le pain.

Ceste saincte abstinence, faicte pour l'amour de Dieu, assubjectit merveilleusement le corps à l'esprit, et l'esprit à Dieu. Elle enracine en nous l'habitude saincte de la mortification, par des actes frequents et reiterés en toutes rencontres. Elle sert aussi de beaucoup, dit sainct Bonaventure, pour la satisfaction des pechés : « afin, dit-il, que, comme nous avons peché « par le plaisir et volupté du corps, nous nous « amendions aussi par le chastiement d'ice-« luy ». Et c'est là, à vray dire, un bon chastiement au corps, que de le sevrer des choses en lesquelles il se plaisoit tant, et l'assubjectir à manger ce qu'il avoit en horreur ; et ne se faut pas estonner si aux ames genereuses qui domptent ainsi leur chair, nostre Sauveur tout misericordieux fait gouster la manne cachée de tant de douceurs et ineffables suavités qu'il leur depart en la saincte oraison.

Ce B. Louys de Gonzague, duquel j'ay nagueres parlé, s'estoit bien exercé en ceste mortification, puis qu'il estoit arrivé à une si grande perfection d'icelle, qu'il sembloit qu'il eust entierement perdu le goust, tellement il l'avoit mortifié. Car il n'apercevoit point le goust des viandes, et ne se soucioit point si elles estoient viles ou delicates, mal savoureuses ou bien assaisonnées. Son soucy estoit de prendre la pire de toutes celles qu'il avoit devant luy. Au disner, il ruminoit le fiel qui fut presenté à nostre Sauveur ; et à souper, la derniere cene sacrée et tres-mysterieuse qu'il fit avec ses disciples. Aussi Nostre-Seigneur luy recompensoit bien tout le soing qu'il avoit de se mortifier, le comblant de tant de consolations spirituelles et de si excessives delectations, qu'elles redondoient visiblement jusque sur son corps.

Car, comme dit sainct Bernard, si nous marchons par l'esprit, mortifiant la chair, nous ne perdons pas pour cela les delectations; mais nous les transferons du corps à l'ame, et des sens exterieurs aux interieurs. L'ame estant reformée en ceux-cy à l'image de son Createur, refleurit d'une façon toute joyeuse et agreable. La chair aussi se reforme; et dorenavant, elle embrasse de bon cœur les choses en lesquelles l'esprit se delecte. L'eau toute pure, les simples legumes satisfont agreablement et delicieusement à un estomac ainsi mortifié : car l'assaisonnement du divin amour qui y est meslé, le rend doux et savoureux.

Mais aussi ce sainct docteur n'approuve pas les abstinences indiscretes et extraordinaires, qui se font sans la permission des Superieurs. Car il declame ainsi contre ceux qui sont indiscrets de la sorte : *Non vultis esse communi contenti vita? non sufficit vobis regulare jejunium, non solemnes vigiliæ, non imposita disciplina, non mensura quam vobis partimur in vestimentis et alimentis, privata præfertis communibus?* « Vous n'estes pas contens, dit-« il, de la vie commune? Les jeusnes de la

« reigle, ny les veilles solennelles et com-
« munes, ny l'observance regulière qui vous
« est imposée, ny la mesure selon laquelle
« nous vous departons les vestements et ali-
« ments, ne vous suffisent pas ; tout cela est
« trop leger pour vous ; vous preferez vos
« particulieres devotions à la reigle com-
« mune. Puis que vous vous estes mis une
« fois entre nos mains pour estre gouvernés,
« pourquoy vous meslez-vous derechef de
« vous-mesmes ? Car, en ce faisant, c'est
« vostre propre volonté (par laquelle, temoins
« vos consciences, vous avez tant offensé
« Dieu) qui est vostre maîtresse : c'est elle
« qui vous gouverne, et non pas moy ».

(F) *Voyez donc avec quelle révérence vous devez vous tenir à table, où votre Dieu lui-même daigne vous servir.*

Nostre sainct Aucteur veut icy, qu'avec les yeux de la foy, nous regardions la divine majesté, partout presente, comme nous donnant liberalement tout ce qui nous est servi à table ; et que nous le recevions de sa benigne main avec action de graces, considerant sa paternelle Providence à nous pourvoir si abondamment de tout ce qui nous est necessaire. *Oculi omnium in te sperant, Domine, et tu das escam illorum in tempore opportuno* [1], dit David. « Les yeux de toutes les creatures, Seigneur, « esperent en vous », regardent vers vous, attendant de vostre Providence le secours de leurs necessités ; et elles ne sont pas frustrées de leur attente : car « vous leur donnez leur « nourriture en temps opportun » et favorable. Vous les servez vous-mesme, departant à chascun sa portion. Tous le reçoivent de vostre main, grands et petits, riches et mendiants, princes et roturiers. Vous estes, Seigneur, par vostre liberale clemence, l'universel et souverain pourvoyeur de tous.

C'est, à mon petit advis, le sens des paroles du Sainct. Il nous donne le souvenir de ceste presence divine pour un tres-puissant motif à nous faire garder ceste modestie qu'il a tant recommandée. Et l'est de fait. Car qu'est-ce qui nous doit plus arrester à composer nos

1. Ps. 144.

actions et mouvements exterieurs, que de penser que nous sommes devant Dieu, et que les yeux clairvoyants et tout voyans de sa sagesse immense sont tousjours fichez sur nous ? Seneque escrivant à un sien ami, luy donne ce conseil : que, pour n'errer point en ses actions et paroles, et s'y comporter avec toute bienseance et droicture, il s'imaginast que Caton luy estoit tousjours present comme un severe censeur. A combien plus forte raison, nous qui sommes esclairés de la lumiere de la foy, qui sçavons que ce Dieu d'incomprehensible grandeur qui reside en une lumiere inaccessible est partout : par essence, remplissant et contenant en soy toutes choses ; par presence, les voyant toutes jusqu'au plus profond des cœurs sans que rien luy soit caché ; et par puissance, leur donnant l'estre et leur conservant l'existence : avec combien plus de raison, dis-je, devons-nous marcher avec une profonde reverence et crainte filiale, et avec toute circonspection, modestie et mortification, devant ceste incirconscripte majesté ?

Aussi, toutes les sainctes Escritures et les

saincts Peres et Docteurs nous recommandent fort de nous en souvenir tousjours, et d'avoir tousjours sa divine presence devant les yeux. *Ego Dominus omnipotens*, disoit Dieu à Abraham, *ambula coram me, et esto perfectus* : « Je suis le Seigneur tout-puissant, marche « devant moi, et sois parfaict ». Comme s'il luy disoit : Le moyen pour estre parfaict et m'estre entierement agreable, c'est de te tenir tousjours en ma presence. Et de fait, il n'y a rien qui nous aide plus à la perfection et qui nous y conduise plustost, que ce sainct exercice, tout compris en ces trois mots: *Deum cogita præsentem* : « Souviens-toy que Dieu est pre-« sent »; ou bien: « Pense que Dieu te regarde ».

En ces trois mots, dit le docte Pere del Rio, est l'abregé de toute la saincteté ; en iceux sont contenus tous les commandements et les conseils : c'est le sommaire de la loy et des prophetes, le recueil de la perfection chrestienne, et un chemin court et asseuré pour le royaume des cieux.

Sainct Basile affirme que cest exercice enflamme grandement le cœur à l'amour de Dieu, et à l'observance de ses saincts com-

mandements. « Car il n'est pas possible, dit-
« il, qu'on ne l'aime, ayant tousjours sa
« bonté immense devant les yeux et jouis-
« sant de son incomparable beauté [1]. »

Sainct Antoine, interrogé par un certain : Quoy faisant il pourroit plaire à Dieu? il luy respondit : « En quelque part que tu ailles, « aye tousjours Dieu devant les yeux ».

Le R. P. de Paz asseure aussi que si nous pouvons obtenir ceste grace, que dans le loisir et au milieu des affaires, estant seuls, et en compagnie, nous sçachions contempler ceste infinie majesté par tout presente, nous arriverons plus tost que nous ne pensons à un haut degré de perfection et vertu.

Et ubicumque fueris, nunquàm solus esse poteris, si Deus tecum sit [2]. « Au reste, dit
« sainct Bernard, jamais tu ne seras seul, si
« ton Dieu est avec toy. Partant, lors que tu
« es en la compagnie des autres, pense que tu
« ne pourras pas estre tousjours avec eux :
« choisis donc pour compagnon inseparable
« Celuy qui te gardera la foy, lorsque tu seras

---

1. In reg. expl., q. 5. — 2. De inter. dom.

« abandonné de tous les autres ; qui est fidele
« à ceux qui l'aiment, et ne se retire pas
« au temps de la tribulation et de l'angoisse.
« C'est ton Dieu, lequel tu dois choisir. » —
« Comme il n'y a aucune minute de temps,
« dit encore ce mesme sainct [1], en laquelle
« nous ne ressentions et recevions les effects
« de la divine clemence, il ne se devroit
« aussi passer moment, auquel nous ne
« l'ayons presente en la memoire. »

L'oubly de ceste presence de Dieu est la cause universelle presque de tous les pechés qu'on commet. *Non est Deus in conspectu ejus*, dit David, *inquinatæ sunt viæ illius in omni tempore.* « Il n'a pas Dieu devant les yeux, dit-il, par-
« lant du pecheur, partant il a souillé son
« ame en tout temps de toute sorte de pechez. »
Comme aussi, tout au contraire, la souvenance d'icelle est preservative de tout peché, mais souvenance accompagnée de consideration et respect. *Servavi mandata tua, et testimonia tua*, dit le Psalmiste, *quia omnes viæ meæ in conspectu tuo* [2]. « J'ay observé tous vos

1. De prof. SS. PP., lib. 2. — 2. Ps. 118.

« commandements et volontez, o mon Dieu,
« d'autant que je marche tousjours en vostre
« presence. » — « Le cœur occupé du sou-
« venir de Dieu, dit sainct Gregoire, ne peut
« pas consentir ny obeir à l'ennemy. » —
« Si nous croyons que Dieu nous est present,
« dit sainct Hierosme, qu'il voit tout et qu'il
« nous doit juger, et que nous ruminions cela
« bien souvent, je pense que jamais nous ne
« pecherons, ou fort rarement. » — « Celuy,
« dit Cassiodore, qui tient ses yeux interieurs
« fichez en Dieu, ne se laisse pas cheoir au
« peché. »

C'est pourquoy le Prophete [1] dit que Dieu desire cecy de nous sur toutes autres choses, à sçavoir, que nous marchions avec toute crainte et reverence devant son divin conspect. Tobie aussi y exhortoit son fils par ces paroles : « Tous les jours de ta vie, sou-
« viens-toy de Dieu, pense que tu es devant
« luy [2]. » — « Nous devons donc marcher,
« c'est-à-dire, vivre avec un grand soing
« devant nostre Dieu, dit Denys le Char-

---

1. Michée. 6. — 2. Tob. 4.

« treux, ayant tousjours grande crainte de
« deshonorer en quelque chose sa divine
« majesté, et offenser les yeux de son infinie
« saincteté; et de perdre par ainsi la grace en
« ceste vie, et la gloire en l'autre. » — « Une
« grande necessité de bien vivre nous est im-
« posée, dit Boece, puis que nous vivons
« devant les yeux de nostre Souverain-Juge,
« qui voit toutes choses. »

Sainct Dorothée, cognoissant bien l'importance de cest exercice, le donna et recom-
manda sur tout autre à son disciple Dosithée,
luy disant : « Que jamais la souvenance de
« Dieu ne sorte de ton cœur, pense qu'il t'est
« present et que tu es devant luy ». Ce bon
disciple le pratiqua simplement et soigneusement en la mesme façon que son maistre le
luy avoit dit, et par ce moyen il arriva en peu
de temps à une grande perfection.

CHAPITRE IX.

DU MOYEN DE PERSÉVÉRER DANS L'ABSTINENCE ET LA SOBRIÉTÉ ET DANS LES AUTRES VERTUS.

Afin de persévérer dans l'abstinence et la sobriété, tenez-vous toujours dans la crainte ; reconnaissez que c'est de Dieu seul que vous vient cette vertu, et demandez-lui la persévérance. Et si vous ne voulez pas tomber vous-même, ne jugez point les autres ; et ne vous indignez point contre eux, lorsque vous voyez qu'ils n'observent pas en man-

CAPUT IX.
DE MODO PERSEVERANDI IN SOBRIETATE ET ABSTINENTIA.

Ut autem in tali modo sobrietatis et abstinentiæ jugiter perseveres, sta jugiter in timore, et à Deo totaliter recognosce, et ab ipso perseverantiam pete. Et si non vis corruere, noli alios judicare, nec contrà eos indignationis spiritu movearis, si

geant l'ordre prescrit. Mais ayez pour eux une compassion sincère; priez pour eux ; excusez-les au fond de votre cœur, autant que vous le pouvez : en considérant que ni vous ni eux ne pouvez rien, qu'en tant que Notre-Seigneur vous tend la main pour vous soutenir; et que pour donner sa grâce il ne regarde pas nos mérites, mais son bon plaisir.

Si vous vous tenez dans ces pensées, vous demeurerez ferme. Car pourquoi tant d'hommes, après avoir commencé à pratiquer l'abstinence et les autres vertus, ne persévèrent-ils point, se laissant vaincre par l'abattement du

---

cos vides in edendo debitum ordinem non servare; sed eis compatiaris ex corde, et pro eis ora, et eos in corde tuo, quantùm potes, excusa, cogitando quòd nec tu potes aliquid, nec ipsi possunt, nisi quantùm Christus porrigit manum suam, qui non pro meritis tribuit, sed pro suæ beneplacito voluntatis. Si hæc cogitaveris, firmus eris. Nam quæ est causa, quòd multi quandòque incipiunt multa facere in abstinentiâ, et in aliis,

corps et la tiédeur de l'esprit? C'est uniquement à cause de leur orgueil et de leur présomption. Présumant trop d'eux-mêmes, ils s'indignent contre les autres, et se permettent de les juger au fond de leur cœur. C'est pour cela que Dieu leur soustrait ses dons, et ils deviennent tièdes; ou bien faisant par indiscrétion plus qu'il ne faut, ils tombent dans quelque infirmité. Puis, lorsqu'ils se voient en cet état, trop occupés du soin de rétablir leur santé, ils dépassent encore ici les bornes de la discrétion et deviennent plus gourmands que ceux qu'ils avaient condamnés

---

qui non perseverant, corpore torpente, et spiritu frigescente? Certè nulla alia nisi propter eorum elationem et præsumptionem, dùm de se præsumentes, aliis indignantur, eos in cordibus suis judicando. Et ideo Deus subtrahit ab eis donum suum, et vel spiritu frigescunt, vel ex indiscretionis vitio plùs facientes quàm oporteret, infirmitatem incurrunt : et sic tandem dùm ad restaurationem corporis intendunt, in hoc quoque

d'abord, comme je l'ai vu en plusieurs.

Il arrive en effet ordinairement que, par une permission de Dieu, celui qui juge les autres tombe dans le défaut qu'il leur reproche, ou même en des défauts plus grands. Servez donc le Seigneur avec crainte : et lorsque vous sentez votre cœur s'enorgueillir au souvenir des bienfaits dont le Très-Haut vous a comblé, armez-vous contre vous-même d'une sainte indignation, et reprenez-vous de votre ingratitude : de peur que le Seigneur ne s'irrite contre vous, et que vous ne vous écartiez de la

---

metas excedunt, efficiunturque gulosi plus quàm alii quos primitùs judicabant, sicut ego de quibusdam cognovi. Nam istud communiter accidit, quòd quicumque alium in aliquo judicat, Deus tandem permittit eum in illum defectum cadere, vel majorem. Ergo « servias Domino in timore [1] ». Et quandòcumque te sentis in exaltatione, ob

1. Ps. 2.

droite voie. En agissant ainsi, vous demeurerez ferme.

Je vous ai indiqué la manière la plus agréable au Seigneur de réprimer en vous la gourmandise. Mais, hélas! il en est bien peu qui n'excèdent plus ou moins, soit en mangeant trop, soit en négligeant à table les règles prescrites.

COMMENTAIRES.

(A) *Afin de persévérer, tenez-vous toujours dans la crainte.*

Le sainct Aucteur nous donne icy quelques advis et moyens pour perseverer en la saincte abstinence, qu'il a tant inculquée au

---

memoriam beneficiorum quæ tibi donat Altissimus, « apprehende disciplinam » increpationis et propriæ reprehensionis, « ne quando irascatur tibi Dominus, et pereas de viâ justâ [1] ». Si sic feceris, stabilis permanebis. Ecce indicavi tibi modum Altissimo gratum, contrà gulæ dominium, ad quem pauci pertingunt, qui non excedant, vel plùs vel minùs edendo, vel debitas circumstantias non servando.

1. Ps. 2.

precedent chapitre; et ils sont aussi necessaires pour conserver en nous toutes les autres vertus, graces et bonnes habitudes.

Celuy-cy est le premier, à sçavoir, de nous tenir tousjours en crainte, de n'entrer en aucune vaine asseurance pour les graces receues, ny pour les vertus qu'il nous semble avoir acquises; mais craindre tousjours de les perdre, et que justement, pour nos negligences et ingratitudes, Dieu ne se retire de nous. *Si non in timore Domini tenueris te instanter*, dit l'Ecclesiastique, *citò subvertetur domus tua*[1].« Si
« tu ne te tiens continuellement en la presen-
« ce de Dieu, ta maison, c'est-à-dire ton
« edifice spirituel, s'en ira bientost en rui-
« nes.» Voilà pourquoy, ailleurs, le Sage dit
que « l'homme est heureux, qui est tousjours
« en crainte »: *Beatus homo qui semper est pavidus*[2]; et sainct Paul nous exhorte à « ope-
« rer nostre salut avec crainte et treble-
« ment ». *Cum metu et tremore vestram salutem operamini*[3]. *In veritate didici*, dit sainct Bernard, *nihil æque efficax esse ad gratiam pro-*

1. Eccles. 27. — 2. Prov. 28. — 3. Philip. 2.

merendam, retinendam, recuperandam quàm si omni tempore coràm Deo inveniaris non altum sapere, sed timere. « J'ay appris en verité par « experience, qu'il n'y a rien de si efficace « pour meriter la grace, la conserver et re- « couvrer, que de se trouver en tout temps « devant Dieu ne presumer de soy haute- « ment, mais craindre humblement. »

Or ceste crainte, qui n'est autre chose qu'une entiere defiance de nous-mesme, doit estre accompagnée d'une ferme confiance en Dieu ; et nous faire tenir sur nos gardes contre toutes les embusches des ennemis, et pour eviter prudemment toutes les occasions de pecher : car « qui aime le danger, perira dans le danger ». *Qui amat periculum peribit in illo.*

(B) *Reconnaissez que c'est de Dieu seul que vient cette vertu.*

C'est le second moyen pour conserver les graces, que de recognoistre que tout vient de Dieu, que c'est luy qui les nous a données de sa pure bonté, veu que, comme dit sainct Jacques, « toute grace excellente et tout don

« parfait vient d'en haut, descendant du Pere
« des lumieres ». C'est donc luy qui de sa table
celeste nous envoye ses miettes, à nous petits
chiens qui sommes ça-bas, et de sa lumiere
inaccessible fait rayonner sur nous ses petites
bluettes ; et nous faut en cognoissant cela luy
en estre bien recognoissant, et rapporter
tout à sa divine majesté par humbles et frequentes actions de graces.

C'est un moyen extresmement utile pour
ne recheoir facilement aux fautes passées,
et nous faire amender de nos imperfections, que de rendre graces à Dieu fort particulierement et affectueusement, lors que, assistés de sa faveur, nous avons passé un jour
sans les commettre, surtout celles qui nous
travaillent le plus. Dieu a tant pour agreable le
soing que prend l'ame de l'en remercier une,
deux ou plusieurs fois le jour, qu'il la rend
ferme et stable en ses bons propos, et luy va
tousjours augmentant ses graces. Car si la
seule ingratitude, au dire de sainct Bernard,
empesche nostre advancement et profit spirituel, veu qu'elle est comme un vent qui brusle
et desseiche les ruisseaux de la divine mise-

ricorde, la fontaine de sa clemence et le courant de sa grace ; aussi, dit-il, lors que nous nous rendons recognoissants envers sa liberalité, nous faisons place en nous à ses dons et meritons d'en recevoir abondance.

(c) *Et demandez-lui la persévérance.*

C'est icy le troisiesme moyen. Et il n'est pas moins efficace que les autres : car, *petite, et accipietis*[1], dit nostre Sauveur : « Demandez, et vous recevrez ».

C'est chose asseurée, que nostre Dieu tout bon ne desire autre chose que de nous donner, continuer et accroistre ses graces ; mais il veut que nous les luy demandions humblement, instamment, avec confiance et perseverance. Luy-mesme nous en donne le commandement, nous disant tant de fois de demander, et que nous obtiendrons ; de frapper à la porte de sa clemence, et qu'il nous l'ouvrira ; de le chercher par nos oraisons et meditations, et que nous le trouverons. Cherchons, dit sainct Bernard[2], que

---

1. Joan. 16. — 2. Serm. de S. André.

Dieu multiplie en nous ses dons, et qu'il accroisse en nous les graces de son sainct Esprit, puisqu'il nous en a desjà donné les premices. Il n'y a point de plus certain tesmoignage qu'il nous est present, que le desir que nous avons d'une plus grande grace. Demandez donc, dit-il, mes tres-chers, demandez sans intermission, demandez sans hesitation. Car, dit-il ailleurs, Dieu ne mesprise pas nos prieres, et avant qu'elles soyent sorties de nostre bouche ou de nostre cœur, il commande qu'elles soyent escrites en son livre ; suivant ce que dit David : *Desiderium pauperum exaudivit Dominus :* « Le Seigneur a exaucé le desir des pauvres. » Et nous pouvons indubitablement esperer une de ces deux choses : ou qu'il nous donnera ce que nous demandons, ou bien qu'il nous donnera ce qu'il cognoistra qui nous sera plus expedient et utile. Sainct Chrysostome dit aussi [1], que comme les parfums bien mixtionnés delectent l'odorat de l'homme, ainsi l'oraison du juste est d'une suave odeur devant Dieu. Et

1. Oper. imp. hom. 13.

veux-tu sçavoir sa dignité? Aussi-tost qu'elle est sortie de la bouche, les saincts Anges la reçoivent et la presentent devant le throsne de la divinité.

(D) *Et si vous ne voulez pas tomber, ne jugez point les autres.*

Dieu s'est reservé de sonder et penetrer le secret des cœurs, nous n'y avons que veoir. C'est nous-mesmes qu'il faut juger, comme il a esté dit cy-dessus, et non les autres. Et c'est un juste jugement de Dieu, que lors que nous jugeons quelqu'un en nous indignant contre luy pour quelque imperfection, nous tombons en la mesme, et ou tost ou tard nous faisons pire qu'eux. Nous voyons les fautes, mais nous ne voyons pas l'humilité et contrition interieure qui les suit. Tel fera maintenant une faute qui semblera bien lourde, qui, au bout d'un peu ou alors mesme, s'en ira la pleurer et en faire quelque secrete penitence. « Veu donc qu'il n'est commis à aucun de « nous, dit sainct Bonaventure [1], de juger les

[1]. Reg. novit., cap. 12.

« secrets des cœurs, ne nous amusons pas à
« le faire, ny à mespriser nostre prochain ;
« mais quand l'envie nous en viendra, pour
« veoir faire quelque imperfection aux au-
« tres, regardons-nous aussitost nous-mes-
« mes, et nous souvenant de nos pechés,
« fautes et miseres, condamnons-nous, disant
« avec le prophete : *Ego sum qui peccavi, ego*
« *sum qui iniquè egi* [1] : « C'est moy qui ay
« peché, c'est moy qui ay mal fait et offensé
« mon Dieu. »

1. II Reg. 24.

CHAPITRE X.

DES RÈGLES QU'IL FAUT OBSERVER DANS LE SOMMEIL ET LES VEILLES, DANS LES LECTURES, LES PRIÈRES ET LA MÉDITATION.

Efforcez-vous encore d'observer les règles de la discrétion dans le sommeil et les veilles (A); car il est très-difficile de garder en cela une juste mesure. Remarquez ici qu'en deux choses surtout il y a grand danger pour le corps, et par suite pour l'âme, à dépasser les bornes de la discrétion : dans l'absti-

---

CAPUT X.

DE MODO SERVANDO IN SOMNO ET VIGILIIS, LECTIONIBUS, ORATIONIBUS ET CONTEMPLATIONIBUS.

Post hoc niteris circà somnum et vigilias modum magis debitum custodire, in quo valdè difficile est habere mensuram. Ubi nota, quòd duo sunt in quibus specialiter imminet periculum corpori, et per consequens animæ, si discretionis

nence excessive, et dans les veilles désordonnées. Il n'en est pas ainsi de l'exercice des autres vertus, où l'excès est beaucoup moins dangereux. Voici donc la ruse qu'emploie le diable à notre égard. Lorsqu'il voit un homme fervent, il lui persuade de pratiquer de grandes abstinences et de grandes veilles ; et il affaiblit par là son corps, jusqu'à ce qu'il tombe malade et ne soit plus bon à rien ; bien plus, qu'il soit obligé après cela, comme je l'ai déjà dit, de manger et de dormir plus que les autres. Et cet homme n'ose plus ensuite s'exercer aux veilles et à l'absti-

---

limites excedas : scilicet, in nimiâ abstinentiâ, et vigiliâ inordinatâ. Nam in aliis virtutum exercitiis non sic est periculum in excessu. Et propter hoc diabolus habet istam astutiam finaliter, quòd si videt hominem spiritu ferventem, immittit ipsi suggestiones ut faciat abstinentias et vigilias magnas, ut per hoc inducat eum ad tantam corporis debilitatem, quòd infirmetur et debilitetur ; et quòd ulteriùs ad nihil valeat, imò, ut suprà

nence, se souvenant des résultats fâcheux qu'elles ont eus pour sa santé. Il cède en cela aux suggestions du diable, qui lui dit : Ne fais pas ceci, ne sais-tu pas que tu es tombé malade pour l'avoir fait? Il ment, car ce ne sont pas les veilles et l'abstinence qui l'ont rendu malade, mais bien l'indiscrétion avec laquelle il les a pratiquées.

Un homme simple ne comprend pas les sophismes du diable, et celui-ci cherche à le faire tomber des deux côtés. Car, sous prétexte de le porter au bien, il lui dit : Tu as commis tant de péchés! comment pourras-tu les expier?

---

dixi, ut plùs posteà comedat et dormiat quàm alii. Et talis nunquàm audet assumere exercitium in vigiliis et abstinentiis, recognoscens se per talia infirmitatem incurrisse, sibi diabolo suggerente et dicente : Non facias talia; nescis quòd ob talia fuisti infirmus? cùm tamen non fuerit per vigilias et abstinentiam infirmatus, sed quia in his discretionis tramitem non servavit. Unde homo simplex non intelligit sophismata diabolica,

Ou, s'il n'a point de crimes énormes à se reprocher, il lui dit : Vois tout ce qu'ont souffert les martyrs et les ermites. Et comme ces suggestions ont une apparence de bien, l'homme simple croit qu'elles ne peuvent venir que de Dieu ; qui les permet surtout lorsqu'on n'a pas recours tout d'abord à lui avec humilité et crainte, et lorsqu'on ne le prie pas instamment de nous éclairer et de nous diriger. Car il ne manquerait pas d'éclairer et de diriger lui-même celui qui le prierait avec ferveur, s'il n'avait pas de guide pour le conduire. Pour celui qui vit sous la sainte obéis-

---

quibus ex utrâque parte decipitur. Unde sub colore boni, ipsi dicit : Tu fecisti tot peccata ; quandò poteris satisfacere ? Vel si non fecerit peccata enormia, dicit ei : O quanta passi sunt Martyres et Eremitæ ! Et credit simplex homo, quòd cùm talia habeant speciem boni, non possint esse nisi à Deo : et Deo permittente hoc fit, maximè quandò talis primò cum magnâ humilitate et tremore, et cum instantiâ orationum non re-

sance, et dont tous les mouvements sont dirigés par une règle, il est prémuni contre ces illusions, lors même que son père spirituel se tromperait en quelque chose à son égard. Dieu, en effet, dans ce cas, à cause de son humilité et de son obéissance, disposera tout pour son bien, comme on pourrait le prouver par beaucoup d'exemples.

Voici donc ce que vous pourrez observer relativement au sommeil et aux veilles. L'été, après le dîner, lorsqu'on aura sonné la cloche pour le silence, prenez un peu de repos ; car ce temps convient moins aux exercices

---

currit ad Deum, qui eum illuminaret et dirigeret, quandò non reperiret hominem directorem. Homo enim qui sub obedientiâ sanctâ consistit, et continuè per regulam directionis dirigitur et instruitur, à talibus deceptionibus tutus est, etiam si ipse pater spiritualis aliquandò aliqualiter erraret. Deus enim propter humilitatem obedientiæ totum sibi disponit ad bonum, sicut probari posset multis auctoritatibus et exemplis.

spirituels, et vous pourrez de cette manière veiller davantage la nuit. Mais toutes les fois que vous voudrez vous livrer au sommeil, observez comme une règle générale, d'avoir toujours dans l'esprit, avant de vous endormir, quelque psaume ou quelque pensée spirituelle que vous puissiez méditer, dans laquelle le sommeil vous surprenne, et qui se représente ensuite à votre imagination.

En général, ne veillez pas beaucoup le soir : la veille du soir empêche l'attention et la dévotion à l'office de Matines. Elle rend ordinairement somnolent, pesant et tiède : bien plus, elle

---

Itaque circà somnum et vigilias, talis modus poterit observari : ut scilicèt, tempore æstivo, post prandium, postquàm campana pro silentio est pulsata, subinde quieti membra componas. Etenim illud tempus ad spiritualia exercitia minùs aptum est, et per hoc in nocte ampliùs poteris vigilare. Hoc tamen generaliter debes observare quotiescumque vis dormire, ut semper vel psalmos rumines vel spirituale aliquid mediteris, quod

empêche quelquefois d'assister à Matines.

Fixez-vous donc quelques courtes prières, quelques lectures ou quelques méditations, dont, le soir, vous occupiez peu de temps votre esprit avant de vous endormir (B). Entre autres méditations, je vous engage, si votre dévotion vous y porte, à penser aux choses qui sont arrivées à cette heure dans la passion de Notre-Seigneur. Vous pouvez observer cette même pratique aux autres heures, d'après la méthode que nous a enseignée saint Bernard, ou selon que le Seigneur vous l'inspirera.

---

etiam somnum intercipiat et quandòque tibi in imaginatione præsentetur. In sero hoc communiter habeas, ut non multùm vigiles : nam per vigiliam serotinam impeditur attentio et devotio in matutinali officio. Est enim communiter talis somnolentus, gravis et indevotus, quandò nimis vigilat in sero : imò aliquandò ex toto à matutinali officio cogitur remanere. Igitur statue tibi aliquas breves orationes, vel aliquam lectionem vel me-

Car tous n'ont pas la même dévotion : l'un se trouve plus porté à la piété par une chose, l'autre par une autre. Il suffit à quelques-uns d'habiter avec simplicité dans les *trous de la pierre*, comme dit l'Écriture.

Personne cependant, quelle que soit sa supériorité d'esprit, ne doit jamais omettre ce qui peut l'exciter à la dévotion; et même il doit en tout ce qu'il lit ou étudie se reporter vers Notre-Seigneur, en s'entretenant avec lui, et lui demandant l'intelligence. Lorsqu'il étudie, il doit souvent détourner pour un moment les yeux de son livre, les fer-

---

ditationem, quibus in sero, antequàm dormias, breviter occuperis. Et inter illas meditationes, si in hoc fertur tua devotio, potest tua mens ferri ad ea quæ in Passione Domini illâ horâ contigerunt, et similiter faciendo in omnibus aliis horis, juxtà modum quem habes à S. Bernardo traditum, vel prout tibi Dominus inspiraverit. Non enim est omnium devotio uniformis, sed alius plus alio excitatur. Aliis enim sufficit in suâ simplicitate in

mer, et se cacher dans les plaies de Jésus-Christ, et puis se remettre à lire.

Parfois aussi laissez l'étude, et, vous mettant à genoux, adressez à Dieu quelque courte et fervente prière. Ou même sortez de votre cellule, allez à l'église, dans le cloître ou au chapitre, où l'impulsion de l'esprit vous portera ; et par quelques prières prononcées, ou simplement par les gémissements et les soupirs ardents de votre cœur, implorez le secours de Dieu, présentez au Très-Haut vos vœux et vos désirs, et implorez aussi le secours des saints. Cela peut se faire quelquefois sans psaumes et sans prières

---

foraminibus habitare. Nullus tamen, quantùmcumque pollens ingenio, debet omittere ea quæ possunt eum ad devotionem excitare : imò quæ legit vel studet, debet ad Christum reflectere, cum ipso loquendo, et ab ipso intelligentiam postulando. Sæpè dùm actu studet, à libro debet ad horam oculos avertere, et, oculis clausis, se in Christi plagis abscondere, et iteratò se ad librum convertere. Etiam quandòque debet à studio sur-

vocales : d'autres fois cependant ces bons mouvements nous viennent à l'occasion de quelques versets d'un psaume, ou d'un autre passage de l'Écriture, ou du livre d'un saint, Dieu nous inspirant alors intérieurement les désirs ou les pensées qui se présentent à nous. Mais lorsque cette ferveur, qui ordinairement dure peu, sera passée, vous pouvez rappeler à votre souvenir les choses que vous avez étudiées auparavant, et vous en aurez alors une intelligence plus claire. Après cela retournez à l'étude ou à la lecture; puis appliquez-vous de nouveau à la prière, allant ainsi d'un

---

gere, et in cœlum flexis genibus aliquam ignitam orationem cum brevitate ad Deum fundere, vel etiam cellam egredi, et Ecclesiam, claustrum vel capitulum circumire, secundùm quòd impetus spiritûs eum fert; et aliquandò oratione formatâ vel informi, per gemitus et suspiria de ebullitione cordis divinum auxilium implorando, vota sua et desideria Altissimo præsentando, Sanctorum ad hæc auxilium implorando. Et illud negotium

exercice à l'autre. Par cette alternation, vous aurez et plus de dévotion dans la prière, et l'esprit plus éclairé dans l'étude.

Quoique cette ferveur de dévotion que l'on ressent après l'étude et la lecture puisse venir indifféremment à toute heure, selon que daigne la donner celui qui dispose suavement toute chose comme il le veut, cependant c'est ordinairement après matines qu'elle se fait sentir. C'est pour cela qu'il faut peu veiller le soir, afin que l'esprit tout en-

---

quandòque agitur sine Psalmis, et sine quibuscumque orationibus exteriùs formatis verbo, quamvis hoc aliquandò initium sumpserit vel ex aliquo versu Psalmi, vel alterius Scripturæ, sive alicujus Sancti, nobis interdùm Deo inspirante interiùs proprio desiderio vel cogitatu adinventum. Cùm autem ille fervor spiritùs transierit, qui communiter parùm durat, potes ad memoriam revocare ea quæ paulò antè studueras, et tunc dabitur tibi clarior intellectus : quo facto, iteratò ad studium redeas vel ad lectionem, et iteratò ad

tier puisse vaquer après matines à l'étude et à la prière.

La nuit donc, lorsque vous entendez l'horloge ou tout autre signal, secouant toute paresse, levez-vous aussitôt, comme si le feu était à votre lit (c); et, vous mettant à genoux, répandez avec ferveur devant Dieu quelques prières, un *Ave Maria*, par exemple, ou toute autre oraison capable d'enflammer davantage votre cœur.

Mais remarquez que pour se lever facilement, sans qu'il en coûte, et même

---

orationem, et sic alternando commutes. Nam per hujusmodi commutationem, in oratione majorem reperies devotionem, et in studio intelligentiam clariorem. Iste autem fervor devotionis post studium lectionis, licèt quâcumque horâ indifferenter veniat, secundùm quòd ille dignatur immittere qui suaviter disponit omnia prout vult, tamen communiter post matutinas ampliùs evenire consuevit. Et ideò in serò parùm vigiles, ut totum spiritum post matutinas in studio et oratione valeas occupare.

avec un certain empressement, il est bon de dormir sur un lit dur, et de se coucher tout habillé. Le vrai serviteur de Dieu doit tenir pour règle générale, de fuir tout ce qui sent la mollesse et le bien-être, sans dépasser toutefois les limites de la discrétion. Contentez-vous donc d'une paillasse; et plus elle sera dure, plus elle doit vous être agréable. Pour vous défendre du froid, ayez une ou deux couvertures, selon la saison et la nécessité. Que le chevet de votre lit soit un simple sac rempli de paille : n'ayez point

---

Igitur in nocte, dùm audis horologium vel quodcumque signum, statim excussâ omni pigritiâ à strato discedas, ac si ibi esset ignis accensus, et flexis genibus cum fervore aliquam orationem effundas, saltem *Ave Maria*, vel aliud in quo animus tuus magis inflammatur.

Ubi nota quòd, ad hoc ut faciliter et sine molestiâ imò cum quâdam alacritate tunc surgas, multùm facit si suprà stratum durum dormias, et jaceas indutus. Hoc debet habere generaliter servus Dei, ut omnem mollitiem et complacentiam fugiat : itâ ta-

d'oreiller, c'est une délicatesse que vous devez vous interdire aussi bien que toutes les autres. N'ayez point de linge non plus près du visage, ou au cou, ou à la ceinture, si ce n'est dans les nuits d'été à cause de la sueur ; car la nature n'a point besoin de toutes ces choses, et ce sont de mauvaises habitudes qui se sont introduites. Dormez habillé comme vous l'êtes le jour, et contentez-vous d'ôter vos souliers et de lâcher votre ceinture. Vous pouvez toutefois, dans les grandes chaleurs d'été, ôter

---

men, quòd discretionis limites non excedat. Habeas igitur stratum de paleis, quæ quantò ampliùs expressione duratæ extiterint, tanto gratiores debes habere, et super ipsas sufficiat tibi fasciatam seu coopertorium habere ; pro tegumento autem contrà frigus stragulam unam vel duas, pro temporum diversitate, secundùm quod tua necessitas postulabit. Ad caput autem sacculum plenum paleis habeas, et fugias mollitiem pulvinaris, et similiter omnes mollities alias assuetas, sicut de sudariis sub maxillâ vel ad collum, seu ad zonam, nisi

votre chape, et ne garder que votre scapulaire. Si vous dormez de cette manière, vous vous lèverez sans peine, et même avec joie et empressement.

COMMENTAIRES.

(A) *Efforcez-vous d'observer les règles de la discrétion dans le sommeil et les veilles.*

Pour eviter les extremités vicieuses, mesme celle qui a plus d'apparence de vertu, la discretion est fort necessaire, comme dit le sainct Auteur, et comme j'ay remarqué cy-dessus ; la discretion qui, selon sainct Bernard[1], n'est

---

fortè de nocte in æstivo tempore propter sudorem. Nam talibus natura non indiget, sed sunt quædam malæ consuetudines introductæ. Dormias etiam indutus, sicut de die, nisi quòd sotulares debes extrahere, et corrigiam relaxare. Potes tamen tempore æstivo magni æstûs, cappam detrahere, et cum solo scapulari quiescere. Si per istum modum dormias, non erit tibi molestum surgere, imò citò et cum alacritate consurges.

1. Serm. 49 in Cant.

pas tant une vertu comme la moderatrice et gouvernante des autres vertus. C'est elle qui ordonne les affections, c'est elle qui reigle les mœurs et qui met bon ordre en toutes choses. Mais, au reste, ce milieu est facile à tenir pour les religieux et toutes personnes qui se gouvernent par obeissance, comme dit un peu plus bas nostre Sainct. Ils n'ont autre chose à faire qu'obeir et donner à leur corps le repos qui leur est concedé, sans en oster ny y adjouster sans permission.

(B) *Fixez-vous donc quelques courtes prières... dont vous occupiez votre esprit, avant de vous endormir.*

C'est le conseil que donne sainct Bernard, et nostre Aucteur ne faict icy que s'y rapporter. C'est en l'Epistre de la vie solitaire, et il dit ainsi : « Voicy un bon remede pour n'em-
« ployer plus de temps au sommeil qu'il n'est
« besoin, et pour se lever promptement.
« Allant te coucher, porte tousjours en ta
« memoire quelque saincte pensée, sur la-
« quelle tu t'endormes doucement, qui

« t'aidera aussi à ne faire que de bons son-
« ges, et qui à ton premier reveil se pre-
« sentera à ton esprit, et te remettra au mesme
« estat, aux mesmes bons desirs et intentions
« du jour precedent. Tu t'endormiras paisi-
« blement, tu reposeras en paix, tu t'esveil-
« leras facilement, et, te levant, tu te trou-
« veras prompt et agile pour reprendre ce
« que tu n'avois entierement laissé. »

(c) *La nuit donc, lorsque vous entendez l'horloge, levez-vous aussitôt.*

Nous voicy donc à nostre saincte et devote minuit, une des plus sainctes observances que les saincts Peres ayent establies dans les Ordres religieux. Elle est particulierement fort celebre ou solennelle dans le nostre, qui l'a cherie et soigneusement observée dès son institution. Veilles de minuit tant celebrées dans les sainctes Escritures, et si constamment gardées par tous les saincts religieux et anachoretes, et encores, en ce siecle pervers, inviolablement observées par la plupart des congregations religieuses ; veilles remplies de tant d'utilités, de si haut merites, et de si ineffables suavités ! Car que peut-il y avoir de plus devot et de plus doux, que de se lever à la premiere heure du jour lors que tout est en silence, pour rendre hommage à nostre Createur ; aussi tost que le nouveau jour commence, de commencer d'une ferveur nouvelle à louer, glorifier et servir Celuy que servent toutes choses, et par l'ordonnance duquel les jours et les nuicts vont s'entresuivant alternativement avec un si bel ordre, comme dit le Prophete : *Ordinatione tuâ perseverat dies, quoniam omnia serviunt tibi?*

O quel bon heur, lors que les seculiers dorment assoupis dans leurs licts, de laisser le sommeil et le lict pour aller chanter les louanges de Celuy que les Anges louent incessamment ! Quel bon heur, lors que ce silence profond et universel excite si puissamment le cœur à s'eslever aux choses celestes, de le rompre non par autre bruit, que par des voix pleines de jubilation ! d'offrir à ce grand Dieu les premices de nos pensées, de nostre cœur et de nos corps, au commencement, dans le plus precieux et devot temps du jour : afin que le jour ne commence plus tost, que nous ne commencions aussi nostre humble et petit service à l'honneur de celuy qui nous a conservé jusqu'à ce moment la santé et la vie; et qui, estant en ce monde avec nous, a si souvent passé les nuits entieres à prier Dieu son Pere pour nous!

Pernoctabat in oratione Dominus Jesus, dit sainct Ambroise, *non indigens precationis auxilio, sed statuens tibi imitationis exemplum. Mediá nocte, ait Propheta, surgebam, etc., et tu surge vel media nocte, si non potes tota nocte vigilare.* « Nostre-Seigneur Jesus pas« soit les nuicts en oraison, non qu'il eut « besoing de la priere, mais pour te don« ner cest exemple à imiter. Le Prophete « dit : « Je me levois à minuict pour vous « louer ». Leve-toy donc aussi à la minuict, « si tu ne la peux veiller toute entiere. » Comme s'il disoit : Bien que nos forces ne nous permettent d'imiter entierement nostre Sauveur, nous en devons neantmoins avoir le desir, et l'imiter en tout ce que nous pourrons, veillant une partie de la nuit pour son amour, puisqu'il en a tant veillé d'entieres pour nous.

Consurge, lauda in nocte in principio vigiliarum, effunde sicut aquam cor tuum ante conspectum Dei [1], dit Jeremie: « Leve-toy « pour louer Dieu, la nuict, au commence- « ment des veilles ; et respands ton cœur « comme de l'eau, en la presence du Sei- « gneur ». Qu'eust pu dire le Prophete plus accommodé à ce que pratiquent les religieux ? Il nous exhorte à nous lever « la nuict, au « commencement des veilles », c'est-à-dire promptement, aussi-tost que le temps de veiller est venu ; à « louer Dieu », ce qu'il dit avec emphase, car le mot hebreu qui signifie louer, signifie aussi, criez, preschez, chantez, rejouissez-vous et tressaillez de joye : le Sainct-Esprit nous donnant à entendre avec quelle joye, ferveur, vigueur et allegresse nous devons chanter ses louanges et prescher ses divines grandeurs. Il nous exhorte enfin à « respandre nostre cœur devant Dieu », ce qui se fait en l'oraison qui suit immediatement après Matines.

Isaïe aussi, en ce cantique qu'il prophetisoit les fideles devoir chanter apres la venue

1. Thr. 2.

du Messie, dit ainsi : *Anima mea desideravit te in nocte, sed et spiritu meo in præcordiis meis de mane vigilabo ad te* [1] : « Mon ame vous « desire la nuict, o Seigneur, et d'un esprit « prompt et d'une affection intime et cordiale, du plus grand matin, je m'esveilleray « et me leveray pour vous servir ».

Mediâ nocte surgebam ad confitendum tibi super judicia justificationis tuæ [2], dit le Prophete-Royal. « Je me levois à minuict, pour vous louer « sur les jugements de vos justifications. » Et il adjouste immediatement : *Particeps ego sum omnium timentium te* : « Je suis participant « avec tous ceux qui vous craignent » ; et la phrase hebraïque dit : *Socius ego sum omnibus qui timent te* : « Je suis associé à tous ceux « qui vous craignent ». En ces deux interpretations sont marquées deux excellentes utilités des veilles de minuict. L'une, qu'en y assistant nous nous rendons compagnons d'innombrables saincts personnages, remplis de crainte et d'amour de Dieu, qui, à ces mesmes heures, font le mesme que nous fai-

1. Isaïe 26. — 2. Ps. 118.

sons : de sorte que nous louons Dieu en leur compagnie, associés avec eux tous par l'union de volonté et d'intention, qui n'est qu'une en eux et en nous, à sçavoir de plaire à Dieu et de le glorifier. L'autre, que nous participons particulierement à leurs prieres et merites ; et nos louanges et oraisons, unies aux leurs, en sont beaucoup plus valables et meritoires. Et quelle consolation de penser à la grande multitude des serviteurs et servantes de Dieu qui nous tiennent compagnie en un si sainct exercice, et dont la ferveur supplée à nostre froideur !

Memor fui nocte nominis tui, Domine, et custodivi legem tuam[1], dit le mesme Prophete. « Je me suis souvenu de vostre « sainct nom la nuict, et j'ay gardé vostre « loy », me levant pour accomplir la loy de vostre amour et de vostre saincte volonté. Et ailleurs : *Si memor fui tuî super stratum meum, in matutinis meditabor in te :* « Ainsi me suis-je souvenu de vous sur ma « couche, aux veilles je mediteray en vous »,

---

1. Ps. 118.

c'est-à-dire, je me leveray pour considerer tout à loisir vos merveilles en ce silence nocturne. Et c'est aussi, selon ce qu'unanimement asseurent tous les Docteurs, le temps le plus propre pour prier. *Cum profundum nocturnus sopor inducit silentium*, dit sainct Bernard[1], *tunc planè liberior exit puriorque oratio.* « Quand le
« sommeil nocturne impose un profond si-
« lence à toutes choses, alors l'oraison sort
« plus libre et plus pure ; au plus secret de
« la nuict, elle monte comme une fumée d'en-
« cens n'ayant autre tesmoing que Dieu, et
« le sainct ange gardien qui la reçoist pour la
« presenter à l'autel supresme. »

Nostre sainct Aucteur donc nous recommande de ne nous comporter pas froidement et laschement en ce sainct œuvre de si grande importance ; mais de secouer toute paresse, lors que l'heureuse heure est venue en laquelle il nous faut lever ; et il exagere fort ceste sienne admonition, disant que nous devons sauter du lit avec telle promptitude, comme si un grand feu s'y estoit allumé. O que ceste

---

1. In tract. Ecce nos...

promptitude donne de lustre à ceste action, qui estant la premiere du jour, donne le branle à toutes les autres ! Lorsqu'elle est faicte avec amour et ferveur, elle dispose l'ame à continuer de mesme le reste de ses actions et exercices et à recevoir plusieurs dons celestes. *Qui de mane vigilaverint ad me*, dit la Sagesse, *invenient me* [1]. « Ceux qui de « grand matin se leveront avec diligence pour « me chercher, me trouveront. » Tout au contraire, la paresse et tardiveté enlaidit nos œuvres, et leur leve une grande partie du merite, et nous frustre des privileges octroyés aux diligents. La manne n'estoit que pour les matiniers [2], les paresseux en jeusnoient ; de mesme, les graces et consolations spirituelles ne se donnent pas aux negligents et paresseux qui croupissent dans leurs lits, ou qui, s'ils se levent, ne le font qu'à regret, après avoir long-temps marchandé avec le chevet et adheré à la paresse. *Usquequò dormies, piger* [3] ? dit le Prophete. « Jusqu'à quand dormiras-tu, paresseux ? » n'auras-tu jamais assez dormy ?

---

1. Prov. 8. — 2. Exod. 16. — 3. Prov. 6.

C'est chose digne d'admiration, que nous prenions tant de plaisir au sommeil, qui n'est que l'image de la mort, laquelle naturellement nous craignons et redoutons. Nous devrions bien fuir sa vive representation, et n'en prendre que justement ce qui est necessaire. Adjoustez aussi ce que dit sainct Bernard, que « nul « temps de nostre vie n'est si mal employé, « que celui qui est donné au sommeil ». *Nil temporis tam deperit de vitâ nostrâ quam quod somno deputatur.*

CHAPITRE XI.

DE LA MANIÈRE DE DIRE MATINES ET LES AUTRES HEURES.

Lorsqu'on dit l'office de la sainte Vierge, récitez-le à la porte de votre cellule, debout, sans vous appuyer, d'une voix distincte, avec un esprit attentif, et l'âme joyeuse; et tenez-vous comme si vous voyiez des yeux du corps Notre-Dame devant vous (A). L'office de la Vierge une fois terminé, si vous n'avez plus rien à faire dans votre cellule,

---

CAPUT XI.

DE MATUTINIS ET ALIIS HORIS DICENDIS.

Dum igitur Officium de B. Virgine dicitur, stans in ostio cellæ tuæ, non apodiatus, sed super pedes, cum omni attentione, competenti voce, distinctè et alacriter dicas Officium Virginis gloriosæ, et te sic habeas, quasi eam cerneres corporalibus oculis coràm te. Officio Virginis terminato, et completâ corporis necessitate, ad ecclesiam vadas,

allez à l'église ou au cloître, là où vous trouverez plus de dévotion. Notez bien que le serviteur de Dieu, lorsqu'il revient à sa cellule ou à quelque autre lieu, ou qu'il en sort, ne doit pas avoir l'esprit oisif, mais repasser les Psaumes ou quelques pieuses pensées dans son esprit. Il peut venir au chœur avant le commencement de l'office, et faire quelque méditation spirituelle, afin de pouvoir ensuite chanter avec plus de piété et d'attention les psaumes avec les autres prières.

Lors donc qu'on aura sonné Matines,

---

vel ad claustrum, prout majorem devotionem invenies. Ubi nota, quòd servus Dei eundo et redeundo ad cellam, vel in quocumque alio loco, non debet esse otiosus corde, sed vel Psalmos, vel aliquid spirituale ruminare. Potes tamen, antè inchoationem Officii, chorum intrare et aliquid spirituale præmeditari, ut devotiùs et attentiùs cum aliis Psalmos valeas decantare. Pulsatis igitur Matutinis, et factis veniis vel inclinationibus, psallendo sta super pedes tuos, non apodiatus,

et que toutes les prostrations et inclinations seront faites, psalmodiez debout, sans être appuyé (B) : tenez-vous bravement et de corps et d'esprit devant votre Dieu, et chantez joyeusement ses louanges, considérant que les saints anges sont certainement présents en ce lieu. Vous devez donc, pendant que vous psalmodiez, les révérer continuellement; car ils voient dans le ciel la face de Dieu le Père, que vous ne voyez encore vous-même qu'en énigme et comme en un miroir. N'épargnez point votre voix, en gardant toutefois la dis-

---

sed corde et corpore sta viriliter coràm Deo tuo ; et ipsius laudes cum omni alacritate decanta, recogitans quòd sine dubio sancti Angeli sunt præsentes, in quorum conspectu psallens Deo, eos debes continuè revereri : utpotè qui faciem Dei Patris in cœlis vident, quam tu nondùm nisi per speculum in ænigmate contemplaris. Numquàm parcas voci, quantùm potes, discretione regente. Non prætermittas iota unum, tàm de Psalmis, versibus, dictionibus, syllabis, quàm de voce.

crétion voulue (c). N'omettez rien des psaumes, pas un verset, pas un mot. pas une syllabe, et faites de même pour tout ce qui doit être chanté. Si vous n'avez pas la voix aussi forte que les autres, chantez plus bas. Si vous le pouvez, chantez les psaumes et les hymnes dans un livre, ayant l'esprit élevé vers Dieu, ainsi que dans les autres prières, afin que vous en receviez plus de consolations spirituelles.

Prenez bien garde de laisser paraître aucun signe de légèreté soit dans vos actes extérieurs, soit dans vos gestes,

---

Et si non potes æquali voce cum aliis, saltèm cum voce submissà. Et si potes, Psalmos et hymnos cantes in libro, ad Deum intellectum habens in Psalmis et cæteris orationibus, ut consolationem spiritûs reportes. Tunc oportet te esse sollicitum ne in actu exteriori, scilicèt in gestu corporis et sono vocis, aliquid appareat levitatis : sed tunc specialiter oportet te servare mentem, et debitam gravitatem. Nam spiritualis lætitia in quamdam convertitur levitatem, nisi fræno discretionis actus

soit dans le son de votre voix. C'est alors surtout que vous devez être attentif, et garder la gravité convenable : car la joie spirituelle dégénère facilement en quelque légèreté, si les actes extérieurs ne sont retenus par le frein de la discrétion. Efforcez-vous de psalmodier d'esprit et de cœur. Car l'homme, surtout dans les commencements, lorsqu'il n'est pas encore bien fortifié dans le service de Dieu, a beaucoup de peine à se préserver des distractions pendant la psalmodie.

Gardez toujours au chœur votre place,

---

comprimantur extrinsecùs. Toto conatu tuo facias, *ut psallas spiritu et mente*. Nam magnus labor est homini, præcipuè incipienti, nondùm in Deo roborato, tempore Psalmodiæ mentem ab evagatione constringere. Semper in choro teneas locum tuum, et communiter te ponas in uno loco, nisi forté alius venerit, cui meritò cedere oporteret. Si in choro prævideris aliquem defectum, per te vel per alium supplere satàge. Unde nota, quòd Deus gratum haberet, si pridiè prævideres rubri-

à moins que vous ne soyez obligé de la céder à quelqu'un de plus digne. Si vous voyez faire quelque faute au chœur, tâchez d'y suppléer par vous ou par un autre : vous feriez une chose agréable à Dieu, si la veille vous étudiiez les rubriques et l'office du lendemain, de manière à être prêt à suppléer les fautes et les négligences des autres. Mais s'il s'élève au chœur quelque controverse sur ce qu'on doit lire ou chanter, prenez bien garde d'ouvrir la bouche quand même vous seriez sûr de ce qu'il faut dire, et ne faites pas comme

---

cas et omnia dicenda in choro, et paratus esses ad omnes defectus et negligentias aliorum supplendas. Sed caveas, quòd dùm in choro est aliqua controversia super iis quæ sunt dicenda vel cantanda, nec tu os tuum aperias, etiam si certus esses de eo quod dicendum esset. Sunt multi, qui pro uno modico multùm litigant. Minùs enim malum esset errare quàm litigare. Si autem unico verbo posses errorem chori corrigere, tunc facere debes, specialiter si tu es de provectioribus in

d'autres qui pour un rien disputent beaucoup : car, après tout, c'est un moindre mal de se tromper que de disputer. Si cependant vous pouviez par un seul mot redresser le chœur, vous devez le faire, surtout si vous êtes des plus anciens. Mais si vous sentez quelque mouvement d'impatience, vous ferez mieux de vous appliquer à le réprimer. Si quelqu'un lit ou chante mal, ou fait quelque autre chose mal à propos, ne murmurez point, et ne cherchez point à le corriger ; car cette sorte de correction montre un peu de vanité.

---

choro. Si autem te vides spiritu impatientiæ agitari, meliùs est quòd tu studeas motum animi tui subjugare. Si autem aliquis malè legit vel cantat, vel quocumque modo se ineptè se habet, non submurmures vel corrigas. Est enim species cujusdam jactantiæ talis correctio. Item in lectione, quantùmcumque quis malè et ineptè legat, nec etiam aliquod signum facias, quia hoc est signum mentis vento elationis inflatæ. Quandò multi subitò currunt ad aliquem

Faites de même pendant la lecture : quelque mal qu'on lise, ne vous permettez aucun signe extérieur de mécontentement; car vous montreriez par là que vous avez l'esprit enflé par l'orgueil. Lorsque plusieurs s'empressent pour suppléer quelque manquement, tenez-vous tranquille. Que si personne n'essaie de le faire, faites-le vous-même avec toute la modestie convenable ; mais si vous le pouvez, il vaut mieux prévenir cette faute que de la réparer. Ne lisez jamais deux leçons ou deux répons de suite, surtout lorsqu'il y a beaucoup de frères au chœur ; cela n'est

---

defectum supplendum, non te ingeras. Si autem nullus esset supplens, tunc cum omni modestiâ ad supplendum occurras : sed si potes, taliter defectum anticipes, ne valeat deprehendi. Cave tamen ne duas lectiones immediatè legas, vel duo Responsoria, nisi tantus esset defectus fratrum, quòd non posset aliter fieri, et maximè ubi est multitudo fratrum. Item non de facili te ingeras, si juvenis es, ad dicenda ea quæ pertinent ad an-

permis que lorsque le nombre des frères est si petit qu'il est impossible de faire autrement. Si vous êtes jeune, gardez-vous de dire ce qui appartient aux anciens. Ne regardez point de côté et d'autre pour voir comment les autres font, ou comme ils se tiennent; mais ayez les yeux baissés vers la terre, ou élevés vers le ciel, ou fermés, ou fixés sur le livre.

Lorsque vous récitez l'office divin, soit que vous soyez assis, ou debout, n'ayez point la main sous le menton ; mais sous la chape, ou sous le scapulaire, quand on ne doit pas avoir la

---

tiquos. Non circumferas oculos hinc et indè : nec aliquem videas quid faciat, vel quomodo se habeat : sed oculis in terram demissis, vel sursùm erectis, vel clausis, vel ad librum, stes. Semper quandò dicis divinum officium, dum stas vel sedes, non teneas manus sub mento, sed sub cappâ, vel scapulari, quandò non decens est cappam habere. Non teneas unum pedem super alium, vel tibias divaricatas, sed cum omni modestiâ, ut qui

chape. Ne croisez point les pieds et n'écartez point les jambes, mais tenez-vous modestement comme étant en la présence de votre Dieu. Gardez-vous de vous mettre les doigts dans le nez ; car il y en a qui sont occupés à cela ou à d'autres misères, non sans une suggestion du diable ; montrant ainsi peu d'attention à l'office divin et beaucoup d'indévotion. Il y a beaucoup d'autres particularités dont il est impossible de parler en détail ; mais si vous avez de l'humilité et une charité parfaite, l'onction de l'Esprit-Saint vous instruira suffisamment.

---

es in præsentiâ Dei tui. Caveas ne digitos teneas in naribus. Sunt enim aliqui, qui in hoc et talibus miseriis, non sine diaboli stimulatione occupantur, divertentes à divino officio, et indevotionem non modicam ostendentes. Multi tales actus particulares occurrunt, qui non possunt exprimi : sed si humilitatem habueris et integram charitatem, de omnibus unctio te docebit. Tu qui legis, attende : quia cùm hic ponantur multi actus, qui

Vous qui lisez ceci, faites bien attention que les choses dont il vient d'être parlé pouvant varier selon les circonstances, vous devez bien vous garder de blâmer ceux qui feraient autrement : ceux qui causeraient, par exemple, au chœur, lorsqu'ils s'aperçoivent de quelques manquements ; puisque c'est aux anciens à les corriger. Il est cependant vrai, en général, qu'il ne convient pas au serviteur de Dieu de disputer ; c'est un moindre mal de souffrir patiemment une faute que d'entrer en contestation avec celui qui la fait ; surtout au chœur, où ces disputes sont scandaleuses, et

---

ad unam circumstantiam variantur, non propter hoc ista improbes, si aliquandò aliter fieri oporteret : sicut de loquendo in choro, cùm error apparet : quia ad antiquum benè pertinet emendare. Generaliter tamen verum est, quòd « servum Domini non oportet litigare [1] ». Minùs malum est, patienter tolerare errorem, quàm contentionibus

1. II Tim. 2.

troublent l'attention et la tranquillité de l'esprit. Il faut prendre de la même manière ce que j'ai dit de l'obligation de toujours lire ou chanter au chœur. Il peut arriver, en effet, qu'un frère sente en son âme un mouvement de dévotion que le chant pourrait arrêter. Il fera mieux alors de dire l'office en son particulier, surtout s'il y a assez de religieux pour chanter. Il en est de même de beaucoup d'autres cas que l'on ne peut prévoir. Dieu vous inspirera alors ce que vous devez faire, si, méprisant toute chose, vous vous attachez à lui d'un cœur simple. Car personne ne

---

deservire : multò magis in choro, ubi tales contentiones scandalosæ, et attentionis ac tranquillitatis mentis sunt conturbativæ. Similiter cùm dico quòd semper legat vel cantet in choro. Quandòque enim posset oriri talis in mente devotio, quæ ex cantu impediretur, et quòd meliùs esset apud se dicere officium, præcipuè ubi alii essent, qui sufficerent ad cantandum : et sic de multis aliis, prout melius te docebit Altissimus, si, con-

doit croire facilement à soi-même pour se permettre d'agir autrement, à moins que par un long exercice des vertus il n'ait acquis l'esprit de discrétion.

COMMENTAIRES.

(A) *Lorsqu'on dit l'office de la Sainte Vierge, récitez-le à la porte de votre cellule.*

C'est une saincte, ancienne et louable coustume en nostre sainct Ordre, qu'avant d'aller chanter le grand office à l'eglise à la minuict, on dit Matines de Nostre-Dame au dortoir, au bout duquel il y a un autel de la glorieuse Vierge, Mere, Protectrice et Patronne de nostre dit Ordre, qui luy a tousjours porté une particuliere et cordiale devotion ; à l'imitation de nostre glorieux Pere sainct Dominique, de sainct Hyacinthe, saincte Catherine de Sienne et tous nos autres saincts et sainctes qui ont tous sin-

---

temptis omnibus, ei corde simplici volueris adhærere. Non enim debet sibi quisque faciliter credere, ut oppositum faciat, nisi longo virtutum exercitio discretionis spiritum sit adeptus.

gulierement honoré et chery ceste Mere de grace, et ont receu d'elle tant de signalées faveurs. C'est de quoy parle icy nostre Sainct.

(B) *Lors donc qu'on aura sonné Matines, psalmoniez debout, etc.*

Icy le glorieux sainct Vincent nous instruit avec quelle devotion et reverence nous devons reciter le divin office ; lequel estant nostre propre office et occupation, office tout angelique et celeste, occupation la plus digne, noble et excellente de toutes, nous devons bien mettre tout nostre estude, soing et pouvoir à nous en acquitter avec toute diligence, devotion et ferveur. Veu mesme que cest office nostre est aussi bien accompagné d'obligation, comme de dignité. Or comme rien que nous presentions à Dieu, ne lui agrée, si nous negligeons ce à quoy nous sommes obligés, nostre soing principal doit estre de payer à Dieu ceste dette : lui offrant avec devotion et reverence les heures canoniques ; prononçant distinctement ces sacrées paroles; les formant avec un goust interieur, comme si elles venoient de nostre affection et devotion propre. *Spiritus est Deus , et eos qui adorant eum, in spiritu et veritate adorare oportet* [1]. « Dieu est esprit, et « ceux qui l'adorent, faut qu'ils l'adorent en « esprit et verité. »

Nous devons, dit le mesme Docteur [2], faire toutes les œuvres du service de Dieu avec diligence et ferveur, car maudit est celuy qui fait l'œuvre et service de Dieu negligemment; mais nous devons toutes fois exercer avec une plus grande reverence et une devotion plus singuliere les actes des vertus qui visent immediatement à Dieu. Or l'oraison, dit-il, la psalmodie, adoration, et recitation des Heures sont actes de la vertu qui se nomme *latrie*, qui est une vertu qui rend à Dieu culte, ceremonie et service. Il faut donc faire ces actes de latrie, qui surpassent avec sureminence ceux de toutes les autres vertus, avec une beaucoup plus grande ferveur et plus profonde reverence : pesant et considerant tousjours, en les faisant, nostre bassesse et indignité, et la tres-haute gran-

---

1. Joan. 4. — 2. De arct. viâ sal., art. 30.

deur de la divine majesté à qui nous parlons. « Avec quelle reverence, dit sainct Bernard, « avec quelle crainte et humilité se doit pre- « senter devant Dieu une pauvre grenouil- « lette sortant de son marais toute rempant « par terre? Combien tremblante et abaissée, « combien humble, circonspecte et attentive « de tout son esprit, se doit tenir une pau- « vre petite creature assistant devant la « supresme majesté de la gloire, en la pre- « sence des Anges, au conseil et assemblée « des justes! »

C'est aussi ce que nostre sainct Aucteur desire que nous fassions, et le nous recommande fort, comme on le peut veoir au texte, à sçavoir de penser que les Anges sont là presents. Or, que les Anges se daignent bien mesler parmy ceux qui psalmodient et chantent, dit le mesme sainct Bernard, il n'y a rien de plus clair. Le Psalmiste ne dit-il pas : *Prævenerunt principes conjuncti psallentibus*[1] : « Les princes sont venus se joindre à ceux qui « chantoient » ; et ailleurs : *In conspectu An-*

---

1. Ps. 67.

gelorum psallam tibi[1] : « Je vous loueray, Sei-
« gneur, en la presence des Anges ». Partant,
« je suis fort marry que quelques-uns d'entre
« vous soient accablés de sommeil aux sacrées
« veilles, et que, sans avoir respect pour ces
« citoyens celestes, ils soient là comme des
« morts ou des statues : veu qu'iceux estant at-
« tirés par vostre allegresse et devotion, pren-
« nent plaisir de se trouver à vos solennités.
« Ce qui me fait craindre qu'enfin ayant à con-
« tre-cœur vostre lascheté, ils ne s'en retour-
« nent tout faschés. Usurpons donc, dit-il, l'of-
« fice de ceux en la compagnie desquels nous
« avons le bonheur de nous trouver, disons-
« leur : *Psallite Deo nostro, psallite*[2] : « Chantez
« à nostre Dieu » ; et entendons qu'ils nous
« respondent : *Psallite Regi nostro, psallite* :
« Louez nostre Roy, louez-le. »

Le B. Barthelemy des Martyrs nous exhorte
aussi en ces termes : « Recite, dit-il, le divin
« office avec une devotion singuliere ; et, t'ou-
« bliant de toutes les choses de la terre, comme
« si tu estois parmy les chœurs des Anges,
« chante avec eux les divines louanges ».

1. Ps. 137. — 2. Ps. 46.

C'est pourquoy, afin d'y assister avec plus de reverence, le sainct Aucteur nous advertit de nous tenir sur nos pieds, sans nous appuyer ou pencher tantost d'un costé, tantost de l'autre ; mais d'estre fermes et comme fichez sur nostre place, si ce n'est lorsqu'il faut faire les inclinations. Il veut aussi que nous gardions une fort modeste gravité : evitant toute sorte de tant soit petite immodestie ou signe de legereté, car si ceste bienseance nous est necessaire en tout temps, elle l'est bien plus encore lors du service divin ; et n'acquiesçant pas aux suggestions de l'ennemy, lequel pense avoir fait un grand gain, quand il nous y fait commettre quelque petite irreverence ou legereté, et quand il peut gagner cela sur nous, que nous nous y tenions indevotement et laschement.

(c) *N'épargnez point votre voix.*

Le sainct Aucteur nous inculque cecy fort souvent, car en ce chapitre il le repete plusieurs fois ; ne voulant point que nous nous espargnions au service de Dieu, mais que nous chantions ses louanges de toute nostre force, avec une grande ferveur et allegresse. « Au divin office, dit sainct Bonaventure [1], « ne sois point paresseux ny chagrin, mais « force ton corps de servir l'esprit ; tiens-toy « avec reverence, et chante joyeusement et « devotement devant les Anges, qui sont là « presents auprès de toy ».

Sainct Bernard dit ainsi, parlant à ses freres : « Je vous admoneste, mes tres-chers, « d'assister tousjours aux divines louanges « avec une vigoureuse ferveur, et une grande « pureté de cœur. Avec ferveur : vous tenant « avec reverence et allegresse devant Dieu ; « non pas paresseux, endormis, nonchalants, « espargnant vostre voix, entrecoupant les « mots ou en laissant d'entiers, non d'une « voix lasche et rompue ; mais psalmodiant « courageusement d'un son viril, et d'un ton « allegre, et d'une affection eschauffée du feu « du Sainct-Esprit. J'ay dit aussi, avec pu- « reté : ne pensant à rien autre chose qu'à ce « que vous dites, et rejetant soigneusement « toutes les distractions ».

---

1. Instit. nov., c. 5.

Or à faire ainsi, et estre fervents de la sorte en ce divin office, nous y devons estre excités par plusieurs motifs. Le premier, ce sont les innombrables bienfaits si grands et infinis que nous avons receus de la divine bonté, laquelle nous devons louer et benir de tout nostre pouvoir en recognoissance d'iceux, nous employant et consumant tous pour son service, le glorifiant de cœur et de bouche, et invitant, avec David [1], tout ce qui est dans nous à benir son sainct nom. Car, dit sainct Hilaire, *Hoc potissimum debeo Deo, ut eum omnis virtus, sensus et substantia mea loquantur.* « Je dois sur tout cela à Dieu, « que toute ma vertu et ma force, tous mes « sens et ma substance preschent incessam- « ment ses louanges ». C'est pour cela que nous avons receu de Dieu le corps et ses membres, l'âme et ses puissances : afin que de tout cela et avec tout nous l'honorions et servions.

L'incomprehensible grandeur des perfections de nostre Dieu nous doit aussi esmou-

---

1. Ps. 102.

voir vivement à le louer et glorifier. Car ses perfections sont si infiniement grandes et ses grandeurs si infiniement parfaictes, que tout ce que nous pourrions faire n'est rien auprès de ce qui luy est dû. Quand tous les cheveux de nostre teste se convertiroient en langues pour le louer, et toutes les gouttes de nostre sang en des cœurs enflammés pour l'aimer, et qu'incessamment nous ne ferions autre chose que le louer en l'aimant et l'aimer en le louant, tout cela encores ne seroit rien au prix de ce qu'il merite. « Le Seigneur est terrible, dit l'Ecclesias- « tique [1], et grand à merveilles, sa puissance « est admirable. Glorifiez-le autant que vous « pourrez : ses grandeurs seront encore infi- « niement rehaussées par dessus tout cela, et « sa magnificence sera incomparablement « plus admirable et suradorable. Exaltez le « Seigneur en le benissant de tous vos efforts; « car il est plus grand que toute louange ». D'après le sens de ces mesmes paroles, l'angelique docteur sainct Thomas dit fort pieu-

1. Eccles. 43.

sement et gracieusement en la prose du tres-sainct Sacrement : « Loue, Sion, ame fidele,
« ton Sauveur : loue ton Capitaine et ton
« Pasteur, avec des hymnes et cantiques.
« Loue-le autant que tu pourras : assez jamais tu ne le loueras ; car il surpasse toute
« louange ».

Nous devons donc particulierement pour ces deux considerations tascher de faire ce divin office en toute perfection ; offrir à Dieu ce sacrifice de louange, lequel estant dignement fait luy est si agreable, qu'il daigne bien s'en tenir honoré, comme il dit par son Prophete : *Sacrificium laudis honorificabit me*[1] : « Le sacrifice de louange m'honorera »; et luy immoler ceste hostie de jubilation si parfaicte et accomplie, qu'elle montera devant sa majesté comme une odoriferante fumée d'encens, storax et de toutes les senteurs aromatiques, qui seront les actes excellents des diverses vertus dont nous l'accompagnerons et ornerons. Par ainsi, ce sera non seulement un sacrifice de louange et remercie-

---

1. Ps. 49.

ment, mais aussi un sacrifice de propitiation et satisfaction suffisant à apaiser sa divine clemence pour nous et pour les autres ; et encores un sacrifice impetratoire et meritoire.

Car de fait, la devote recitation de l'office est tres-efficace pour tous ces effects. Elle glorifie Dieu, elle l'apaise, elle impetre de luy tout ce qu'on desire pour le salut; et elle merite nouveaux degrés de grace, et d'autant plus relevés, qu'elle est plus pure, attentive et eslevée en Dieu. Avec cela, elle refectionne l'esprit d'une façon tres-douce et delicieuse, luy faisant gouster le sens contenu sous l'escorce de la lettre, et luy causant des sentiments et consolations extraordinaires qui, comme d'ardentes allumettes, vont allumant dans l'ame le feu de l'amour divin, et la font s'escrier avec le Prophete : *Ignitum eloquium tuum vehementer, et servus tuus dilexit illud* [1] : « Ha, Seigneur, vos paroles sont ardentes « grandement, et vostre serviteur les aime « ardemment » ; et aussi : *Quàm dulcia faucibus meis eloquia tua, super mel ori meo* :

---

1. Ps. 118.

« O mon Dieu, combien sont douces vos
« paroles à mon gosier ; plus sans comparai-
« son que le miel à ma bouche ».

Le mesme Prophete exprime aussi merveilleusement bien ceste douceur ineffable et saveur si agreable de ces divines paroles, lors
qu'il dit : *Justitiæ Domini rectæ lætificantes cor-
da*[1], *etc.* « Les justices du Seigneur sont droictes
« et equitables, resjouissant les cœurs. Le
« commandement du Seigneur est tout clair et
« resplendissant, illuminant les yeux. Les ju-
« gements du Seigneur sont vrais, justifiés en
« eux-mesmes ; desiderables et aimables plus
« qu'une infinie quantité d'or et de pierres
« precieuses, et plus doux cent fois que le
« miel et son rayon ».

Si cum Apostolo, dit sainct Bernard[2], *psallas
spiritu psallas et mente, cognosces et tu de illius
veritate sermonis quem dixit Jesus :* « *Verba quæ
locutus sum vobis, spiritus et vita sunt* », *et item
quem legimus, dicente Sapientiâ :* « *Spiritus meus
super mel dulcis.* » Ce sont les paroles de ce
Docteur aux levres de miel. « Si avec l'Apos-

1. Ps. 118. — 2. Serm. 7 in Cant.

« tre, dit-il, vous chantez d'esprit, de cœur
« et d'affection, vous cognoistrez combien
« sont vraies ces paroles de Jesus nostre
« Sauveur : « Les paroles que je vous ay
« dites sont esprit et vie » ; et celles de la
« Sagesse : « Mon esprit est plus doux que le
« miel ». On savoure la viande à la bouche,
« et le psaume au cœur. Seulement, que
« l'ame fidele et prudente ne neglige pas de
« le mascher avec les dents de son intelli-
« gence par la consideration, de peur que,
« si elle l'avale entier et sans le mascher, elle
« ne soit frustrée d'une saveur si desirable
« et qui est plus douce que le miel et le
« rayon ». *Si orat psalmus*, dit sainct Augustin, *orate ; si gemit, gemite ; et si gratulatur, gaudete ; et si sperat, sperate ; et si timet, timete ; omnia enim quæ hic scripta sunt speculum nostrum sunt*. « Si le psaume prie,
« priez ; s'il pleure, gemissez ; et s'il con-
« gratule, resjouissez-vous ; et s'il espere,
« esperez ; et s'il craint, craignez ». C'est-à-dire, conformez et moulez vos affections et divers sentiments sur ceux qui sont contenus dans les psaumes : « car tout ce qui y est

« escrit, est pour nous apprendre, et nous
« servir de miroir ».

En ce sainct office aussi nous faisons l'office des Anges, nous representons les joies et jubilations de la cité celeste, et nous commençons à exercer en ce triste bannissement ce en quoy eternellement nous nous occuperons en nostre vraie patrie. « Rien, dit sainct
« Bernard [1], ne represente si proprement sur
« la terre l'estat de l'habitation celeste,
« comme l'allegresse de ceux qui louent
« Dieu, l'Escriture disant : Bienheureux sont
« ceux qui demeurent en vostre maison, o
« Seigneur, car ils vous loueront dans les
« siecles ». *Cantabiles mihi erant justificationes tuæ in loco peregrinationis meæ*, dit le Prophete. « Vos justices sont esté mes hymnes
« dans le lieu de mon exil. » Comme voulant dire : Toute la consolation que j'ay pu trouver en ce mien pelerinage, et au sejour de ceste vie mortelle, c'est de chanter vos justices, vos grandeurs et vos misericordes. Comme il dit ailleurs : *Misericordias Domini*

---

1. Serm. 11 in Cant.

in æternum cantabo : « Je chanteray eternel-
« lement les misericordes du Seigneur »; car
le louant incessamment en cest exil, j'espere
de poursuivre mon chant affectueux à tout
jamais en la vie immortelle. *Lauda, anima
mea, Dominum,* disoit-il aussi, *laudabo Dominum in vitâ meâ, psallam Deo meo quandiù
fuero.* « Mon ame, loue ton Seigneur. Je
« loueray le Seigneur en ma vie » : non-seulement en ceste vie mortelle, mais aussi en
l'eternelle j'espere de le louer et benir à
tout jamais. « Car je chanteray à mon Dieu
« tant que je seray ». Or mon estre est immortel et n'aura point de fin : les louanges
que je donne à mon Dieu n'en auront point
non plus.

CHAPITRE XII.

DE LA MANIÈRE DE PRÊCHER.

Dans les prédications et les exhortations, employez un langage simple et familier pour expliquer en détail ce que l'on doit faire. Appuyez autant que vous le pouvez, vos discours d'exemples, qui puissent frapper le pécheur engagé dans les péchés dont vous parlez, comme si vous ne prêchiez que pour lui. Agissez cependant de telle sorte, que vos paroles ne paraissent point procéder d'un

CAPUT XII.

DE MODO PRÆDICANDI.

In prædicationibus et exhortationibus utere eloquio simplici et confabulatione domesticâ, ad declarationem actuum particularium. Et quantùm potes, insiste cum exemplis, ut quilibet peccator habens illud peccatum videatur percuti, ac si illi soli prædicares : taliter tamen, quòd verba

esprit superbe ou ému par la colère, mais plutôt des entrailles de la charité et d'un amour paternel. Que l'on voie en vous un père plein de compassion pour ses enfants, lorsqu'ils pèchent, ou qu'ils sont gravement malades ou tombés dans une fosse profonde, d'où il cherche à les retirer. Ou plutôt ayez le cœur d'une mère qui caresse ses enfants, qui se réjouit de leurs progrès, et de la gloire du paradis qu'elle espère pour eux.

C'est par cette manière de prêcher qu'on se rend utiles à ses auditeurs ; au lieu que lorsqu'on se contente de leur

---

videantur ab animo procedere non superbo vel indignanti, sed magis ex visceribus charitatis et pietatis paternæ : sicut pater condolet peccantibus filiis, vel in infirmitate gravi vel foveâ grandi jacentibus, quos nititur extrahere, et liberare, et fovere sicut mater, et sicut qui gaudet de profectu eorum et de gloriâ Paradisi speratâ. Talis enim modus consuevit esse proficuus audientibus. Nam de virtutibus et vitiis locutio generalis parùm

parler des vices et des vertus en général, ils sont peu touchés.

Agissez de la même manière dans les confessions. Soit que vous encouragiez doucement les âmes faibles et pusillanimes, soit que vous épouvantiez par des paroles sévères celles qui sont endurcies dans le péché, montrez à tous les entrailles d'une tendre charité, afin que le pécheur sente toujours que c'est elle qui inspire votre langage. Si donc vous avez quelque réprimande à adresser, faites-la toujours précéder de paroles douces et affectueuses.

Vous donc qui désirez d'être utile aux

---

excitat audientes. Item in confessionibus, ut sive blandè tractes pusillanimes, sive duriùs terreas induratos, semper viscera charitatis ostendas : ut semper peccator sentiat, quòd verba tua ex purâ charitate descendant. Et ideò charitativa verba et dulcia semper pungitiva præcedant. Tu itaque, qui desideras proximorum animabus esse utilis, primò ad Deum ex toto corde recurre, et ab eo simpliciter postula, ut tibi illam charitatem largiri

âmes, commencez par recourir de tout votre cœur à Dieu, et priez-le avec simplicité qu'il daigne répandre en vous cette charité, où consiste l'abrégé de toutes les vertus, et par laquelle vous pourrez obtenir tout ce que vous voudrez.

---

dignetur, in quâ est summa virtutum, per quam possis perficere quod optas.

CHAPITRE XIII.

REMÈDES CONTRE QUELQUES DANGERS QUI PROVIENNENT DES SUGGESTIONS DU DIABLE.

Au nom de Notre-Seigneur Jésus-Christ, je vous indiquerai les remèdes contre quelques tentations spirituelles qui sont très-fréquentes en ce temps, et que Dieu permet pour éprouver et purifier ses élus. Quoiqu'elles n'attaquent formellement aucun article de foi, cependant, à bien considérer les choses,

CAPUT XIII.

REMEDIA QUÆDAM CONTRA TENTATIONES PROVENIENTES EX SUGGESTIONE DIABOLI.

Ad honorem Domini nostri Jesu Christi dicam tibi remedia contra aliquas tentationes spirituales, quæ in isto tempore abundant in terrâ, ad purgandum et probandum electos. Quæ, quamvis expressè et manifestè non sint de aliquo principali articulo fidei, tamen, qui benè respicit, cognoscit quòd sunt in periculo destructionis principalium

elles mettent en péril les principales vérités de la foi, et préparent la chaire et le trône de l'antechrist. Je ne veux pas exprimer quelles sont ces tentations, de peur d'être une occasion de scandale aux simples et aux imparfaits ; mais je vous montrerai comment vous devez vous conduire pour les vaincre. Elles viennent de deux sources : Premièrement, des suggestions et des illusions du diable, qui nous trompe sur nos rapports avec Dieu ; deuxièmement, de la doctrine corrompue et la manière

---

articulorum fidei, et quòd præparant cathedram et sedem Antichristo. Quas tentationes nolo exprimere, ne ponam materiam et occasionem scandali, seu offendiculum coram simplicibus et imperfectis. Sed monstrabo tibi per quam spiritualem discretionem debes te regere, si non vis esse victus à prædictis tentationibus. Quæ prædictæ tentationes veniunt duobus modis. Primò quidem per suggestionem et illusionem diaboli, qui decipit hominem in regimine quod deberet habere ergà Deum, et in

de vivre de quelques-uns qui ont déjà succombé à ces tentations. Je veux donc vous dire comment vous devez vous comporter envers Dieu, si vous voulez vous préserver de ces dangers ; et ensuite, comment vous devez vous conduire à l'égard des autres, touchant leur doctrine et leur manière de vivre.

Le premier remède contre les tentations spirituelles que le démon s'efforce de semer en ces temps dans les cœurs de quelques-uns, c'est de ne point désirer arriver par la prière, la contem-

---

hoc quod est Dei. Secundò, per corruptam doctrinam aliquorum, et eorum modum vivendi, qui jam venerunt in prædictas tentationes. Propter hoc, volo tibi dicere quod regimen debes habere ergà Deum et illud quod est Dei, si vis esse immunis à prædictis tentationibus : et post, quomodò debes regi ergà alios, quantùm ad doctrinam et modum vivendi eorum.

Primum ergò remedium contrà tentationes spirituales hujus temporis, quas procurat diabolus in cordibus aliquorum, est, quòd illi qui volunt

plation ou par d'autres œuvres de perfection, à avoir des révélations ou des sentiments qui soient au-dessus de la nature et de l'état ordinaire de ceux qui aiment Dieu et le craignent d'une crainte filiale. Car ces désirs ont toujours leur racine et leur fondement dans une pensée d'orgueil et de présomption, ou dans quelque vaine curiosité à l'égard de Dieu ; et ils mettent toujours la foi en danger. Dieu, dans sa justice, permet que l'âme qui cède à ces désirs, tombe dans les illusions et les tentations

---

se subdere Deo, non desiderent per orationem vel contemplationem vel per alia opera perfectionis visiones, vel revelationes, vel sentimenta, quæ sunt suprà naturam, et suprà omnem cursum eorum qui diligunt Deum et timent per verissimum amorem : quia prædictum desiderium non potest esse sine radice et fundamento superbiæ et præsumptionis, vel intentionis alicujus vanæ curiositatis circà Deum, vel sine fragilitate fidei. Et, propter hunc defectum, justitia Dei dimittit animam quæ habet antedictum desiderium, et per-

du diable par de fausses visions et révélations. C'est par des séductions de cette sorte que le démon sème la plus grande partie des tentations spirituelles de ce temps, et qu'il trompe ceux qui sont les précurseurs de l'antechrist, comme vous le pourrez voir dans ce que je vais vous dire. Car vous devez savoir que les vraies révélations et les sentiments spirituels des secrets de Dieu, ne sont point le fruit de ces désirs, ni de l'étude ou des efforts de l'âme; mais qu'ils viennent de la pure bonté de Dieu à

---

mittit eam venire in talem illusionem et tentationem diaboli, per falsas visiones et revelationes, et falsas seductiones ; per quem modum seminat majorem partem tentationum spiritualium hujus temporis, et radicari facit eas in cordibus illorum qui sunt nuntii Antichristi, secundùm quod poteris videre per subsequentia. Debes enim scire, quòd veræ revelationes et sentimenta spiritualia secretorum Dei non veniunt per antedictum desiderium, neque per aliquem conatum seu studium quod anima habeat in se,

l'égard de l'âme vraiment humble, qui le désire et le révère souverainement. Il ne faut même pas s'exercer dans l'humilité et la crainte de Dieu, avec le dessein d'obtenir par là des visions, des révélations et des sentiments extraordinaires; car on tomberait ainsi dans le même péché que ceux dont je parlais plus haut.

Le second remède, c'est que dans vos prières et vos contemplations, vous repoussiez toute consolation, quelque petite qu'elle soit, dès que vous vous aper-

---

sed tantùm veniunt ex purâ bonitate Dei in animam, quæ est in magnâ humilitate, et in magno desiderio Dei et reverentiâ. Nec etiam exerceat se quisquam in magnâ humilitate et timore Dei propter hoc, ut hujusmodi habeat visiones et revelationes, et sentimenta supradicta : quia in idem delictum caderet, in quod per supradictum desiderium.

Secundum remedium est, quòd in animâ tuâ in tuâ oratione vel contemplatione non sustineas aliquam consolationem vel parvam, ex quo tibi

cevez qu'elle a son fondement dans la présomption et l'estime de vous-même, qu'elle vous porte à rechercher l'honneur et la réputation, et à croire que vous êtes digne de gloire et de louange en ce monde, ou dans l'autre. Car, sachez-le bien, l'âme qui sent en elle ces goûts spirituels, tombe en plusieurs erreurs funestes : parce que Dieu, par un juste jugement, permet au démon d'augmenter encore ces goûts, de les rendre plus vifs, et d'imprimer dans cette âme des sentiments très-faux et très-dange-

---

videretur quòd fundaret es in præsumptione et æstimatione tui ipsius, et postquàm ducit in abusionem proprii honoris et reputationis, et ex quo suggerit menti tuæ, te dignum esse vel gloriâ et laude hujus vitæ, vel gaudiis paradisi : quia scias quòd anima, quæ sentit se in tali consolatione, venit et incurrit in plures malos errores : quia Dominus per suum justum judicium permittit potestatem diabolo augmentandi prædictam consolationem, et accelerandi, et imprimendi in illâ animâ falsissima et periculosissima sentimenta et

reux, et d'autres illusions qu'elle prend pour des consolations vraiment divines. Hélas! hélas! mon Dieu, que de personnes ont été trompées de cette manière. Tenez pour certain que la plupart des ravissements, ou plutôt des fureurs de ces précurseurs de l'antechrist, viennent de cette manière. Prenez donc bien garde de n'accepter dans la prière ou la contemplation d'autres consolations, que celles qui viennent de la parfaite connaissance et du sentiment complet de votre humilité et de votre imperfection, qui

---

alias illusiones, quas consolationes credit et putat esse veras. Heu! heu! Deus meus, quot personæ sunt deceptæ per istum modum! Et scias pro certo quòd major pars raptuum, imò rabierum nuntiorum Antichristi venit per istum modum. Et propter hæc, cave ne in tuâ oratione vel contemplatione sustineas aliquam consolationem, nisi illam quæ venit per perfectam notitiam et completum sentimentum tuæ humilitatis et imperfectionis, et quæ facit perseverare dictam notitiam et antedictum sentimentum in te, et in magnitudinem et altitu-

conservent en vous ces impressions salutaires, et vous donnent avec un respect profond de la grandeur et de la majesté de Dieu, un grand désir qu'il soit honoré et glorifié.

Le troisième remède est d'avoir en horreur tout sentiment, quelque élevé qu'il soit, et toute vision, quelque sublime qu'elle soit ou qu'elle vous arrive, dès que vous vous apercevez qu'elle vous inspire des dispositions contraires à quelque article de foi, ou aux bonnes mœurs, et surtout à l'humilité ou à la pureté;

---

dinem Dei per altam reverentiam, et cum magno desiderio honoris Dei et gloriæ; et quòd antedicta consolatio fundetur in prædictis.

Tertium remedium est, quòd omne sentimentum et quantùmcumque altum, et omnem visionem, quantùmcumque sit secreta et secretò tibi appareat, quæcunque sit, ex quo ducit cor tuum ad opinionem vel infectionem contrà aliquem articulum fidei, vel contrà bonos mores, et maximè contrà humilitatem vel contrà honestatem, exhorrescas; quia sine dubio ex parte diaboli venit.

car sans nul doute cela vient du démon. Et lors même que votre vision vous paraîtrait venir certainement de Dieu, et que vous auriez une certaine assurance dans votre cœur qu'elle ne vous porte qu'à ce qui est agréable à Dieu, vous ne devriez pas encore de vous-même vous appuyer sur elle.

Le quatrième remède est de ne suivre les conseils et les exemples d'aucune personne, quelque pieuse, quelque éclairée, quelque élevée dans la vertu qu'elle vous paraisse, lorsque vous avez

---

Et si appareret tibi aliqua visio sine lumine et sentimento, de quâ sis certus quòd venit ex parte Dei, et propter quam sis certificatus in corde tuo quòd illud quod inducit visio est Dei placitum : noli te firmare in dictâ visione.

Quartum remedium est, quòd nec propter magnam devotionem, nec propter magnam vitam, nec propter clarum intellectum, nec propter aliquam sufficientiam aliam quam vides in aliquâ personâ vel aliquibus personis, sequaris eorum consilia, nec eorum modos ; ex quo cognoscis clarè et multum

un motif raisonnable de croire que ses conseils ne sont pas selon Dieu et selon la vraie prudence chrétienne, et qu'ils ne sont conformes ni à la sainte Écriture, ni aux paroles, ni aux exemples des saints. Et ne craignez pas, en méprisant ces conseils, de pécher par orgueil et par présomption ; puisque c'est au contraire par zèle et par amour de la vérité que vous agissez ainsi.

Le cinquième remède est de fuir la société et la familiarité de ceux et de celles qui sèment ces tentations, qui les

---

rationabiliter quòd eorum consilia non sunt secundùm Deum, et veram discretionem per vitam Jesu Christi et sanctorum monstratam, et per sanctam Scripturam in dictis Sanctorum notificatam et prædicatam. Et propter hoc non timeas, quòd spernendo talia consilia eorum pecces per superbiam et præsumptionem, dùm hoc facis propter zelum et amorem veritatis.

Quintum remedium est, quòd fugias et vites familiaritates et societates illorum et illarum, qui vel quæ dictas tentationes seminant et diffundunt;

défendent et les louent. Ne les écoutez point, ne cherchez point à connaître ce qu'ils font : car c'est là un piége du démon, qui, abusant de votre simplicité, vous représente comme la marque d'une grande perfection leurs paroles et leurs exemples, afin de vous faire partager leurs dangers, leurs erreurs et leur perte.

---

et vites illas personas, quæ sustinent et laudant eas ; et noli audire illorum verba, nec collationes eorum, nec modos eorum velis videre : quia tibi dæmon subministrabit et ostendet magnum signum perfectionis in pluribus eorum verbis et modis : quæ si velles accipere et illis credere, venires et rueres in pericula, ruinas et præcipitia errorum illorum.

CHAPITRE XIV.

REMÈDES CONTRE QUELQUES DANGERS QUI PROVIENNENT DE LA DOCTRINE CORROMPUE DE QUELQUES-UNS.

Je veux vous enseigner encore quelques remèdes auxquels vous devez faire attention dans vos rapports avec les personnes qui sèment soit par leur vie, soit par leurs doctrines, les tentations dont je parlais tout à l'heure.

La première chose, c'est de ne pas faire grand cas de leurs visions, de

---

CAPUT XIV.

REMEDIA QUÆDAM CONTRA TENTATIONES PER CORRUPTAM DOCTRINAM ALIQUORUM.

Post hæc dicam tibi aliqua remedia, quæ debes attendere circà aliquas personas quæ seminant dictas tentationes per suam vitam et doctrinam.

Primum est, quòd non habeas magnam æstimationem visionum earum, nec sentimentorum, nec raptuum : imò si dicerent tibi aliquid quod

leurs sentiments extraordinaires et de leurs extases. Et si elles vous disent quelque chose qui soit contre la foi, contre l'Écriture sainte ou les bonnes mœurs, ayez horreur de leurs visions et de leurs sentiments extraordinaires comme de folies qui ne méritent aucune créance ; et regardez leurs extases comme des fureurs. Si cependant leurs sentiments et leurs paroles sont conformes à la foi, à la sainte Écriture, aux bonnes mœurs, aux exemples des saints, ne les méprisez pas, car vous vous exposeriez à mépriser ce qui vient de

---

sit contrà fidem et contrà sacram Scripturam, aut contrà bonos mores, abhorreas earum visionem et sentimenta tamquàm stultas dementias, et earum raptus sicut rabiamenta. Tamen si dicant sive judicent in hoc quod est secundùm fidem et Sanctam Scripturam, et secundùm Sanctos et bonos mores, noli spernere, quoniam sperneres quod est Dei : tamen non confidas totaliter : quia sæpè, et maximè in tentationibus spiritualibus, falsitas inducitur seu absconditur sub similitudine veritatis, et

Dieu ; mais n'ayez pas non plus en elles une entière confiance, parce que souvent, et surtout dans les tentations spirituelles, le démon sait cacher adroitement le faux sous l'apparence du vrai, et le mal sous l'apparence du bien, afin de répandre plus sûrement son venin mortel dans les âmes. Je crois que la chose la plus agréable à Dieu est de ne point s'arrêter à ces visions, à ces sentiments extraordinaires, à ces extases, quelque bons et vrais qu'ils paraissent, et de les laisser pour ce qu'ils sont ; à moins qu'ils n'arrivent à des personnes

---

malitia sub similitudine boni, ut diabolus possit sæpè et meliùs mortale venenum sine suspicione diffundere. Et ideò credo quòd plùs placet Deo, quòd visiones et sentimenta et raptus, qui, secundùm quod dictum est, habent similitudinem veritatis et bonitatis, dimittas ire pro tanto quantùm valent ; nisi contingant aliquibus personis ratione sanctitatis et discretionis, ac eorum humili probitate, de quibus certum est quòd prædictæ personæ non possunt decipi per illusiones,

connues par leur sainteté, leur prudence et leur humilité, et dont on soit certain qu'elles ne peuvent être séduites par les illusions et l'esprit du diable. Et quoiqu'il soit bon de croire aux visions et aux sentiments extraordinaires de ces personnes, il ne faut pas toutefois leur donner une entière confiance, comme nous l'avons dit plus haut, mais seulement autant qu'ils sont conformes à la foi catholique, à la sainte Écriture et aux bonnes mœurs.

En second lieu, si vous êtes porté par une révélation ou d'une autre manière

---

nec per ingenium diaboli. Et tunc quamvis sit pium visionibus et sentimentis talium personarum consentire, tamen securum est, non totaliter credere in eis ratione suî, per rationem prædictam ; sed quantùm concors cum fide Catholicâ et Sacrâ Scripturâ, et bonis moribus, et verbis sanctis, ac doctrinâ Sanctorum.

Secundum remedium est, quòd si per revelationem vel sentimentum vel alium modum cor tuum moveatur ad faciendum aliquod opus, et

extraordinaire, à faire quelque chose de considérable, et que vous n'avez point coutume de faire ; et si, d'un autre côté, loin d'avoir la certitude que cette œuvre plaît à Dieu, vous avez au contraire un motif raisonnable d'en douter, attendez pour la faire que vous en ayez bien examiné toutes les circonstances, et surtout le but, et que vous vous soyez assuré qu'elle plaît à Dieu. Ne jugez pas toutefois en ce cas par vous-même ; mais consultez la sainte Écriture, et les exemples des saints que vous pouvez imiter. Je dis *que vous pouvez imiter*, parce que,

---

maximè opus grave et notabile non tibi consuetum, de quo non habeas certitudinem, an Deo placeat, imò dubitas rationabiliter : contrahas moram ad faciendum dictum opus, usquequò inspexeris omnes circumstantias, et maximè finales, et cognoscas quod Deo placet ; non tamen quòd tu judices per tuam opinionem, sed, si potes, per testimonium Sacræ Scripturæ, vel exemplum imitabile sanctorum Patrum. Et dico, exemplum imitabile ; quia, secundùm B. Gregorium, aliqui Sancti

selon saint Grégoire, plusieurs saints ont fait des choses que nous ne devons pas imiter, quoiqu'elles fussent bonnes chez eux, mais nous devons nous contenter de les respecter et de les admirer. Lorsque vous ne pouvez connaître par vous-mêmes si l'œuvre à laquelle vous vous sentez porté plaît à Dieu, prenez conseil de personnes d'une vie et d'une doctrine sûres.

Troisièmement, si vous êtes exempt de ces tentations, si vous ne les avez jamais éprouvées, ou si vous en êtes délivré, dirigez votre cœur et votre esprit

---

fecere aliqua opera quæ non debemus imitari, quamvis bona essent in eis, sed debemus ea habere in admiratione et reverentiâ. Et si per temetipsum non potes venire in notitiam, an placeat Deo : petas consilium à personis approbatis in vitâ et doctrinâ, et consilium totius veritatis.

Tertium remedium est, quòd si tu es immunis à prædictis, sic quòd numquàm habueris, vel quantùmcumque habueris, fueris liberatus ab eis, dirige cor tuum et intellectum ad Deum, reco-

vers Dieu, en reconnaissant humblement que c'est à sa grâce que vous le devez, et ne cessez pas de le remercier de cette faveur. Gardez-vous bien d'attribuer à vos forces, à votre sagesse, à votre mérite, à votre conduite ou au hasard ce que vous n'avez que par une pure grâce de Dieu. Car les saints nous apprennent que c'est surtout par là que nous contraignons le Seigneur à nous ôter le bienfait de sa grâce, et à nous laisser en proie aux illusions et aux tentations du diable.

---

gnoscendo humiliter gratiam Dei tibi factam, et eidem ex corde multoties, imò indesinenter regratieris super hoc. Et caveas tibi, ne hoc quod habes per puram gratiam et bonitatem Dei, velis attribuere virtuti vel sapientiæ tuæ, vel merito tuo, sive tuis moribus, neque quod fuerit factum à casu sive à fortunâ : quia secundùm quod dicunt Sancti, hoc est principaliùs per quod Deus beneficium suæ gratiæ aufert et subtrahit homini, et permittit eum subjici tentationibus et illusionibus diaboli.

Quatrièmement, lorsque vous éprouvez quelque tentation spirituelle de ce genre, et que vous doutez de ce que vous devez faire, ne suivez point votre volonté propre, et n'entreprenez rien de considérable et qui soit en dehors de vos habitudes : mais, réprimant votre cœur et votre volonté, attendez avec humilité, respect et crainte, que Dieu vous éclaire. Tenez pour certain que si, pendant que vous êtes dans cette incertitude, vous entreprenez d'après votre propre volonté quelque chose de consi-

---

Quartum remedium est, quòd te existente in tentatione spirituali per quam es in dubio, non incipias ex tuâ propriâ voluntate aliquid notabile tibi ante inconsuetum : sed cor tuum refrænando et voluntatem, expectes humiliter, et cum tremore et reverentiâ Dei, usquequò Deus cor tuum clarificet. Quia scias pro certo, quòd si existendo in dicto dubio, ex tuâ propriâ voluntate inciperes aliquid notabile inconsuetum tibi, non posses exire ad bonum finem. Et intendo dicere, de incipiendo opera notabilia et inconsueta, super quæ est du-

dérable ou d'extraordinaire, vous n'obtiendrez aucun bon résultat. Je ne parle ici que des choses graves et extraordinaires, à l'égard desquelles vous ne savez ce que vous devez faire.

Cinquièmement, lorsque vous êtes tenté de cette sorte, ne laissez point de côté le bien que vous avez commencé avant d'éprouver ces tentations. Gardez-vous surtout de quitter la prière, la confession, la communion, les jeûnes, et les autres œuvres d'humilité et de piété, quand même vous n'y trouveriez aucune consolation.

---

bium antedictum.

Quintum remedium est, quòd propter antedictas tentationes, si eas habeas, non dimittas aliquod bonum, quod incœpisti dùm non eras in tentationibus antedictis. Et maximè non dimittas orare, nec confiteri, nec communicare, nec jejunare, nec opera pietatis et humilitatis, licèt consolationem non invenias in operibus antedictis.

Sextum remedium est, quòd si tentationes an-

Sixièmement, dans ces tentations, élevez votre cœur et votre esprit vers Dieu, en le priant de faire ce qui sera meilleur pour sa gloire et pour le salut de votre âme, vous soumettant à sa divine volonté, prêt à souffrir ces tentations autant de temps qu'il le voudra, et demandez-lui surtout la grâce de ne point l'offenser.

---

tedictas habeas, leves cor tuum et intellectum ad Deum, quærendo humiliter hoc quod ei honorabilius et tuæ animæ salubrius erit super tentatione, subjiciendo tuam voluntatem voluntati divinæ : quòd si illi placet, quòd perseveres in illis tentationibus, similiter et tibi placeat, ut Deum non offendas.

CHAPITRE XV.

DE QUELQUES MOTIFS CAPABLES D'EXCITER NOTRE COEUR A UNE PLUS GRANDE PERFECTION.

Je vois avec plaisir que vous avez commencé à bien vivre, pour la gloire de Dieu ; et, désirant que non-seulement vous persévériez, mais encore que vous montiez plus haut, ou que du moins vous en ayez le désir, je veux vous suggérer quelques motifs capables d'exciter

---

CAPUT XV.

RATIONES QUÆDAM QUIBUS EXCITATUR COR AD MAJOREM PERFECTIONEM VIRTUTIS.

Quia placet mihi multùm de hoc quod cœpisti bonum ad honorem Dei, et desidero non solùm quòd perseveres, quinimò ut ascendas ad majora opera virtutum, vel saltem desideres ; idcircò scribo tibi aliquas rationes, undè poteris cor tuum excitare et movere ad majores perfectiones omni-

votre cœur, et de vous porter à une plus grande perfection, ce que vous ne pouvez ni entreprendre ni continuer par vos propres forces.

Premièrement, si vous considérez combien Dieu mérite d'être aimé et honoré, à cause de sa bonté, de sa sagesse, et de ses autres perfections, qui sont innombrables et infinies : vous reconnaîtrez que ce qui vous a paru grand pour sa gloire, est très-peu de chose, et presque rien, comparé à ce qu'il mérite, et à ce que vous devriez faire. Je place ce motif au premier rang, parce que,

---

modæ virtutis, quam non incepisti nec potes servare per propriam virtutem.

Prima ratio est, quia si inspicias quantùm Deus est dignus amari et honorari secundùm suam bonitatem et sapientiam, et alias suas perfectiones, quæ sunt in eo sine numero et sine termino : videbis quòd hoc, quod credidisti multum et magnum ad honorem Dei, secundùm bonitatem suam est minimum et quasi nihil, in respectu ejus quod deberes esse, secundùm quòd Deus est

dans toutes nos œuvres, nous devons considérer principalement l'honneur, le respect et l'amour de Dieu, et combien il est digne d'être aimé au-dessus de toute créature.

Secondement, si vous réfléchissez aux mépris, aux reproches, à la pauvreté, aux douleurs, à la passion si cruelle que le Fils de Dieu a endurée pour votre amour, et cela pour que vous l'honoriez et l'aimiez : vous reconnaîtrez que ce que vous avez fait jusqu'ici pour l'aimer et l'honorer, est peu de chose, comparé à ce que vous auriez dû faire. Ce

---

dignus. Istam rationem idcircò pono primam, quia principaliter debemus attendere in omnibus operibus nostris honorem et reverentiam et amorem Dei : quia in seipso est dignus amari super omnem creaturam.

Secunda ratio est, quòd si attendas despectus et vituperia, egestates et dolores, et passionem, quam tàm amarè sustinuit Filius Dei propter amorem tui, et hoc ut ames et honores eum: cognosces quòd parum est quod fecisti ad Deum

motif est d'un ordre plus élevé et plus parfait que les autres qui vont suivre, et c'est pour cela que je le mets au second rang.

Troisièmement, si vous pensez à la pureté et à la perfection que vous devez avoir, d'après l'ordre de Dieu qui veut que vous soyez exempt de tout vice et de tout péché, et rempli de toute vertu, et que vous l'aimiez de tout votre esprit et de toutes vos forces : vous aurez une vue claire de votre faiblesse, et de la distance où vous êtes de cette pureté et de cette perfection.

---

amandum et honorandum, secundùm quod facere deberes. Ista ratio altior est et perfectior quàm sequentes, et ideò pono eam secundam.

Tertia ratio est, quòd si cogites innocentiam et perfectionem quam debes habere secundùm mandatum Dei, per quod teneris esse absque omni vitio, et sine omni culpâ, et in plenitudine virtutis totius, sicut est quòd debes amare Deum ex toto corde tuo, et ex omni mente tuâ, et totis viribus tuis : videbis manifestè infirmitatem tuam,

Quatrièmement, si vous vous rappelez la multitude et la grandeur des bienfaits temporels et spirituels que Dieu vous a accordés, à vous et aux autres, et les grâces particulières dont il vous a comblé : vous sentirez que ce que vous faites ou pouvez faire pour lui, n'est rien, comparé à ses bienfaits et à ses grâces, surtout si vous faites attention à la libéralité et à la bonté divines.

Cinquièmement, si vous pensez à la grandeur et à la noblesse de la récompense et de la gloire promise et préparée à ceux qui pratiquent pour Dieu la

---

et distantiam in quâ es à prædictâ innocentiâ et perfectione.

Quarta ratio est, quia si cogitas multitudinem et largitatem beneficiorum Dei, gratiarum corporalium et spiritualium, quæ tibi et aliis, vel quæ singulariter tibi datæ sunt : senties quòd hoc quod facis vel potes facere propter Deum, est nihil ad dicta beneficia recompensanda et gratias Dei ; et maximè si liberalitatem ejus attendas et bonitatem.

vertu, gloire d'autant plus grande, que vos œuvres seront plus vertueuses et plus parfaites : vous ne douterez point que votre mérite ne soit rien, en comparaison d'une si grande récompense; et vous désirerez faire des œuvres plus méritoires encore.

Sixièmement, si vous considérez, d'un côté la beauté et l'éclat des vertus, et la noblesse qu'elles donnent à l'âme, et de l'autre la laideur et la bassesse des vices et des péchés : vous vous efforcerez, si vous êtes sage, d'acquérir davantage encore les ver-

---

Quinta ratio est, quia si cogitas altitudinem et nobilitatem remunerationis et gloriæ promissæ et paratæ illis qui faciunt opera virtutum ad honorem Dei, quoniam gloria tantò major erit quantò opera erunt magis virtuosa et majora : cognosces pro certo tuum meritum esse nihil in comparatione tantæ gloriæ, et desiderabis facere opera magis virtuosa, quàm antè feceras.

Sexta ratio est, quia si attendas pulchritudinem

tus, et de fuir les péchés et les vices.

Septièmement, si vous réfléchissez sur la sublimité et la perfection de la vie des saints Pères, sur le nombre et l'excellence de leurs vertus : vous rougirez de l'imperfection et de la langueur de votre vie et de vos œuvres.

Huitièmement, si vous vous rappelez la grandeur et la multitude des offenses que vous avez commises contre Dieu : vous confesserez que vos œuvres, quelque bonnes qu'elles soient, ne sont pas capables de satisfaire, par voie de jus-

---

et generositatem quam habent virtutes in se, et nobilitatem quam recipit anima per supradictas virtutes ; et si attendas ad vilitatem et turpitudinem quam habent vitia et peccata : conaberis, si sapiens fueris, ad ampliùs acquirendum virtutes, et ampliùs fugiendum vitia et peccata.

Septima ratio est, si attendas altitudinem et perfectionem vitæ sanctorum Patrum, et eorum multas et perfectas virtutes : cognosces imperfectionem et infirmitatem vitæ tuæ, et tuorum operum.

tice, aux dettes que vous avez contractées envers lui.

Neuvièmement, si vous considérez que vous êtes environné de toute part de périls et de tentations, que vous suscitent la chair, le monde et le démon : vous vous efforcerez d'acquérir plus de fermeté, et de monter plus haut dans toutes les vertus que vous ne l'avez fait jusqu'ici, afin de demeurer dans une sécurité plus grande contre ces tentations.

Dixièmement, si vous pensez à la sévérité des jugements de Dieu, aux

---

Octava ratio est, quia si cognoscas magnitudinem peccatorum, et multitudinem offensarum, quæ fecisti contrà Deum : cognosces quia opera tua, quæ facis, quantùmcumque bona sint, sunt nihil ad satisfactionem per viam justitiæ de offensis Dei.

Nona ratio est, quia si speculeris universitatem et pericula tentationum carnis, mundi et diaboli : conaberis ad assumendum majorem firmitatem et majorem altitudinem in omni virtute, quàm feceris

bonnes œuvres et aux satisfactions par lesquelles vous devriez vous préparer à paraître devant lui : vous comprendrez combien sont peu de choses vos pénitences et vos bonnes œuvres, comparées à ce que vous auriez dû faire.

Onzièmement, si vous méditez sur la brièveté de votre vie, et la proximité de la mort, qui peut vous surprendre à chaque instant, et après laquelle vous n'aurez plus le temps de mériter ni de faire pénitence : vous serez forcé d'avouer que vous devriez faire plus de

---

unquàm : ut possis in majori securitate persistere contrà dictas tentationes.

Decima ratio est, quia si cogites districtum judicium Dei finale, et cum apparatu bonorum operum, et cum satisfactione de offensis Dei, et quòd debeas venire ad dictum judicium : videbis quòd parum est quod fecisti per bona opera et pœnitentiam, secundùm quòd facere debuisses.

Undecima ratio est, quia si tu cognoscas bre-

bonnes œuvres et de mortifications, que vous n'en faites.

Douzièmement, considérez que, quelque sainteté de vie que vous ayez entreprise, quelque degré de perfection que vous ayez atteint, si vous ne désirez encore sincèrement et ne vous efforcez de monter toujours plus haut, ce ne peut être sans un fond de présomption et d'orgueil pour ce que vous avez déjà fait, aussi bien que de tiédeur et de négligence pour ce qui resterait à faire. Or jamais on ne se trouve avec ces deux vices, sans courir grand danger de

---

vitatem vitæ tuæ, et vicinitatem tuæ mortis dubiæ, post quam non habebis spatium faciendi opera meritoria, neque pœnitentiam : cognosces quòd cum majori corde et studio deberes facere bona opera et pœnitentiam, quàm tu facis.

Duodecima ratio est, quia si animadvertas, qualitercumque incipias bonam vitam, in quovis gradu, sine conamine et desiderio ad majorem perfectionem ascendendi et ad altiorem vitam non posse esse sine fundamento præsumptionis

tomber dans beaucoup de péchés spirituels, comme je pourrais vous le montrer, si je ne craignais d'être trop long. Le seul moyen donc pour nous délivrer de ces maux, et pour vous mettre en sûreté contre eux, c'est de vous efforcer de mener toujours une vie plus sublime et plus parfaite. Saint Bernard exposant le psaume *Qui habitat*, et parlant de ceux qui, après avoir été fervents au commencement, croient être quelque chose et tombent dans la tiédeur, s'écrie : « Oh ! si vous saviez combien est peu de chose ce que vous avez, et com-

---

et superbiæ, hujus quod incepisti, nec sine inclusione magnæ tepiditatis et negligentiæ ; et ex quo hæc duo mala includuntur, non posse esse sine magno periculo vivendi in multis vitiis spiritualibus, secundùm quod monstrare tibi possem, sed nimis esset longum ad scribendum per litteras: non dubito quòd, si velis dictorum malorum esse liber et immunis, quantùmcumque altam vitam incœperis, tu adhuc conaberis in altiori et perfectiori vitâ esse. Bernardus, super Psalmum 90,

bien vite vous le perdriez, si celui qui vous l'a donné ne vous le conservait ! »

Treizièmement, si vous pensez aux jugements impénétrables de Dieu sur certaines personnes qui, après avoir persévéré longtemps dans une grande sainteté et une grande perfection, ont été abandonnées de lui, à cause de quelques défauts cachés qu'elles ne croyaient point avoir : vous ne compterez point sur ce que vous avez fait déjà ; mais vous détacherez chaque jour davantage vos affections de la terre, et vous travaillerez à vous corriger de tous vos défauts,

---

Qui habitat in adjutorio Altissimi, loquens de illis qui sunt fervidi in principio, et posteà, credentes se aliquid esse, tepescunt : « O, inquit, « si scires, quàm parvum est, quod habes, et « hoc ipsum quàm citò perdes, si non servaverit « qui dedit ! »

Tertiadecima ratio est, quia si cogitas abyssalia judicia Dei facta super aliquos qui diù perseveraverunt in magnâ sanctitate et in magnâ perfectione, quòd Deus deseruerit eos, propter aliqua

plus que vous n'avez fait jusqu'ici ; vous avancerez sans cesse dans la perfection et la sainteté, craignant toujours qu'il n'y ait en vous quelque vice caché, pour lequel vous méritiez d'être abandonné de Dieu.

Quatorzièmement enfin, si vous pensez aux peines de l'enfer réservées à tous les pécheurs, je crois que vous regarderez comme bien légères, toutes les pénitences, l'humilité, la pauvreté, toutes les peines enfin que vous pouvez endurer pour Dieu dans cette vie, afin d'échapper par là à celles de la vie fu-

---

occulta vitia quæ non credebant habere : non dubito quòd quantumcumque altam vitam incœperis, omni die levabis tuas affectiones et tentationes, deserendo omne vitium plùs quàm feceras antè, appropinquando te ad perfectam et integram sanctitatem : timendo ne fortè insit vitium aliquod occultum, propter quod merearis à Deo deseri.

Quartadecima ratio est, quia si cogites pœnas infernales damnatorum, paratas cunctis peccato-

ture ; et vous travaillerez sans relâche à mener une vie plus haute et plus parfaite, afin d'échapper ainsi aux châtiments de l'enfer.

COMMENTAIRES.

Je veux vous suggérer quelques motifs capables d'exciter votre cœur, et de vous porter à une plus grande perfection.

Ce grand Sainct si zelé de la gloire de Dieu et du salut et perfection des ames, nous ayant en tout ce sien opuscule tracé le chemin d'une bien haute perfection et saincteté, ne pense pas avoir assez faict, s'il ne nous donne encores des motifs et esguillons pour la nous faire embrasser ardemment, et prendre à

---

ribus : credo quòd levis erit tibi omnis pœnitentia, humilitas, paupertas, et omnis labor, quem in istà vità possis sustinere propter Deum, ut evadas pœnas supradictas ; et conaberis continuò ad tenendum altiorem et perfectiorem vitam, timendo periculum veniendi ad supradictas pœnas.

cœur une affaire qui tant nous importe.

Il donne donc des motifs les plus pressants qu'on puisse imaginer, pour enflammer dans nos cœurs un vif desir de ceste perfection ; qui nous fasse incessamment aspirer au sommet d'icelle, et qui nous soit un pressant esperon pour nous faire toujours aller en avant, sans jamais nous lasser ny perdre courage ; veu que de s'arrester en ce chemin, c'est reculer ; — un desir qui nous rend si alterez du bien, lequel nous souhaitons, que jour et nuict nos pensées y sont occupées, sans pouvoir penser ny desirer autre chose qu'à ceste vehemente soif, soif, dis-je, de nous unir à Dieu parfaictement ; et qui nous fait dire courageusement avec le Psalmiste : *Si dedero somnum oculis meis, et palpebris meis dormitationem, donec inveniam locum Domino, tabernaculum Deo Jacob* [1] : Oh ! non je ne donneray point de sommeil à mes yeux, ny ne m'endormiray point en tiedeur et negligence, je n'auray repos ny cesse, jusqu'à ce que j'aye trouvé en moy un lieu agreable au Seigneur, et que j'aye si bien preparé

---

1. Ps. 131.

le tabernacle de mon ame, que mon Dieu y daigne venir habiter. Heureuse soif de justice, laquelle Dieu ne manquera pas de rassasier, pourveu qu'elle persevere!—un desir qui dilate le sein et les avenues de nostre ame pour recevoir amplitude des divines influences, et nous rend capables d'autant de graces comme il est luy-mesme ample et grand : desirons donc beaucoup, pour obtenir beaucoup ; — un desir enfin qui nous adoucit toutes les difficultés, nous fait franchir par dessus tous les obstacles, empeschements et tentations, et nous fait trouver tout facile, pourveu que nous puissions atteindre à nostre but desiré. Pour arriver à une telle perfection que nostre sainct Aucteur nous a tracée, il faut un tel desir. Car, comme dit sainct Augustin, *Vis desideriorum facit tolerantiam laborum et dolorum, et nemo nisi pro eo quod delectat, sponte suscipit ferre quod cruciat*[1]. « La force des desirs fait
« la force de souffrir les travaux et douleurs;
« et nul n'entreprend volontiers ce qui donne
« travail et peine, que pour obtenir ce qui
« delecte. »

1. De patient., cap. 4.

Il est vray qu'un desir si ardent ne se trouve pas ordinairement, mais qu'il n'est que dans les ames qui ont gousté quelque peu de la douceur interieure que Dieu depart à ses amis. Car les delices spirituelles, dit sainct Gregoire [1], augmentent le desir en rassasiant l'ame, et d'autant plus qu'on aperçoit leur saveur, on les desire avec plus d'avidité : bien differentes des delices corporelles, dont la satieté, tout au contraire, est accompagnée de desdain et de desgoust. Neantmoins, si nous n'avons pas ce desir, il le faut desirer, et le demander à Dieu, disant avec David : *Concupivit anima mea desiderare justificationes tuas in omni tempore :* « Mon ame a souhaité, o Seigneur, « de desirer vos justifications en tout temps. » Ces justifications sont la charité et perfection.

Il faut aussi tascher de l'allumer en nous avec les considerations et motifs que le Sainct nous propose, les ruminant, pesant serieusement et developpant par la meditation; ayant tousjours devant les yeux l'obligation que nous y avons à cause de nostre estat religieux. Car

---

[1]. Hom. 36 in Evang.

faisant profession de religion, nous l'avons faicte conjointement de la perfection. Et bien que nous ne soyons pas obligés d'estre parfaicts; si le sommes nous de tendre à la perfection de tout nostre pouvoir, et il ne faut pas dire qu'elle est trop relevée, et que nous n'y sçaurions atteindre. « Flatte-toy tant que tu
« voudras, dit Dacrian [1], persuade-toy tout ce
« qu'il te plaira, forge-toy tant d'excuses et
« pretextes que bon te semblera; tu es obligé
« d'aspirer à la perfection de toutes tes forces.
« Cela est ainsi, et non autrement; si tu l'as
« ignoré jusqu'à present, tu ne l'ignoreras
« plus, je te le fais sçavoir. Tu t'es lié et
« obligé ; lié et obligé tu demeureras. Je ne
« puis pas, dis-tu, arriver à une si grande
« perfection. Et que veut dire ceste defiance?
« Ne sçais-tu pas que la puissance divine peut
« plus faire, que l'humaine infirmité ne peut
« pas mesme penser? Je confesse que de toy
« mesme tu n'y peux point parvenir ; mais
« Dieu t'y peut bien conduire. Espere en Dieu,
« mets en luy ta confiance, et aide toy de

1. Spec. monac. sub fine.

« ton costé le mieux que tu pourras; et ne
« crains pas qu'ainsi faisant, sa grace et assis-
« tance te manque jamais. »

Semper tibi displiceat quod es, dit S. Augustin [1], *si vis pervenire ad id quod nondum es; nam ubi tibi placuisti, ibi remansisti; si autem dixisti: sufficit, peristi.* « Que tousjours ce que tu es te
« desplaise, si tu veux parvenir à ce que tu
« n'es pas encores : car là où tu commences
« à te plaire à toy-mesme, là tu demeures.
« Que si tu dis : c'est assez, je ne me soucie
« pas de passer plus avant; tu as peri. » — « Mar-
« che tousjours, dit le mesme sainct, avance-
« toy tousjours, tasche tousjours de profiter;
« que le cœur ne te defaille point au chemin,
« garde-toy bien d'aller en arriere ou de te
« desrayer. » — « Il faut, dit sainct Bernard [2],
« ou que tu montes, ou que tu descendes; si
« tu veux demeurer en un mesme estat, as-
« seurement tu tomberas. » — « Or, si nous ne
« voulons pas deschoir du bien commencé,
« dit sainct Gregoire, il est necessaire que
« chasque jour nous croyions que nous ne

---

1. De verb. Apost., serm. 15. — 2. Epist. 91.

« faisons que commencer, et que par ainsi nous
« recommencions tous les jours avec une
« nouvelle ferveur. » Nostre Sauveur visitant
une fois saincte Mechtilde, comme raconte
Blosius, il mena avec soy plusieurs saincts,
lesquels disoient à ceste saincte : « O que
vous estes bienheureuse de vivre encores sur
la terre, à cause des grands merites que vous
pouvez acquerir! » Que si vous cognoissiez
bien cela, chasque jour à vostre reveil, vostre
cœur seroit remply de grande joie et contentement, voyant que ce jour s'est levé pour
vous, auquel vous pouvez vivre à Dieu, et,
avec sa grace, accroistre grandement vos merites. Ceste pensée nous donneroit une grande
force et vigueur pour endurer tout avec grande
allegresse.

Mais au reste, quand bien nous ne pourrions
pas nous advancer tant, comme nous desirerions, nous ne devons pas nous descourager.
Ce n'est pas à dire que Dieu nous veuille esconduire de nostre pieuse attente, mais il
veut esprouver nostre perseverance. Continuons fidelement et courageusement nos
saincts desirs et bons propos, taschant de les

accroistre de plus en plus, et laissons tout le reste entre les mains de Dieu. Car, comme dit sainct Augustin, « Dieu nous garde ce « qu'il ne veut pas nous sitost nous donner, « afin que nous apprenions à desirer gran- « dement les choses grandes ». *Servat tibi Deus quod non vult citò dare, ut et tu discus magna magnè desiderare.* Aussi, dit sainct Bernard, *proficiendi studium et jugis conatus ad perfectionem, perfectio reputatur. Quòd si studere perfectiorem esse, perfectum est; nolle proficere, deficere est.* Voicy une sentence de grande consolation pour les ames desireuses de la perfection : « Une soigneuse estude et un « continuel effort pour s'advancer, est reputé « pour perfection. Que si aspirer ainsi à la « perfection avec une grande ferveur, c'est en « quelque façon estre parfaict; aussi negliger « de s'advancer, c'est reculer. »

C'est donc pour nous faire plus ardemment desirer, que Dieu retarde l'accomplissement de nostre desir; et afin qu'ayant obtenu ce que nous desirons, nous en fassions plus de prix, et le conservions avec plus grande sollicitude et circonspection. « Les saincts desirs, dit sainct Gre-

« goire, croissent par ce delay ; que si à cause
« du delay ils s'attiedissent, ce ne sont pas des
« vrais desirs. » *Sancta desideria dilatione crescunt ; si autem dilatione deficiunt, desideria non fuerunt.* C'est aussi pour nous faire clairement cognoistre nostre infirmité, afin que, lorsque nous aurons acquis quelque degré de perfection, nous sçachions que c'est de la pure grace de Dieu, et non d'aucune industrie nostre, que ce bien nous est arrivé. Sainct Chrysostome adjouste une autre raison. Il dit que maintes fois Dieu ne nous exauce pas sitost, voulant faire par ceste occasion, que nous nous approchions plus souvent de luy l'importunant avec nos prieres, et que, par ce moyen, nous jouissions plus pleinement de sa bonté et nous unissions plus estroictement à luy par l'amour.

« Il faut tascher, dit Denis le Chartreux, de
« croistre tous les jours en vertu, d'estre estably
« en la grace et confirmé en la devotion. Si vous
« faites ainsi, en peu de temps vous advancerez
« fort, vous ressentirez un grand profit, une
« paisible tranquillité, et une grande et intime
« douceur de vostre cœur en Dieu. » — « Tant
« que l'ame estime qu'elle commence, dit

« sainct Gregoire [1], pensant n'avoir rien faict
« encores, autant elle persevere en une infa-
« tigable nouveauté, c'est-à-dire, en une fer-
« veur tousjours nouvelle. » — « Il est neces-
« saire, dit sainct Bernard [2], que l'ardeur du
« sainct desir previenne la face de Dieu, et
« luy prepare la place en toute ame à la-
« quelle il doit venir, en consumant la rouille
« des vices. Et lors l'ame peut sçavoir que
« le Seigneur est proche, quand elle se sentira
« enflammée de ce feu : Car il n'y a pas plus
« evident signe que Dieu nous veut donner
« une grace, que quand il nous donne un
« ardent desir d'icelle. Les desirs sont les
« fourriers qui precedent son arrivée, et luy
« preparent le logis dans nos ames. » Enfin
ce desir est si utile et necessaire, qu'aucun
n'est parfaict, comme dit le mesme Sainct,
quelque grande perfection qu'il semble avoir,
s'il ne desire d'estre plus parfaict encores.
Nemo perfectus est, qui perfectior esse non appetit [3].

---

1. Lib. 19 Moral., c. 16. — 2. Serm. 31. — 3. Epist. 34.

CHAPITRE XVI.

DE L'EFFICACITÉ DES MOTIFS PRÉCÉDENTS.

Je n'ai fait que toucher brièvement les motifs que je viens de vous proposer : afin que vous puissiez méditer beaucoup sur le peu que je vous ai dit, et que chacun de ces motifs soit pour vous le sujet de profondes réflexions. Mais si vous voulez profiter de ce que j'ai dit, vous ne devez pas vous contenter de le recevoir avec l'esprit, mais vous devez surtout

CAPUT XVI.

PRÆDICTÆ RATIONES QUALITER HABEANT EFFICACIAM.

Prædictas rationes plùs in brevitate tetigi, quàm explicaverim : ut tu addiscas in paucis magna cogitare, sic quòd quælibet sit tibi materia altæ contemplationis et spatiosæ. Attamen scias, quòd si velis proficere cum prædictis rationibus, debes formare non solùm per intellectum, imò etiam est necessarium quòd per certam affectionem

exciter votre volonté à agir en conséquence. Et pour que vous le compreniez mieux, je reviendrai en peu de mots sur chacun des motifs que je vous ai suggérés, en vous montrant qu'ils ne peuvent produire quelque effet dans votre âme, qu'autant qu'ils y formeront des affections et des sentiments conformes à leur objet.

Le premier motif n'agira que sur celui qui a un esprit élevé ; qui sent quelle est la grandeur, la perfection et la majesté de Dieu, et qui s'efforce en tout de

---

moveas voluntatem tuam ad hoc quod dicunt dictæ rationes. Et ut meliùs intelligas, replicabo tibi sub brevi memoriâ dictas rationes, ostendendo tibi qualiter dictæ rationes non habent efficaciam in animâ, nisi formetur per affectionem et sentimentum spirituale.

Prima enim ratio non habet vigorem, nisi in animâ quæ habet magnum spiritum, et sentit et contemplatur nobilitatem et perfectionem et dignitatem Dei, et conatur ad amandum Deum et honorandum in omnibus, secundùm quod Deus

l'aimer et de l'honorer comme il le mérite.

Le second ne produira son effet que sur celui qui a un sentiment vif et profond de la charité et de la bonté que le Fils de Dieu nous a montrées dans la passion qu'il a soufferte pour nous ; et qui désire de toutes ses forces rendre à Dieu ce que sa bonté et sa charité ont fait pour lui.

Le troisième ne sera efficace que sur celui qui comprend la hauteur de la perfection que Dieu exige de sa créa-

---

est dignus.

Secunda ratio non habet efficaciam, nisi in animâ quæ cordialem devotionem sentit in spiritu ergà charitatem et bonitatem Filii Dei, quam nobis monstravit in suâ propriâ passione propter nos acceptâ ; sic quòd anima desideret totis suis viribus facere recompensationem Deo, de bonitate et charitate ostensâ in passione.

Tertia ratio non proficit, nisi in animâ quæ sentit altitudinem perfectionis quam requirit Dominus et præcipit esse in creaturâ ; quæ pro-

ture ; et qui s'efforce d'accomplir ses divins commandements, et d'atteindre la perfection qu'il demande de lui.

Le quatrième ne convient qu'à celui qui repasse dans son esprit et dans son cœur la grandeur et la noblesse des bienfaits de Dieu, et les grâces qu'il a reçues de lui ; et qui travaille à lui rendre ce qu'il lui doit pour tant de bienfaits.

Le cinquième n'est utile qu'à celui qui a une haute estime et un grand amour de la gloire promise aux élus dans

---

fundâ ratione mandatum Dei conatur adimplere, et cum magnâ voluntate venire in dictam perfectionem.

Quarta ratio solùm locum habet in animâ, quæ per intellectum et affectionem recogitat magnitudinem et nobilitatem beneficiorum Dei et gratiam ipsius, et quæ conatur rependere Deo servitium debitum secundùm beneficia recepta.

Quinta ratio habet valorem tantùm in animâ, quæ habet in æstimatione et ferventi amore gloriam promissam in Paradiso, et quæ habet

le ciel, et qui de plus a une foi ferme, et une vive espérance d'obtenir cette gloire pour les bonnes œuvres qu'il aura pratiquées.

Le sixième n'a d'efficacité que pour celui qui ressent une horreur profonde de tout vice et de tout péché, un grand amour pour la perfection des vertus, et une estime infinie de la grâce de Dieu.

Le septième n'est applicable qu'à celui qui a un grand respect pour la vie des saints, avec un désir sincère de les

---

firmam fidem et spem veniendi ad illam gloriam per bona opera virtutum, sic quòd cum dictis operibus conetur venire ad illam gloriam supradictam.

Sexta ratio non habet efficaciam, nisi in ánimâ, quæ habet in horrore omnia vitia, et peccata in abominatione, et in magnâ complacentiâ et amore perfectionem virtutum et gratiæ Dei, et hoc cum magno excessu et altitudine.

Septima ratio habet solùm virtutem in animâ, quæ habet in magnâ æstimatione vitas sancto-

imiter. Et je veux parler ici surtout de la vie des saints les plus parfaits : de la sainte Vierge d'abord, puis de Jean-Baptiste, de Jean l'Evangéliste, de tous les apôtres, et des autres saints.

Le huitième n'a d'effet qu'en celui qui sent le poids des offenses qu'il a commises contre Dieu, et qui a un grand désir de satisfaire à sa justice par les bonnes œuvres.

Le neuvième ne convient qu'à celui qui, sentant sa faiblesse, et la grandeur et le danger des tentations dont il est

---

rum, cum desiderio imitandi. Et maximè intendo dicere de vitâ perfectè perfectorum, sicut est virgo Maria principaliter, Joannes Baptista, Joannes Evangelista et omnes Apostoli, et sic de aliis.

Octava ratio non proficit nisi in animâ quæ aggravat offensas contrà se, quas fecit contrà Deum, et quæ habet voluntatem magnam faciendi Deo justitiam et satisfactionem peccatorum suorum per bona opera et virtuosa.

Nona ratio non habet locum, nisi tantùm in

environné, s'efforce de fuir les occasions du péché et de conserver la grâce de Dieu.

Le dixième n'est bon que pour celui qui connaît ses péchés, qui tremble devant les terreurs du jugement dernier, si redoutable pour ceux qui n'auront pas fait pénitence.

Le onzième ne convient qu'à celui qui craint la mort, et travaille à s'y préparer par des œuvres méritoires.

Le douzième n'est utile qu'à celui qui comprend qu'on ne peut entreprendre

---

animâ quæ sentit suam debilitatem et gravitatem, et periculum tentationum : propter quod conatur ad fugiendum occasionem cadendi in tentationem, et ad veniendum in securitatem gratiæ Dei.

Decima ratio non habet locum, nisi in animâ quæ cognoscit peccata sua, et habet timorem et tremorem cordialem sententiæ finalis judicii, quæ dabitur contrà peccatores qui non egerunt pœnitentiam de peccatis suis.

Undecima ratio non habet locum, nisi in animâ

une vie parfaite et n'avoir pas le désir d'acquérir toujours une perfection plus grande, sans avoir les défauts et courir les dangers dont j'ai parlé ; et qui veut, à cause de cela, fuir les uns et les autres.

Le treizième ne convient qu'à celui qui a un soin extrême de son salut, et une grande crainte de perdre la grâce.

Le quatorzième n'agit que sur celui qui, craignant les peines de l'enfer, et sachant qu'il les mérite à cause des

---

quæ habet timorem mortis, et habet magnum præparamentum faciendi opera meritoria.

Duodecima ratio tantùm proficit animæ, quæ sentit vel intelligit quòd inchoare bonam vitam sine conamine et desiderio ad altiorem vitam ascendendi, non potest esse sine inclusione prædictorum vitiorum, et sine periculo grandium malorum : et ideo vult fugere dicta vitia et pericula.

Tertiadecima ratio non habet efficaciam, nisi in animâ quæ summè curat de suâ salute, et timet

offenses qu'il a commises contre Dieu, s'efforce de les éviter par la pénitence.

Enfin, pour tous et pour chacun de ces motifs, tout revient à deux choses. La première, c'est d'abord un sentiment profond de son impuissance et de son néant ; la seconde, de sentir un désir ardent de monter toujours plus haut dans la vertu : de telle sorte, que le sentiment de notre propre imperfection et de notre néant ne soit jamais sans le désir et

---

separationem à gratiâ.

Quartadecima ratio non habet efficaciam, nisi in animâ quæ timet de pœnis damnatorum, sentiendo quòd digna est venire in pœnas supradictas, propter offensas quas commisit contrà Deum, et quæ vult et conatur vitare pœnas antedictas per satisfactionem pœnitentiæ.

Et nota, quòd conclusio et finis cujuslibet rationis debet esse in duobus. Primò in sentimento propriæ imperfectionis et nihilcitatis ; deindè in desiderio et conamine veniendi in altiorem vitam :

l'effort d'arriver à une perfection plus grande et à une vie plus élevée, et réciproquement.

---

sic quòd non sit sentimentum propriæ imperfectionis et annihilationis sine desiderio atque conamine majoris perfectionis et vitæ altioris, nec è converso.

CHAPITRE XVII.

CONSEILS TRÈS-SALUTAIRES POUR MARCHER AVEC SÛRETÉ DANS LA VIE SPIRITUELLE.

Celui qui veut fuir et éviter les piéges et les dernières tentations de l'antechrist ou du diable, doit avoir deux sentiments dans son cœur.

En premier lieu, qu'il s'estime lui-même comme un corps mort, plein de vers et sentant mauvais, et comme un cadavre donné en proie à la pourriture, dont on ne peut supporter la vue ni l'odeur, et dont on se détourne avec horreur

CAPUT XVII.

CONSILIA SALUBERRIMA, IN QUIBUS SE EXERCERE DEBET, QUI VULT EVADERE LAQUEOS DIABOLI.

Qui vult fugere atque evadere laqueos atque tentationes Antichristi seu diaboli finales, debet habere in proprio sentimento suî duo.

Primò, quòd sentiat de seipso, sicut de uno corpore mortuo pleno vermibus et malè olenti;

pour ne point voir une chose si affreuse (A). C'est ainsi, mon frère, que nous devons penser, vous et moi ; mais moi plus encore que vous, parce que toute ma vie n'est qu'infection ; je suis moi-même tout infection, et mon corps, et mon âme, et tout ce qui est en moi, souillé par la corruption des péchés et des iniquités que j'ai commises, n'est plus qu'une infection et un objet d'horreur. Et ce qu'il y a de pire, c'est que je sens cette corruption se renouveler chaque jour en moi, et s'accroître.

Ce sentiment doit être accompagné

---

et sicut de cadavere quod dedignantur videre intuentes, imò, super quod clauduntur nares, propter ejus pessimum odorem et fœtorem ; et avertuntur facies, ut non videant talem et tantam abominationem. Sic oportet, charissime, facere semper mihi et tibi : sed plus mihi, quia tota vita mea fœtida est, totus fœtidus sum, et corpus meum, et anima mea, et omnia quæ intrà me sunt, fæce et putredine peccatorum et iniquitatum fœtidissima et abominabilissima sunt : et quod deterius

dans l'âme fidèle d'une confusion profonde en la présence de Dieu, comme devant celui qui voit tout et qui la jugera un jour très-sévèrement ; et d'une vive douleur d'avoir offensé Dieu, et perdu la grâce que Notre-Seigneur lui avait acquise en la rachetant de son sang précieux, et en la purifiant dans les eaux du baptême.

Et ce sentiment qu'elle porte devant elle-même et devant Dieu, elle doit aussi le porter devant tout le monde. Elle doit être persuadée qu'elle est un sujet d'abomination et d'horreur, non-

---

est, quotidiè hunc fœtorem in me sentio recentiùs et angustiùs revocari. Et debet talem fœtorem de seipsâ sentire fidelis anima cum maximâ verecundiâ coram Deo, sicut coram illo qui omnia videt, et sicut si esset coram districto judicio ; et dolore maximo de offensâ Dei et perditione gratiæ animæ, in quâ erat, quandò redempta fuit pretiosissimo Christi sanguine et abluta per baptismum. Et sicut sibi et Deo fœtere se credit et sentit, sic etiam credat et sentiat quòd non solùm coram

seulement pour les anges et pour les âmes saintes, mais encore pour tous les hommes vivants. Elle doit se représenter que tous les hommes non-seulement dédaignent de voir et d'entendre ce qu'elle fait et ce qu'elle dit, mais encore qu'ils s'éloignent d'elle pour ne pas la voir, qu'ils la rejettent comme on rejette un cadavre infect, et qu'elle est pour eux plus abominable qu'un lépreux couvert de plaies. Et pour ce qui regarde son corps, qu'elle soit bien convaincue qu'on lui ferait seulement justice, ce qui serait très-convenable, si on lui arra-

---

angelis et sanctis animabus, sed etiam coram omnibus hominibus viventibus, sit abominabilis et fœtidus ; et quòd facta et dicta sua non solùm homines videre et audire dedignantur, sed quòd nares suas claudant et avertant facies suas ne ipsum videant, et tamquàm fœtidum cadaver de medio eorum expellant, et sit ab eis alienatus et separatus et projectus sicut plus quàm leprosus, usquequò veniat et reveniat ad seipsum. Et de corpore suo ita sentiat et credat, quòd quis de eo

chait les yeux, si on lui tranchait le nez, les mains, les oreilles ; si, en un mot, on la faisait souffrir dans tous ses sens et dans tous ses membres : parce qu'elle s'est servie de tous pour offenser Dieu son créateur.

Il faut aussi qu'elle désire d'être dédaignée et méprisée ; et qu'elle reçoive avec joie et allégresse, et endure avec patience tous les reproches, toutes les confusions, les diffamations, les injures, les blâmes et les contradictions de toute sorte.

En second lieu, il faut que, vous dé-

---

justitiam faceret, quod justum est, etiam si sibi oculi eruerentur, nasus truncaretur, manus abscinderentur et aures et os ; et sic de aliis sensibus corporalibus et membris : quia cum his omnibus Deum offendit et Creatorem. Item, quòd despici desideret et contemni ; et quòd omnia vituperia, verecundias, diffamationes, injurias, blasphemias et omnia adversa, summo cum gaudio et lætitiâ recipiat, et patienter ferat.

Et oportet quòd diffidas de teipso totaliter, et

fiant absolument de vous-même, et de tout le bien qui peut être en vous, et de toute votre vie passée, vous vous tourniez tout entier vers Notre-Seigneur Jésus-Christ ; et que vous vous reposiez sur les bras de ce Jésus pauvre, avili, méprisé, abreuvé d'outrages, et mort pour vous, jusqu'à ce que vous soyez mort en tous vos sentiments humains, et que Jésus-Christ crucifié vive en votre cœur et dans votre âme ; qu'il vous ait transformé et transfiguré entièrement en lui, de sorte que vous ne voyiez, vous n'écoutiez, vous ne sentiez plus rien que Jésus suspendu à la croix et

---

de omnibus bonis tuis, et de totâ vitâ tuâ, et convertas te totum et reclines super brachia Jesu Christi pauperrimi et vilissimi et improperati, despecti et mortui propter te : usquequò tu sis mortuus in omnibus sentimentis tuis humanis, et Jesus Christus crucifixus vivat in corde tuo et in tuâ animâ, et totus transformatus et transfiguratus cordialiter sentias in te, ut numquàm videas, nec sentias, nec audias nisi ipsum solum stantem in Cruce propter te mortuum et suspen-

mort pour vous (B). Vous suivrez en cela l'exemple de la Vierge Marie : mort au monde, vous n'aurez plus d'autre vie que celle de la foi. Que votre âme vive toute en cette foi, jusqu'au jour de la résurrection, où le Seigneur vous donnera la joie spirituelle et le don du Saint-Esprit, à vous, et à toutes les personnes dans lesquelles doit se renouveler la vie des Apôtres et la première ferveur de la sainte Église de Dieu aux premiers jours. Exercez-vous cependant à la prière, à la méditation et aux affections saintes, afin d'obtenir les vertus et la grâce de Dieu.

---

sum : ad exemplum virginis Mariæ, mortuus in mundo, et vivens in fide. Et quòd in illà fide vivat tota anima tua usque ad resurrectionem, in quâ Dominus immittet gaudium spirituale et donum sancti Spiritûs in animam tuam, et in illas personas, in quibus debet renovari status Apostolorum et Ecclesiæ sanctæ Dei : exercens te sanctis orationibus sive sanctis meditationibus et affectionibus ad obtinenda dona virtutum et gratiam Dei.

COMMENTAIRES.

(a) *En premier lieu, qu'il s'estime comme un corps mort.*

Nostre sainct Aucteur a desjà donné aux chapitres XIII et XIV plusieurs remedes contre les tentations des vaines revelations et illusions de Satan ; il en donne icy un qui, tout seul, a plus d'energie et efficace que tous les autres. (J'excepte cependant celuy de se descouvrir au Pere spirituel ou Superieur, lequel au reste est contenu sous celuy-ci.) C'est un remede general, et preservatif universel contre toutes les tentations, comme il fut monstré en vision à sainct Antoine. Ce grand patriarche vit les lacets et pieges de l'ennemy tendus par toute la terre; tout le monde estoit plein de ses filets avec lesquels il prend les pauvres ames mal advisées, comme on prend les poissons à l'hameçon. De quoy ce bon Sainct estant tout esperdu, pleurant et gemissant il s'escria : « Helas! qui pourra eschapper de ces filets? » et il ouyt une voix qui luy dit : « Ce sera la seule humilité, et ils ne prevaudront point contre icelle ». *Sola humilitas, et non prœvalebunt adversùs eam.* L'abbé sainct Macaire aussi revenant une fois en sa cellule, Satan s'apparust à luy avec une faulx dont il le vouloit frapper, mais il ne pouvoit pas. Et alors il luy dit : J'endure de toy une grande violence, o Macaire, d'autant que je ne puis pas prevaloir contre toy. Je fais prou (assez), dit ce miserable, tout ce que tu fais. Tu jeusnes, et je ne mange rien ; tu veilles, et je ne dors du tout ; il n'y a qu'une chose en quoy tu me surpasses. — « Et qu'est cela ? luy dit ce bon ermite. — C'est ton humilité, respondit ce meschant, laquelle m'empesche de te surmonter.

Les enseignements que le Sainct donne en ce chapitre sont, à vray dire, de la plus profonde et ensemble plus haute humilité qu'on puisse avoir. Il fait bien paroistre avec quelle perfection il la pratiquoit et combien avant elle estoit gravée dans son cœur, nous l'inculquant si souvent, avec des paroles pleines d'affection, d'esprit et d'energie. Car il ne dit rien qu'il n'en aye fait beaucoup davantage. Ce qu'il nous marque icy, c'est l'opinion qu'avoit de soy-mesme ce miroir de saincteté, cest exemplaire de toute perfection ; et de fait, il se l'applique à soy-mesme. Qu'est-ce donc que nous devons faire? O enseignements dignes d'un tel homme apostolique ! o humilité digne d'un si parfaict imitateur de Jesus souverain maistre d'humblesse ! Les seuls humbles honorent Dieu parfaictement, veu qu'ils ne cherchent en rien leur honneur, mais purement celuy de Dieu. Dieu aussi n'honore que les humbles. Il a pris en main et à cœur leur honneur ; toute la saincte Ecriture en fait foy. O saincte humilité, qu'à bon droit tu es honorée et exaltée de Dieu, puisque, pour honorer sa majesté, tu fais gloire de t'abaisser sous les pieds d'un chascun ! tu n'as borne ny limite en la profondeur de ton abaissement. D'estre foulée aux pieds, vilipendée et mesprisée : ce sont tes victorieux triomphes. Justement les portes du ciel te sont ouvertes, puisque tu y entres par le mesme chemin que t'a tracé le Seigneur du ciel et de la terre ! « Car « le vray humble, dit sainct Bernard, ne veut « pas estre tenu pour humble, mais estre re- « puté vil et abject. » *Verus humilis vilis vult*

reputari, non humilis prædicari. Il n'est superbe qu'en une chose, c'est qu'il mesprise les louanges. Aussi, dit-il, de desirer louange de l'humilité, n'est pas humilité : mais destruction de l'humilité. « Sois humble devant tes yeux,
« dit sainct Isidore, pour estre grand devant
« Dieu, car tu seras d'autant plus precieux
« devant ses yeux, qu'aux tiens tu seras plus
« abject et meprisé. » — « Je suis prest, disoit
« l'humble sainct Gregoire, d'estre repris d'un
« chascun, d'estre corrigé de tous ; et je tiens
« celuy-là seul pour mon amy, par la langue
« duquel les tasches de mon ame sont netto-
« yées, avant l'avenement du Juge rigoureux. »

Voilà les sentiments des ames humbles. Aussi, ont-elles tousjours paix avec tout le monde : car on ne leur sçauroit rien dire, ny rien faire, qu'elles ne le prennent de bon cœur, croyant en meriter beaucoup davantage ; et on ne leur sçauroit si peu donner, qu'encore de ce peu elles ne s'estiment indignes. Par ainsi ils ne sont fascheux à personne, leur compagnie est agreable à tous ; ils sont aimés des anges, et uniquement cheris de Dieu, qui se communique à eux d'une façon fort speciale, douce et familiere, comme l'asseure sainct Bernard, disant : *Nescio quo pacto familiarius semper humilitati appropinquare solet divinitas* : « Je « ne sçay en quelle façon si singuliere la di- « vinité a coustume de s'approcher plus fa- « milierement des humbles. »

Sainct Bonaventure donc donne à juste raison ces louanges à ceste rare vertu : « L'humi- « lité, dit-il, est une brieve eschelle de devo- « tion, une brieve eschole de perfection, et un « bien court chemin de salut. C'est une es- « chelle courte, si tu veux monter ; une brieve « eschole, si tu veux apprendre ; et un chemin « raccourcy, si tu veux te sauver. C'est, dit-il, « le sommaire de toute la justice : et nostre « Sauveur en son eschole a reduit toute la « prolixité de la loy ancienne en cest abregé, « qui est la methode d'humilité, disant : « Ap- « prenez de moy que je suis doux et humble « de cœur ».

Sainct Augustin dit à ce propos avec une merveilleuse elegance et bonne grace : *O doctrinam salutarem ! O magistrum Dominumque mortalium, quibus mors poculo superbiæ propinata atque transfusa est, quid ut discamus a te,*

venimus ad te ? Huccine redacti sunt omnes thesauri sapientiæ et scientiæ absconditi in te, ut pro magno discamus a te quoniam mitis es et humilis corde ? Itane magnum est esse parvum, ut nisi a te qui tam magnus es fieret, disci omnino non posset ? Hæc medicina si superbiam non curat, quid eam curet nescio. « O doctrine
« salutaire! s'escrie ce grand Docteur, o Mais-
« tre et Seigneur des mortels, qui ont avalé
« la mort dans la coupe de la superbe, qu'est-
« ce que nous venons apprendre de vous ?
« Sont-ils reduits à ce point tous les thresors
« de sagesse et science cachés en vous,
« que nous apprenions de vous comme une
« grande chose, que vous estes doux et hum-
« ble de cœur ? Est-ce si grande chose d'estre
« petits, que si vous qui estes si grand ne vous
« fussiez rendu tel, nous n'eussions sçeu aucu-
« nement l'apprendre ? Si ce remede ne
« guerit nostre orgueil, je ne sçay qui le
« pourra guerir. »

L'Abbé Guerric s'escrie sur ce subject :
« Vous avez vaincu, Seigneur, vous avez
« vaincu ma superbe. Voicy que je donne les
« mains, je me rends à vos liens sacrés, rece-

« vez-moy pour vostre eternel esclave. *Vicisti, Domine, vicisti superbiam meam, ecce do manus in vincula tua, accipe servum sempiternum.* »

(B) *Et que Jésus crucifié vive en votre cœur.*

Voicy un autre remede que nous donne nostre sainct Aucteur, non moins efficace que le premier, voire de cestuy-ci le premier emprunte de sa force : car nous n'avons force ny vertu qu'en la croix de nostre Redempteur. *Christo confixus sum cruci*, disoit l'apostre. « Je « suis attaché avec Jesus-Christ en la croix. » Ainsi pouvoit dire nostre glorieux Sainct. Il avoit la croix et la passion de nostre Sauveur tellement fichée en son cœur, et son cœur estoit tellement fiché en la croix, qu'il ne pouvoit presque parler d'autre chose. On peut veoir combien de fois il en parle en ce sien opuscule maintenant sur la fin : il semble que son cœur et sa bouche ne sçeussent proferer autre chose, que Jesus crucifié.

Or que ce soit un des plus excellents remedes contre tous les assauts de l'ennemy, que d'avoir recours à la passion et croix du Sauveur, tous les saincts Peres l'asseurent, et l'experience journaliere l'apprend assez. Mesme sainct Bonaventure dit, que Dieu permet que nous soyons tentés, afin que nous y ayons recours.

« O grand Dieu, dit-il, de merveilleuse
« et par trop amoureuse benignité, qui per-
« mettez que nous soyons tentés, non afin
« que nous perissions, mais afin que, crai-
« gnant de vous offenser, nous recourions à
« vous, nostre port tres-asseuré!... O toy qui
« es tenté, dit-il un peu apres, medite les
« plaies du Sauveur, cache-toy dans icelles,
« et elles te serviront tousjours de soulage-
« ment et rafraîchissement. Ne doute pas
« que si tu les imprimes dans ton cœur, l'en-
« trée ne soit fermée à toute tentation. Il
« n'y a rien qui dissipe si fort l'impetuosité
« et force de nos ennemis, et qui fasse si tost
« esvanouir leurs suggestions et tentations,
« que de courir aussitost à la croix du Sau-
« veur, et s'aller cacher dans ses plaies. »

Et il n'est pas de merveilles, veu que ce sont les armes desquelles il s'est servy pour terrasser et surmonter ceste troupe satanique. Ce sont les instruments de leur destruction, affoiblissement et desroute ; et les enseignes glorieuses du triomphe du Fils de Dieu, lesquelles voyant paroistre, ils n'ont plus grande haste que de prendre la fuite. Elles sont nostre maison de refuge, nostre asile asseuré. Ces cinq plaies ouvertes et les trous de la sacrée couronne, sont les six villes de refuge et d'asseurance pour toutes les ames fideles. *Columba mea in foraminibus petræ, in cavernâ maceriæ.* Ce sont ces trous de la pierre, laquelle pierre est nostre Sauveur, et ceste caverne de la masure de ce tres-sainct corps tout navré, où se cachent les colombes, qui sont les ames pures, simples et devotes. C'est là qu'elles font leur nid, et de là elles regardent sans crainte, dit sainct Bernard, le vautour infernal rôdant et volant à l'entour. « C'est ceste pierre, dit-il, sur laquelle le « prophete se glorifie que Dieu l'a exalté, « disant : *In petrâ exaltavit me ;* et ailleurs : *Statuit supra petram pedes meos :* « Dieu a « affermi mes pieds sur la pierre ». « Et de « vray, poursuit ce devot docteur, où y « a-t-il une ferme asseurance et un tran-

« quille et asseuré repos aux faibles, que dans
« les plaies de Jesus-Christ ? Là je demeure
« d'autant plus asseuré, qu'il est tout-puissant
« pour me garder et sauver. Que le monde fre-
« misse, que le corps presse, que Satan dresse
« des embusches, je ne tomberay pas pour cela:
« car je suis fondé sur la ferme pierre ».

Et de fait, il estoit si devot à la passion, qu'il
la portoit tousjours gravée en son cœur, et
comme un faisceau de myrrhe sur son sein. Il
le dit luy-mesme ailleurs : « Quant à moy ,
« dit-il , mes freres , dès le commencement
« de ma conversion , pour l'amas de merites
« que je voyois me manquer , je pris peine
« de me faire ce petit faisceau recueilly de
« toutes les douleurs, amertumes et anxietés
« de mon Sauveur , et de le placer au
« milieu de ma poitrine. De mediter ces
« choses, c'est ma sagesse. Là j'ay constitué
« ma perfection, la plenitude de ma science ,
« les richesses de mon salut et l'abondance
« de mes merites. Là parfois j'ay receu le breu-
« vage salutaire d'amertume et contrition ;
« et d'autres fois, une suave liqueur d'ineffa-
« bles consolations. Mon cœur redondera et

« proferera, tant que je vivray, la memoire
« de ceste abondante suavité. Au grand
« jamais je n'oublieray ces misericordes,
« car c'est par icelles que je suis esté vivifié et
« justifié ». — « O quelle misericorde indue,
« dit-il autre part [1], o quelle preuve d'un
« amour si gratuit, quelle dignation inopinée,
« quelle merveilleusement admirable douceur,
« quelle mansuetude invincible, que le Roy
« souverain de la gloire veuille bien estre
« crucifié pour un esclave si contemptible,
« voire pour un petit vermisseau ! »

C'est ceste merveille qui fit sortir tellement de soy ces grands amateurs de Jesus, sainct François et saincte Catherine de Sienne, que, tout transportés dans les douleurs et plaies de leur Sauveur, ils meriterent de les avoir imprimées en leur corps, estant stigmatisés de ces marques d'amour. Et mesme ladite saincte Catherine, nostre mere, merita de ressentir en son chef une partie des douleurs que son cher Espoux avoit souffertes au sien, estant comme luy couronnée d'espines,

---

1. Serm. deb. quadr.

pour l'intime affection qu'elle avoit de participer à ses peines et se conformer à sa passion. La bienheureuse saincte Claire de Montefalco avoit ces tourments et douleurs gravés si avant dans son ame, qu'ils furent gravés aussi en son cœur materiel, comme on le vid apres sa mort.

A l'imitation donc de ces saincts, faisons-nous aussi un faisceau de myrrhe, et le plaçons sur nostre poitrine; en sorte que, selon que dit le sainct Aucteur, Jesus-Christ crucifié vive en nous, et que nous soyons tous transformés en luy par le vif ressentiment de sa Passion. Ce qui nous causera un si grand amour de la Croix, que les peines et mespris seront nos delices; que d'endurer pour Dieu, voire mourir, s'il en estoit besoin, sera nostre gain et nostre contentement, selon que dit l'apostre : *Mihi vivere Christus est, et mori lucrum* [1] : « Jesus-Christ est ma vie, et mourir » et souffrir toute sorte de travaux pour luy « c'est mon gain », c'est le plus grand bonheur qui me puisse arriver.

1. Philip. 1.

CHAPITRE XVIII.

SEPT DISPOSITIONS DANS LESQUELLES NOUS DEVONS NOUS EXERCER ENVERS DIEU.

Or vous devez principalement vous exercer en sept sortes de dispositions envers Notre-Seigneur, qui sont :

1° De l'aimer d'un amour très-ardent (A). 2° De le craindre par-dessus toute chose (B). 3° De lui rendre l'honneur et le respect qui lui sont dus. 4° D'avoir un zèle très-constant pour son service. Joignez à cela : 5° Les actions

CAPUT XVIII.

DE AFFECTIBUS QUIBUS NOS EXERCERE DEBEMUS ERGA DEUM.

Sed debes præcipuè septiformi affectu exerceri ad Dominum, scilicet : 1. amore ardentissimo, 2. timore summo, 3. honore debito, 4. zelo constantissimo; et 5. illis debet adjungi gratiarum actio et vox laudis, 6. omnimodæ obedientiæ promptitudo, et 7. suavitatis divinæ pro posse

de grâce et la louange. 6° Une obéissance prompte et parfaite pour tout ce qu'il vous ordonne. 7° Un goût aussi vif que possible des suavités divines.

Vous devez pour cela demander continuellement à Dieu ces dispositions, lui disant :

« Bon Jésus, faites que je sois pénétré jusqu'à la moelle des os d'amour, de crainte et de respect pour vous, que je brûle de zèle pour votre honneur ; de sorte que je ressente avec horreur tous les outrages que l'on vous fait, surtout de ceux que je vous ai faits moi-même

---

degustatio.

Et ideò continuè debes ista septem devotè petere à Deo, utpotè dicendo :

Bone Jesu, fac ut totis medullis amem te, summè timeam, reverear, et pro omni honore tuo fortissimè zelosus sim, ità quòd omne tuum opprobrium, tamquam tuæ gloriæ zelotypus, vehementissimè exhorrescam, et potissimè, si in me, aut à me, vel pro me, facta tibi sint opprobria ulla. Da etiam, ut te Dominum tanquàm tua

ou dont j'ai été l'occasion. Faites encore, ô mon Dieu! que je vous adore et vous reconnaisse humblement comme mon créateur, et que, pénétré de reconnaissance pour tous vos bienfaits, je ne cesse de vous en rendre grâces. Faites qu'en toutes choses je vous bénisse, vous loue et vous glorifie avec un cœur rempli d'allégresse et de jubilation, et que vous obéissant avec docilité en tout, je puisse un jour, malgré mon ingratitude et mon indignité, m'asseoir à votre table avec vos saints anges et vos apôtres et en goûter les ineffables délices.

---

creatura humiliter adorem et recognoscam, et de omnibus beneficiis à te mihi impensis gratias semper agam, et hoc cum summâ gratitudine cordis. Da etiam ut in omnibus semper te benedicam, laudem et magnificem, et hoc cum summo jubilo et tripudio cordis; et tibi in omnibus obtemperans et obediens, semper reficiar dulcissimâ tuâ et ineffabili suavitate, cum sanctis tuis angelis et apostolis tuæ mensæ assistens, licèt omninò indignus et ingratus. Qui cum Patre, etc.

COMMENTAIRES.

Nostre sainct fait maintenant comme un petit sommaire de tous les enseignements renfermés en cest opuscule. Il nous marque sept sortes d'affections que nous devons exercer envers Dieu, sept envers nous-mesmes, et sept envers le prochain, afin que, rendant par ce moyen à Dieu et à nostre prochain ce qui leur est deu, et à nous-mesmes ce qui nous est deu, nous soyons justes en toute perfection et parfaicts en toute justice. Ces points sont courts, mais pleins de substance, de suc et d'energie : qui voudra prendre la peine de les pratiquer, cognoistra leur valeur et efficacité.

(A) *L'aimer d'un amour très-ardent.*

« L'amour est la plenitude de la loy », dit l'Apostre. Car qui a la charité, accomplit parfaictement tout ce qui est du bon plaisir divin. « La charité, dit sainct Augustin, rend leger le
« fardeau de la loy, et fait que non-seulement
« elle ne presse point comme un poids, mais
« qu'au contraire, elle souleve comme des ai-

« les ». *Si diligitis me*, dit le Sauveur, *mandata mea servate*[1]. « Si vous m'aimez gardez mes com-
« mandements. » La marque si nous aimons Dieu, c'est si nous nous portons avec ferveur à tout ce qui est de son service et de sa saincte volonté, sans exception ni reserve. *Amor Dei*, dit sainct Gregoire, *non est otiosus, magna enim operatur si est, si autem operari renuit, non est amor*[2]. « L'amour de Dieu
« n'est jamais oisif, car il fait des choses
« grandes là où il est ; que s'il refuse
« de le faire et d'operer, ce n'est plus
« amour. » *Tuus sum ego, facilis vox*, dit sainct Ambroise, *et communis videtur, sed paucorum est*[3]. « Il semble chose facile et
« commune de dire à Dieu : Seigneur, je suis
« vostre ; mais il y en a peu qui le puissent
« dire en verité. » Celuy-là seul le peut dire, qui adhere à Dieu de tous ses sens et de tout son cœur, et qui ne sçait penser à autre chose qu'à Dieu. Jesus-Christ, la verité mesme et la vie, ne dit-il pas : « C'est là la vie eter-
« nelle, qu'on vous connaisse, vray et seul

---

1. Joan. 14. — 2. Hom. 30 in Evang. — 3. In Ps. 118.

« Dieu », parlant à son Pere ? « C'est chose
« claire, dit sainct Augustin [1], que la creature
« raisonnable n'a esté faicte que pour cognois-
« tre Dieu son createur, et en le connaissant
« l'aimer, et qu'en l'aimant elle demeure
« eternellement en luy, qui est la vie eter-
« nelle, et qu'elle vive bienheureuse. » *Et
quid tam vita cordium*, dit sainct Bernard, *quàm
Deus Jesus ?* « Et qu'y a-t-il qui soit tant la
« vie du cœur, que Jesus Dieu Sauveur ? »

L'amour est aussi « la plenitude de la loy »,
parce que c'est le premier et le plus grand
commandement, et qui l'accomplit accomplit
tous les autres.

(B) *Le craindre par-dessus toutes choses.*

Ceste crainte est fort agreable à Dieu. Ce
n'est pas celle que la charité met dehors, mais
celle que la charité produit, laquelle n'est
presque qu'une mesme chose avec l'amour,
comme dit sainct Bonaventure [2]. Plusieurs
Docteurs tiennent qu'elle durera mesme au
ciel, car c'est ceste crainte dont parle le Psal-

---

1. De cogn. verit., cap. 7. — 2. De dono tim., c. 2.

miste quand il dit : *Timor Domini sanctus permanens in sæculum sæculi*[1] : « La crainte « du Seigneur est saincte, elle durera dans les « siecles des siecles. » C'est ceste crainte, qui est un don du sainct Esprit. Elle ne craint pas Dieu pour l'apprehension de la peine, ny pour l'espoir de la recompense : elle ne craint que d'estre separée de luy pour l'amour de luy-mesme ; et cognoissant en luy de si infinies grandeurs, elle s'abaisse en reverant sa tres-haute majesté, et s'aneantit volontiers pour l'honorer. C'est enfin une crainte amoureuse et filiale. Du défaut de laquelle Dieu se plaignant disoit, et nous dit peut-être à nous-mesmes à l'oreille du cœur : « Le fils honore « son pere, et le serviteur son Seigneur. Si « donc je suis vostre pere, où est l'honneur « que vous me devez ? et si je suis vostre « Seigneur, où est la crainte qui m'est deue, « dit le Seigneur des armées[2] ? » Ceste crainte donc, et les autres affections que marque icy le sainct aucteur, dependent toutes de la charité ; comme aussi celles qu'un peu plus bas il

---

1. Ps. 18. — 2. Malach. 1.

marque pour exercer envers nous-mesmes dependent de l'humilité et ensemble de la charité : ce sont leurs actes et leurs fruits. C'est ceste crainte tant de fois louée dans les sainctes Ecritures, lesquelles appellent si souvent heureux ceux qui en sont munis. Isaie dit que c'est leur riche thresor, *Timor Domini ipse est thesaurus ejus* [1]. « La crainte de « Dieu, dit l'Ecclesiastique [2], est le commen-« cement de la sagesse. Elle est la gloire, la « joie, et la couronne d'exultation à ceux qui « la possedent. » Ceste crainte, dit S. Bonaventure [3], est une reverence humble et asseurée qu'on porte à Dieu, c'est une devote subjection, une obeissance volontaire et une reverence libre et volontaire. C'est, dit-il, une crainte filiale qui ne craint que d'offenser Dieu, mesme dans les moindres choses, et qui s'abstiendroit du peché, bien que le peché ne la separast de Dieu, seulement pour n'offenser ny deplaire tant soit peu à ceste infinie bonté.

1. Isaïe, 33. — 2. Eccles. 1. — 3. Comp. Theolog., lib. 5, cap. 42.

CHAPITRE XIX.

SEPT DISPOSITIONS DANS LESQUELLES NOUS DEVONS NOUS EXERCER ENVERS NOUS-MÊMES.

Outre ces dispositions envers Dieu, je vous en ferai remarquer sept autres dans lesquelles vous devez vous exercer à l'égard de vous-même.

Vous devez : 1° vous confondre à la vue de vos défauts et de vos vices.

2° Pleurer avec une vive douleur vos péchés, parce qu'ils ont offensé Dieu et souillé votre âme.

CAPUT XIX.

DE AFFECTIBUS QUIBUS NOS EXERCERE DEBEMUS ERGA NOSMETIPSOS.

Debet etiam circà seipsum se exercere alio septiformi affectu. Primò scilicèt quòd totus de suis vitiis et defectibus confundatur. Secundò, ut peccata sua, tamquàm offensiva Dei, et suî ipsius maculativa, acutissimo et acerbissimo dolore piangat et deploret. Tertiò, humiliatio suî, et

3º Vous humilier et vous mépriser vous-même comme la chose la plus vile qu'il y ait au monde, et désirer que les autres vous méprisent et vous foulent aux pieds.

4º Macérer votre corps avec une extrême rigueur, et souhaiter qu'il le soit davantage encore, comme étant souillé par le péché, ou plutôt comme n'étant qu'une sentine et un amas de corruption.

5º Ressentir une haine implacable contre tous vos vices et contre les racines de vos mauvaises inclinations.

---

conculcatio cum contemptu : ut scilicèt totis viribus se sicut rem vilissimam et fœtissimam spernat, et contemni appetat, ut dictum est. Quartò, rigore severissimo : ut scilicèt corpus suum asperrimè maceret, et macerari appetat, tamquàm peccatum fœtidum ; imò tanquàm latrinam et sentinam et tumulum omnium fœditatum. Quintò, irâ implacabili contrà omnia vitia sua, et contrà radices et inclinationes vitiorum suorum. Sextò, vigore pervigili et strenuo : ut scilicèt omnes sen-

6° Veiller attentivement sur tous vos sens, sur vos actions, sur vos puissances ; et les tenir toujours avec vigueur et courage, prêts et disposés à toute sorte de bien.

7° Garder en toute chose une mesure parfaite, évitant tout excès, et vous tenant toujours entre le trop et le trop peu.

---

sus, actus, potentias suas semper cum quâdam virilissimâ strenuitate in omne bonum teneat pervigiles et attentos. Septimò, discretione perfectæ modestiæ seu moderantiæ, ut scilicèt in omnibus districtissimè servet mensuram et modum, videlicèt, inter nimiùm et non satis : ut scilicèt nihil sit in eo superfluum, nihil diminutum aut defectivum, nec plùs quàm debet, aut minùs quàm deceat.

CHAPITRE XX.

SEPT DISPOSITIONS DANS LESQUELLES NOUS DEVONS NOUS EXERCER ENVERS LE PROCHAIN.

Vous devez aussi vous exercer en sept sortes de dispositions à l'égard du prochain :

1° Une tendre compassion, qui vous fasse sentir les maux des autres comme les vôtres propres.

2° Une douce joie du bien qui leur

CAPUT XX.

DE AFFECTIBUS QUIBUS NOS EXERCERE DEBEMUS ERGA PROXIMUM.

Debet etiam circà proximum se exercere alio septiformi affectu. Primò scilicèt, per piam compassionem : ut scilicèt ità sentiat aliorum mala et incommoda, sicut sua. Secundò, per dulcem congratulationem : ut scilicèt de aliorum bonis lætetur, sicut de suis. Tertiò, per tranquillam

arrive, comme s'il vous arrivait à vous-même.

3° Une patience pleine de calme et de tranquillité, qui vous fasse supporter et pardonner du fond du cœur les injures qu'on vous fait.

4° Une affabilité pleine de bienveillance, vous montrant pour tous bon et affable dans vos actes et dans vos paroles, leur désirant toute sorte de biens.

5° Un humble respect, préférant les autres à vous-même, et vous soumettant à eux du fond du cœur comme à vos maîtres.

---

supportationem et condonationem : ut scilicèt molestias et injurias ab aliis illatas patienter toleret, et ex corde indulgeat et condonet. Quartò, per benignam affabilitatem : ut scilicèt sit ad omnes benignus, et omnibus bonum affectet et optet, et talem se exhibeat in gestibus suis et verbis. Quintò, per reverentiam humilem : scilicèt ut omnes sibi præferat, et omnes revereatur, et omnibus ex corde se subdat tamquàm dominis suis. Sextò, per concordiam unanimem : ut scilicèt, quantùm in se

6º Une concorde parfaite, étant toujours, autant que cela se peut selon Dieu, de l'avis des autres ; pensant comme eux, voulant ce qu'ils veulent, lorsque ce qu'ils veulent est bien ; et vous considérant comme une seule et même personne avec eux.

7º Une disposition continuelle à sacrifier votre vie, à l'exemple de Notre-Seigneur, pour le salut de vos frères ; priant jour et nuit, et travaillant de toutes vos forces pour qu'ils l'aiment et qu'ils soient aimés de lui.

N'allez pas conclure cependant de ce

---

est et quantùm secundùm Deum potest esse, unum sentiat cum omnibus ; et ità sentiat, se esse omnes, et illos se, et omnium rectum velle pro suo reputet, et è contrà. Septimò, Christiformem suî pro omnibus oblationem : scilicèt ut ad instar Christi pro omnium salute sit paratus et sollicitus ponere vitam suam, et die noctuque orare et laborare, ut omnes in Christo inviscerentur, et Christus in eis.

Sed tamen, ne ex hoc credatur quin vitia ho-

que je viens de dire, qu'on ne doive pas éviter et fuir de tout son pouvoir les vices des autres hommes. Sachez, au contraire, que toutes les fois que la société des méchants et des imparfaits vous offrirait le danger de vous détourner de la perfection ou de la ferveur des susdites vertus, vous devez les fuir, comme vous fuiriez les serpents les plus remplis de venins. Car il n'est point de charbon si embrasé, qui ne s'éteigne et ne se refroidisse dans l'eau ; comme aussi il n'en est point de si peu disposé à s'allumer qui ne s'embrase, lorsqu'on

---

minum sint pro toto posse cavenda et fugienda, sciendum quòd, quandòcumque ex societate malorum hominum vel imperfectorum esset periculum vel occasio retrahens vel impediens à perfectione vel fervore prædictarum virtutum, debes à talibus, sicut à serpentibus vel draconibus, elongari. Non enim est carbo ità ignitus, quin in aquâ frigescat aut tepescat. Sic è contrà, vix est carbo ità frigidus, quin acervo carbonum ardentium accendatur. Aliàs, ubi periculum hujusmodi

le jette dans un tas d'autres charbons ardents et embrasés. Mais quand la société de ces hommes ne vous offre aucun danger, vous devez détourner les yeux avec simplicité, pour ne point voir leurs défauts, ou, si vous ne pouvez vous empêcher de les voir, les supporter avec compassion comme les vôtres propres.

COMMENTAIRES.

Le plus grand commandement apres le precepte de l'amour de Dieu, et qui luy est semblable, comme dit nostre Sauveur, c'est l'amour du prochain, lequel Dieu veut que nous aimions comme nous-mesmes. *Probatio sanctitatis*, dit sainct Gregoire, *non est signa facere, sed unumquamque ut se diligere, et de proximo meliora quàm de seipso sentire* [1] :

---

non imminet, ex mirâ simplicitate debes aliorum non videre defectus ; aut si videas, per compassionem supportare ut tua.

1. Moral., lib. 20, cap. 9.

« La preuve de la saincteté n'est pas tant de
« faire des miracles, comme d'aimer un
« chascun comme soy-mesme, et d'avoir
« meilleure opinion du prochain que de
« soy ».

« La charité est le lien de perfection », dit l'Apostre. Car c'est elle qui non-seulement attache à nostre ame toutes les vertus, et la conjoinct à Dieu ; mais aussi qui lie ensemble les cœurs de ceux qui aiment Dieu, qui les unit par entre eux et fait qu'ils ne sont qu'un cœur et une ame ; de sorte qu'en eux est representée la paix et concorde des citoyens celestes ; si bien que Dieu se plaist à demeurer parmy eux, et y prend ses agreables delices. *Claustra in quibus charitas regnat, sunt Paradisus Dei in terrâ*, dit sainct Hierosme. « Les cloistres dans les-
« quels regne la charité, sont le Paradis
« de Dieu sur terre ». *Deus in loco sancto suo*, ou selon le texte hebreu : *in habitaculo sanctitatis suæ, Deus qui inhabitare facit unius moris in domo* [1], dit le Prophete.

1. Ps. 67.

« Dieu est en son lieu sainct, ou en la de-
« meure de sa saincteté, Dieu qui fait de-
« meurer des gens unis par ensemble et de
« mœurs toutes semblables en une mesme
« maison ». Comme s'il disoit : Là où est
ceste paix, union et concorde, là est l'habitation de Dieu. Car aussi : *Factus est in pace locus ejus* [1] : « Son lieu a esté fait dans la
« paix ».

N'est-ce pas aussi la marque que Jesus nostre Sauveur donna à ses disciples, par laquelle ils fussent marqués et recogneus parmy le reste du monde ? « En cela, leur
« disoit-il, on cognoistra si vous estes mes
« disciples : si vous vous aimez les uns les
« autres. *Hoc est præceptum meum, ut diligatis*
« *invicem sicut dilexi vos* [2] : C'est mon com-
« mandement que vous vous aimiez recipro-
« quement, comme je vous ay aimés ». Il leur repeta par trois fois ce commandement, l'appelant sien par excellence : sien, parce qu'il suffisoit pour rendre parfaictement siens ceux qui l'observeroient, comme le donna fort

1. Ps. 75. — 2. Joan. 15.

bien à entendre le glorieux sainct Jean, disciple bien-aimé de Jesus [1]. Lequel estant arrivé à la decrepite vieillesse, et porté à l'eglise entre les mains de ses disciples, et ne pouvant leur tenir plus long discours, il ne leur disoit que ces paroles : « Mes enfants, aimez-vous les uns les autres »; à l'imitation de son tres-cher Seigneur et Maistre. A la fin, ses disciples ennuyés de n'ouïr jamais qu'une mesme chose, luy dirent : « Maistre, pourquoy repliquez-vous tant cela? » Il leur respondit une sentence digne d'un tel Apostre : « Parce que, dit-il, c'est le pre-
« cepte du Seigneur, et si seul on l'observe,
« il suffit » : *Quia præceptum Domini est, et si solum fiat, sufficit.* « C'est mon commande-
« ment, dit nostre Sauveur, que vous vous
« aimiez reciproquement, comme je vous ay
« aimés ».

Il veut que nous aimions le prochain comme il nous a aimés : c'est-à-dire, d'un amour pur et sincere, d'une charité saincte, generale et commune, qui aye sa source de

---

[1] Jerom. Comment. in Epist. ad Gal.

l'amour de Dieu, et qui ne vise qu'à la gloire de Dieu et au salut du prochain. « Car, comme « dit sainct Gregoire [1], si quelqu'un aime le « prochain, non pour l'amour de Dieu, mais « pour quelqu'autre motif ou intention de- « tournée, il n'a pas la charité, et se trompe « bien s'il pense de l'avoir ».

Or ceste charité s'exerce principalement, comme le dit nostre Sainct, à supporter les defauts du prochain, à les excuser, et à ne nous rendre impatients contre eux. « Car, comme « dit le mesme sainct Gregoire [2], autant sup- « porte-t-on le prochain, comme on l'aime ; « et aussi autant on aime Dieu, comme on a « de charité envers le prochain ; et celuy-là « est parfaict, dit-il ailleurs, qui n'est point « impatient à tolerer les imperfections de son « prochain. » *Ille perfectus est, qui ad imperfectionem proximi impatiens non est* [3].

[1]. Hom. 38 in Evang. — [2]. Hom. 25 in Ezech. — [3]. Moral., lib. 5, cap. 13.

CHAPITRE XXI.

DES DISPOSITIONS DANS LESQUELLES NOUS DEVONS NOUS EXERCER A L'ÉGARD DES CHOSES TÉMPORELLES.

Afin de vous comporter d'une manière utile et parfaite à l'égard des choses soit temporelles, soit éternelles, il faut, sur ce qui concerne les temporelles, que vous tâchiez d'acquérir quatre sortes de dispositions :

1° Vous devez vous considérer comme étranger sur la terre, et regarder toutes choses comme vous étant étrangères ;

CAPUT XXI.

DE AFFECTIBUS QUIBUS NOS EXERCERE DEBEMUS ERGA TEMPORALIA.

Ut autem utiliter ad temporalia et æterna te habeas perfectè, scito quòd temporalia debes aspicere sub quadruplici sensu. Primò scilicèt, ut, tamquàm peregrinus et advena, sentias omnia ut extranea et aliena : in tantùm, ut tua vestis tuo

votre vêtement lui-même ne doit pas être plus à vos yeux que s'il était dans l'Inde.

2° Dans les choses qui sont à votre usage, craignez l'abondance comme un poison, et comme une mer profonde où vous risquez d'être submergé.

3° Aimez au contraire, en tout ce qui vous sert, l'indigence et la pauvreté; car c'est l'échelle par où l'on monte aux richesses célestes et éternelles.

4° Fuyez la société, le commerce et la magnificence des riches et des grands, sans les mépriser toutefois ; et n'aimez que la société des pauvres. Qu'elle vous

---

sit sensui ità extranea, ac si esset in Hispaniâ vel in Indiâ. Secundò, ut in tuo usu abundantiam timeas ut venenum et ut mare submergens. Tertiò, ut in tuo usu omnem inopiam et egestatem sentias, quia ipsa est scala per quam ascenditur ad cœlestes divitias et æternas. Quartò, ut societatem, contubernium, apparatum divitum et magnatum fugias, non ex contemptu tamen ; et de societate pauperum glorieris ; et in memoriâ et

soit un sujet de gloire ; aimez à les voir, à vous souvenir d'eux, à converser avec eux, quelque méprisés qu'ils puissent être, car ils expriment l'image du Christ; soyez avec eux comme avec des rois, plein de respect et de joie, heureux et fier de leur compagnie.

---

aspectu atque conversatione pauperum defectuorum vel despectorum totus læteris, quasi qui exprimant imaginem Christi ; et eis quasi regibus cum summâ alacritate et jucunditate et reverentiâ associeris.

CHAPITRE XXII.

DE QUINZE PERFECTIONS NÉCESSAIRES A CEUX QUI SERVENT DIEU DANS LA VIE SPIRITUELLE.

Quinze perfections sont nécessaires à celui qui sert Dieu dans la vie spirituelle.

La première est une connaissance claire et parfaite de ses faiblesses et de ses défauts.

La seconde est un grand courage à lutter contre ses mauvaises inclinations, et contre les désirs ou les passions contraires à la raison.

CAPUT XXII.
PERFECTIONES QUINDECIM NECESSARIÆ SERVIENTI DEO IN VITA SPIRITUALI.

Quindecim sunt perfectiones necessariæ personæ quæ servit Deo in vitâ spirituali.

Prima est clara et perfecta notitia suorum defectuum, et suarum infirmitatum. Secunda est magna et fervens impugnatio contrà malas inclinationes, et contrà voluntates seu passiones ra-

La troisième est une grande crainte au sujet des offenses qu'on a commises contre Dieu, parce qu'on ne peut avoir la certitude d'être rentré en grâce avec lui, et d'avoir satisfait à sa justice.

La quatrième est une grande frayeur de retomber par sa fragilité dans les mêmes péchés, ou en d'autres plus grands encore.

La cinquième est une forte discipline et une exactitude rigoureuse à gouverner ses sens extérieurs, et à soumettre son corps au service de Jésus-Christ.

La sixième est une grande patience et

---

tioni repugnantes. Tertia est timor magnus quem habere debet de offensis hactenùs factis contrà Deum, quia non est certus, an benè satisfecerit, nec si cum Deo fecerit pacem. Quarta est magnus timor et tremor qui debet esse in ipso, ne per suam fragilitatem iterùm cadat in similia vel majora peccata. Quinta est fortis disciplina et aspera correctio ad regendum suos sensus corporales, et totum suum corpus spiritui subjugare in obsequium Jesu Christi. Sexta est fortitudo et magna

un grand courage dans les tentations et les adversités.

La septième est d'éviter généreusement comme un démon de l'enfer, toute personne, ou toute autre créature qui serait pour vous une cause ou une occasion, non-seulement de péché, mais encore d'imperfection.

La huitième est de porter en soi la croix de Jésus-Christ, laquelle a quatre branches. La première est la mortification des vices. La seconde est le renoncement à tous les biens temporels. La troisième est le renoncement à toutes les affections

---

patientia in tentationibus et adversitatibus. Septima est vitare viriliter omnem personam et omnem creaturam aliam, quæ impelleret cum aut esset sibi occasio, non solùm ad peccatum, sed etiam ad aliquam imperfectionem vitæ spiritualis, sicut unum dæmonem infernalem.

Octava est, quòd portet in se crucem Christi, quæ habet quatuor brachia. Primum est mortificatio vitiorum. Secundum est derelictio omnium bonorum temporalium. Tertium est de-

charnelles pour ses parents. La quatrième est le mépris, l'horreur et l'anéantissement de soi-même.

La neuvième perfection est le souvenir continuel des bienfaits qu'on a reçus jusque-là de Notre-Seigneur Jésus-Christ.

La dixième est de persévérer jour et nuit dans la prière (A).

La onzième est de sentir et goûter continuellement la suavité divine.

La douzième est un désir ardent d'exalter notre sainte foi, de sorte que Jésus-Christ soit connu, aimé et craint du monde entier.

---

relictio omnium affectionum carnalium parentum suorum. Quartum, suî ipsius contemptus et abominatio, et annihilatio.

Nona est diutissima et continua recordatio beneficiorum Dei, quæ hactenùs recepit à Domino Jesu Christo. Decima est, die ac nocte consistere in oratione. Undecima est, gustare et sentire divinum dulcorem continuo. Duodecima est magnum et fervens desiderium exaltandi nostram fidem : scilicèt quòd Jesus Christus ab omnibus timeatur,

La treizième est une miséricordieuse compassion pour le prochain dans toutes ses nécessités.

La quatorzième est de rendre grâce à Dieu de tout son cœur, de glorifier et de louer en toutes choses Jésus-Christ.

La quinzième est, après avoir fait toutes ces choses, de dire du fond du cœur : Mon Seigneur Jésus-Christ, je ne suis rien, je ne puis rien, je ne vaux rien, je vous sers mal, et je suis un serviteur inutile en toute chose.

---

ametur et cognoscatur. Tertiadecima est, habere misericordiam et pietatem in omnibus necessitatibus suo proximo, sicut sibi vellet haberi. Quartadecima est, regratiari ex toto corde tuo in omnibus Deo ; glorificare et laudare in omnibus Jesum Christum. Quintadecima est, quòd postquam hæc omnia fecerit, sentiat et dicat : Domine Deus meus, Jesu Christe, nihil sum, nihil possum, nihil valeo, et malè tibi servio, et in omnibus servus sum inutilis.

COMMENTAIRES.

Ce grand serviteur de Dieu, non content de toutes les instructions, enseignements et advis qu'il nous a donnés jusqu'icy ; pour le grand desir qu'il a que nous servions Dieu en toute perfection, nous marque icy encores quinze qualités qui nous sont necessaires pour estre parfaicts serviteurs de Dieu, et dans lesquelles, comme en un beau et luisant miroir, nous pourrons cognoistre si nous le sommes, ou combien nous en sommes esloignés. *Quod valdè mens amat, etiam in sermone replicat* [1], dit sainct Gregoire : « Ce que le « cœur aime, le discours le repete ». Par ainsi, nostre Sainct qui avoit tant à cœur la perfection, en repete souvent les preceptes, pour les mieux graver dans nostre esprit.

(A) *La dixième, est de persévérer nuit et jour dans la prière.*

Ce n'est pas à dire qu'il faille prier jour et

---

1. Lib. 11 Moral.

nuit sans cesser ; mais cela s'entend dans ce sens, comme l'explique la glose : *Desiderium est orare, nec desinit unquam orare, qui non desinit amare : charitas enim clamor est* : « Le « desir de plaire à Dieu, c'est une prière ; « et celuy-là ne cesse jamais de prier, « qui ne cesse jamais d'aimer ». Celuy qui aspire tousjours à Dieu, qui fait toutes ses actions selon la volonté de Dieu et pour son amour, il prie tousjours : car la charité est une continuelle, bien haute et puissante prière.

Mais, au reste, lorsque nostre Sauveur et les Saincts nous recommandent de prier sans intermission, c'est aussi pour nous insinuer la grande necessité que nous avons de l'oraison, et nous inciter à la faire au moins le plus souvent que nous pourrons, puisque tousjours nous ne pouvons. Car elle nous est si necessaire, que, sans icelle, nostre vie spirituelle ne peut subsister, non plus que la vie du corps sans sa refection ordinaire. Ouy, l'oraison est la nourriture de nos ames. C'est un des pains, dit sainct Bernard, dont Dieu nourrit les ames devotes et religieuses. C'est

« ce pain de vie et d'intelligence [1] » dont il repaist ses amis, et « l'eau salutaire de sagesse », dont il les abreuve. C'est la viande spirituelle de nos esprits, de laquelle le Sage dit : *Cogitatio sancta conservabit te* : « La pensée ou meditation saincte te conser-
« vera ».

C'est le pain quotidien qui nous substente, duquel il faut refectionner tous les jours et mesme plusieurs fois le jour nos ames, y employant un espace de temps assez long, chascun selon sa portée, et nous qui sommes religieux, le temps marqué par nos Reigles et par nos superieurs, sans y oster un point et sans l'obmettre jamais pour aucun cas, affaire ny evenement. Car si nous oublions de manger ce pain, nos ames se desseicheront comme le foin, et toutes les vertus et graces que nous pourrons avoir viendront à tarir : en l'oraison gist la force de nostre ame, et elle s'affoiblit extresmement, aussitost qu'elle s'en retire, n'ayant plus courage ny force

---

1. Eccles. 15.

pour resister à ses ennemis, ny à ses passions.

Elle est aussi la source de toutes les vertus. C'est elle qui les fomente et fait croistre, et elle qui les mene à leur entiere perfection. L'humilité mesme, racine et fondement de toutes, d'où prend-elle son origine, que de l'oraison ? C'est là que l'esprit reçoit la lumiere celeste qui le fait cognoistre en verité ce qu'il est, et, le cognoissant, s'humilier. La cognoissance de Dieu ne naist-elle pas de la mesme source, ceste cognoissance qui produit la charité ? La charité, royne des vertus, que toutes les autres servent, s'acquiert sans doute par leur moyen, elles luy aident toutes ; mais c'est l'oraison qui luy donne la perfection et le lustre, parce qu'en icelle l'âme s'unit immediatement à Dieu. Là s'allume ce feu de l'amour divin, comme dit le Psalmiste : *In meditatione meâ exardescet ignis* : « Le feu s'allumera et ardera en ma meditation ». La memoire fournit le bois et la matiere, l'entendement l'attise avec ses considerations profondes et attentives, et la volonté se trouve aussitost affectionnée et enflammée : de là esclate la splendeur de la charité. De sorte que la meditation ou oraison est une action tres-excellente, une occupation et exercice tres-relevé des trois puissances de l'ame, conformément à la fin pour laquelle Dieu les a creées, qui est pour le cognoistre, le cognoissant l'aimer, l'aimant avoir jouissance de son eternelle bonté. *Virtus veræ orationis est celsitudo charitatis*, dit sainct Gregoire. « La vertu et l'effect de « la vraie oraison, est la hauteur de la cha-« rité ». — « L'oraison, dit sainct Augustin, « qu'est-ce autre chose, qu'une montée et « ascension des choses terrestres aux celes-« tes, et une recherche des choses invisibles « par le desir ? » — « Si par l'estude de « la meditation, dit Hugues de Sainct-« Victor [1], nous apprenons à demeurer as-« sideument dans nostre cœur, lors nous « cessons en quelque façon d'estre des « choses du temps, et estant comme morts « au monde, nous vivons interieurement « avec Dieu. » — « Celuy-là certainement

---

1. Lib. 2 de Arc. Noë, cap. 1.

« n'errera point, dit sainct Chrysostome, qui
« asseurera que l'oraison et priere est cause
« de toute vertu et justice ; et que rien ap-
« partenant à la pieté ne peut monter dans
« une ame qui ne s'adonne à l'oraison ».

CHAPITRE XXIII.

RÉSUMÉ DES PRINCIPALES CHOSES DANS LESQUELLES DOIT S'EXERCER L'HOMME SPIRITUEL.

La pauvreté évangélique et apostolique a trois racines ou parties principales (A) :

1° Le renoncement à tous ses droits, même les plus légitimes.

2° La modération dans l'usage des choses temporelles.

3° Une affection habituelle pour l'un et pour l'autre effet de la pauvreté.

CAPUT XXIII.

TERNARII QUINQUE, IN QUIBUS SE EXERCERE DEBET SPIRITUALIS.

Tres sunt radices evangelicæ et apostolicæ paupertatis, seu principales partes : Abdicatio omnis sui juris ; rerum temporalium moderatio pauperis usus ; habituatus ad utrumque affectus.

Tres sunt partes abstinentiæ, scilicet : ener-

L'abstinence a trois parties :

1° Affaiblir et énerver les désirs de la chair et la sollicitude pour les besoins de la vie.

2° Ne s'inquiéter ni de la quantité, ni de la qualité des aliments.

3° User avec sobriété de ce qu'on nous présente.

—

Nous devons craindre et fuir spécialement trois choses :

1° La distraction extérieure des affaires (B).

---

vatio carnalis amoris, et sollicitudinis vitæ suæ sustentationis ; non curare de abundantiâ vel sufficientiâ victualium et deliciarum ; et uti parcè oblatis.

Tria sunt à nobis singulariter fugienda et metuenda. Primum, exterior distractio negotiorum. Secundum, interior promotio et exaltatio. Tertium, temporalium rerum, et carnalium amicitiarum ad se vel suos amicos, vel suum Ordinem,

2° Tout sentiment intérieur d'orgueil et d'ambition.

3° L'affection excessive et déréglée des choses temporelles, et les sentiments trop humains pour nous, pour nos amis, et pour l'ordre auquel nous appartenons.

Nous devons embrasser particulièrement trois choses :

1° Le mépris de nous-même et le désir d'être méprisé des autres.

2° Une tendre compassion pour Jésus-Christ crucifié.

3° Une disposition à souffrir la persécution, et même le martyre, pour

---

immoderata vel inordinata affectio.

Tria sunt à nobis singulariter exercenda et amplectenda. Primum, desiderium proprii contemptûs, abjectionis, et externæ vilificationis. Secundum, viscerosa compassio ad Jesum Christum crucifixum. Tertium, sufferentia persecutionum et martyriorum pro dilectione cultûs nominis Christi et Evangelicæ vitæ. Hæc tria sunt per quædam verba extensiva per horas diei gemitibus

l'amour de Jésus-Christ et de la vie évangélique.

Il faut demander ces trois choses aux diverses heures du jour, par de longues prières, avec des gémissements et des soupirs ardents.

Trois choses doivent être l'objet principal de nos méditations assidues :

1º Jésus-Christ dans son incarnation, son crucifiement, et tous ses autres mystères.

2º La vie des Apôtres, et des frères qui nous ont précédés dans l'Ordre, avec un vif désir de les imiter.

---

et ardentibus suspiriis postulanda.
Tria sunt à nobis singulariter, et quasi assiduè meditanda. Primum, Christus crucifixus, incarnatus, etc. Secundum, status Apostolorum et fratrum præteritorum nostri Ordinis, et hoc cum desiderio ut illis conformemur. Tertium, status virorum evangelicorum futurus. Et hoc debes die noctuque meditari, scilicèt statum pauperrimorum, simplicissimorum et mansuetorum, humi-

3° *La vie que doivent mener dans l'avenir les hommes évangéliques* (c). Vous devez méditer jour et nuit la vie de ces hommes pauvres, simples, doux, humbles, vils à leurs propres yeux, s'aimant avec une ardente charité, ne pensant, ne goûtant et n'ayant sur les lèvres que Jésus-Christ, et Jésus-Christ crucifié; sans souci de ce monde, s'oubliant eux-mêmes, contemplant sans cesse la gloire de Dieu et des bienheureux, et soupirant vers elle du fond de leur cœur; désirant et attendant la mort pour jouir de ces biens, et disant comme saint Paul : Je désire être dissous et être

---

lium, abjectorum, charitate ardentissimâ sibi conjunctorum, nihil cogitantium aut loquentium nec saporantium, nisi solum Jesum Christum et hunc crucifixum : nec de hoc mundo curantium, suîque oblitorum, supernam Dei et beatorum gloriam contemplantium et ad eam medullitùs suspirantium, et ob ipsius amorem semper mortem sperantium, et ad instar Pauli dicentium : *Cupio dissolvi, et esse cum Christo*; et innume-

avec Jésus-Christ ; et vous imaginer tous les trésors inappréciables et inépuisables des richesses célestes, et les ruisseaux délicieux des suavités et des joies les plus enivrantes du paradis répandus sur eux avec une si grande abondance, qu'ils en sont comme submergés. Et vous pouvez ainsi vous les représenter, ces hommes, dans toute leur conduite, comme chantant déjà sur la terre le cantique des anges avec une ineffable jubilation, sur la harpe de leurs cœurs.

Cette pensée vous donnera, plus que vous ne pouvez vous l'imaginer, un désir et comme une certaine impatience de

---

rabiles ac inæstimabiles thesauros divitiarum cœlestium, et super dulces et mellifluos rivos divitiarum, suavitatum ac jucunditatum, et super omnia mirabiliter expansos et superinfusos. Et per conversationes imaginari debes eos ipsos, ut cantantes canticum angelicum cum jubilo citharizantium in citharis cordis sui. Hæc imaginatio ducet te plus quàm credi potest in quoddam impatiens desiderium adventûs illorum temporum. Ducet te in

voir arriver ces temps heureux. Vous y puiserez une lumière admirable qui, dissipant tous les nuages du doute et de l'ignorance, vous fera voir clairement et discerner tous les défauts de ces temps malheureux, et l'ordre mystérieux des congrégations religieuses qui sont nées depuis Notre-Seigneur Jésus-Christ, ou qui doivent naître encore jusqu'à la fin des siècles, et jusqu'à la consommation de la gloire de notre grand Dieu, et de son Fils Jésus-Christ.

Portez toujours dans votre cœur le divin Crucifié, afin qu'il vous conduise à son éternelle gloire. Amen.

---

quoddam admirabile lumen, amoto omnis dubietatis ac ignorantiæ nubilo; et limpidissimè videbis et districtè discernes omnes defectus istorum temporum, et mysticum ordinem ecclesiasticorum ordinum productorum et producendorum ab initio Christi usque ad finem sæculi, et usque ad gloriam summi Dei et Jesu Christi.

Crucifixum semper portato in corde tuo, ut te ad suam æternam gloriam perducat. Amen.

COMMENTAIRES.

(A) *La pauvreté évangélique a trois racines.*

En ce dernier chapitre, nostre Sainct donne encores plusieurs advis utiles, mais courts, pour en faciliter la memoire. Comme, selon le dire de nostre Sauveur, la bouche parle de l'abondance du cœur, il apparoist clairement combien l'ame de ce Sainct abondoit en toute saincteté et perfection : et combien son cœur affluoit et redondoit en sainctes pensées et en ardente charité, et nommément en l'amour de la pauvreté, puisqu'il ne peut se lasser de nous les enseigner, et de nous en donner des instructions si riches, bien que succinctes.

(B) *La distraction extérieure des affaires.*

Martha, Martha, disoit Nostre-Seigneur, *sollicita es et turbaris ergà plurima, porro unum est necessarium* : « Marthe, Marthe, « tu es soigneuse et te troubles de trop

« de choses. Or il n'y en a qu'une qui soit
« necessaire. »

Cest « unique necessaire », c'est Dieu
nostre Createur. Il est nostre premier principe, nostre derniere fin, nostre tout : tout
parfaict et tout aimable, nostre Un unique,
et infiniement suffisant. C'est luy seul qu'il
faut chercher, à luy seul qu'il faut viser. Et
pour ce faire mieux et plus parfaictement, il
nous faut despetrer de toutes autres affaires,
autant que le permet nostre condition ; chasser de nous tant de vains soucis, tant d'occupations superflues, dans lesquelles nous nous
detenons pour nostre plaisir ; et nous esloigner au possible de toutes inutiles sollicitudes,
et de tout ce qui peut nous distraire d'une si
saincte et si necessaire occupation. C'est ce
qu'icy nous enseigne le sainct Aucteur, nous
recommandant d'eviter la distraction des
affaires exterieures ; si ce n'est en tant que
l'obeissance trouve bon de nous y occuper,
et lors nous devons tascher de nous en acquitter avec la plus grande tranquillité et
repos qu'il nous sera possible. « Il n'y a
« qu'une chose necessaire, dit Denis le Char-

« treux[1] ; tout ce qu'on cherche hors icelle
« est vain et inutile. C'est Dieu, dit-il,
« qui est la plenitude de tous biens, de tou-
« tes beautés, et de tout ce qu'on pourroit
« desirer. Et partant, il ne faut rien admettre
« en nostre cœur, rien desirer ny rechercher
« que luy, et les choses qui nous approchent
« de luy et nous conduisent à luy ». Cherchons donc « cest un », de toute l'estendue de nos forces et de nos affections, et rien autre que luy ; puisque luy seul nous peut assouvir, et nous rendre heureux eternellement.

(A) *La vie que doivent mener dans l'avenir les hommes apostoliques.*

Ce Sainct, si eminent en saincteté et perfections, favorisé de Dieu de tant de privileges, fut aussi doué d'un don et esprit de prophetie fort signalé, comme on peut veoir en sa vie. Et comme Dieu l'avoit choisi pour estre un predicateur apostolique, et annoncer au monde l'approche du jour du jugement et la venue du juste Juge si espouvantable, il

---

1. In proœm. vit. spirit.

luy revela aussi plusieurs choses qui devoient preceder ce dernier jour. On a veu comme dans les chapitres 13, 14 et 17, il a invectivé contre les illusions et tentations, qu'il dit devoir estre les avant-coureurs de l'Antechrist. Mais icy il predit l'estat des hommes evangeliques qui doivent fleurir avant la fin du monde. C'est conformément à la prophetie de saincte Catherine de Sienne, touchant le renouvellement et la reformation si grande de la saincte Église, laquelle Dieu luy revela plusieurs fois, à l'indicible contentement de son ame, comme le rapporte le B. Pere Raymond de Capoue en sa vie, livre 3, chap. 3, et elle-mesme le raconte en l'epistre 102. La bienheureuse Mere Terese de Jesus eut aussi une revelation presque semblable, comme le remarque en sa vie le R. P. de Ribera, de la Compagnie de Jesus, livre 4, chapitre 5, où il dit ces paroles : « Comme elle prioit aupres du tres-saint Sacrement, il s'apparust à elle un Sainct, de l'Ordre de Sainct-Dominique, avec un grand livre en la main ; lequel il ouvrit, luy disant de lire quelques grandes lettres fort lisibles qui y estoient escrites, lesquelles disoient : « Cest Ordre, au temps à venir, fleurira, et aura beaucoup de Martyrs ». Elle vid six ou sept du mesme Ordre, qui avoient des espées en la main ; par où elle entendit qu'ils devoient defendre la Foi. » Au mesme lieu, il y a encores quelques autres propheties sur ce subject. Ce qui fait veoir combien ces Saincts s'accordent en leurs predictions, comme estant tous animés d'un mesme esprit.

FIN.

TABLE.

APPROBATIONS. VII
PRÉFACE. IX
Notice biographique sur la Mère Julienne Morell XXXIII

TRAITÉ
DE LA VIE SPIRITUELLE.

AVANT-PROPOS.
De la matière de l'ouvrage. — Pressant motif de le mettre en pratique. . . . 1
COMMENTAIRES. 3

CHAPITRE I. — De la pauvreté.
Sa pratique : plusieurs règles. — Avertissement du Saint. 10
COMMENTAIRES. 14

CHAPITRE II. — Du silence.
Sa pratique : plusieurs règles. — Ses heureux fruits. 49
COMMENTAIRES. 52

Chapitre III. — De la pureté de cœur.
Ce qu'il faut entendre. — On l'acquiert par l'exercice des vertus : — Par le renoncement à la volonté propre en toutes choses : dans les choses temporelles, dans les spirituelles, dans les plus saintes entreprises. — Par l'attention à posséder son âme dans une inaltérable paix. — Par la destruction de tout amour-propre : plusieurs pratiques à cette fin. — Comment par le moyen de tous ces exercices on arrive à l'humilité, et par l'humilité à la pureté de cœur, et par la pureté de cœur à la vraie charité. — Toute la doctrine spirituelle contenue en substance dans ces trois chapitres. 104

Commentaires. 133

Chapitre IV. — De la soumission à un directeur.
Le directeur, canal ordinaire des grâces de Dieu. — Ce qu'il faut faire lorsqu'on est privé de ce puissant secours. . . 199

Commentaires. 204

Chapitre V. — De l'obéissance.
L'obéissance en général. — L'obéissance

aux Règles et Constitutions. 213

COMMENTAIRES. 215

CHAPITRE VI. — De la modestie extérieure.

L'âme soumise au joug de Jésus-Christ par l'obéissance; le corps, par la modestie. — Heureux effets de cette vertu. 249

COMMENTAIRES. 250

CHAPITRE VII. — De l'abstinence et de la sobriété.

Pour soumettre le corps, il faut commencer par le régler dans le boire et le manger. — Plusieurs règles à ce sujet. 253

COMMENTAIRES. 259

CHAPITRE VIII. — De la tenue à table.

Exercices pour avant le repas. — Pendant le repas. — Après le repas. . . 266

COMMENTAIRES. 278

CHAPITRE IX. — Du moyen de persévérer dans l'abstinence et la sobriété.

Deux choses nécessaires pour persévérer. La première, de ne jamais se prévaloir du bien que l'on fait, mais de tout rapporter à Dieu. — La seconde, de ne juger ni condamner personne, pour le bien qu'il ne fait pas............ 300

Commentaires. 304

Chapitre X. — Du sommeil et des veilles.

Combien nécessaire de pratiquer la discrétion dans les veilles. — Plusieurs règles à ce sujet. — De la lecture et de la méditation. — Du coucher. . . 312

Commentaires. 326

Chapitre XI. — Du saint office.

Règles à suivre avant l'office. — Pendant l'office.. 337

Commentaires. 349

Chapitre XII. — De la prédication.

Prédication en chaire. — Au saint tribunal. — Demander souvent à Dieu l'esprit de charité. 364

CHAPITRE XIII. — Remèdes contre quelques dangers qui se rencontrent dans la vie spirituelle.

Ces dangers viennent des illusions du démon. — Quatre remèdes pour s'en défendre. 368

CHAPITRE XIV. — Remèdes contre quelques dangers qui se rencontrent dans la vie spirituelle.

Ces dangers viennent de la société des personnes qui sont déjà tombées dans les illusions du chapitre précédent, et qui peuvent nous y entraîner. — Six remèdes pour nous en défendre. . . 380

CHAPITRE XV. — Quelques motifs bien capables de nous exciter à embrasser une vie de plus en plus parfaite.

L'auteur en propose quatorze. Chacun d'eux pourrait facilement faire le sujet d'une méditation. 390

COMMENTAIRES. 403

CHAPITRE XVI. — De l'efficacité des motifs précédents.

Pour être efficaces, ces motifs doivent être médités, mais surtout avec une volonté disposée à les suivre en pratique. 413

CHAPITRE XVII. — Conseils très-importants pour marcher avec sûreté dans la vie spirituelle.

L'Auteur a terminé son Traité ; il y ajoute un résumé de toute sa doctrine. Il établit dans ce chapitre les deux points fondamentaux. Le premier est de se quitter et de se perdre soi-même dans l'humilité. — Le second est de s'unir à Notre-Seigneur Jésus-Christ pour recevoir de lui toute notre vie nouvelle. — C'est sur ce double fondement, qu'il élèvera, dans les chapitres suivants, tout l'édifice des vertus. . 423

COMMENTAIRES. 430

CHAPITRE XVIII. — Résumé : Dispositions par rapport à Dieu.

Il parle d'abord des dispositions dans lesquelles nous devons nous exercer par rapport à Dieu, et il en propose sept principales. 442

COMMENTAIRES. 445

CHAPITRE XIX. — Résumé : Dispositions par rapport à nous-mêmes.
Il en propose sept autres envers nous-mêmes. 450

CHAPITRE XX. — Résumé : Dispositions par rapport au prochain.
Il en propose encore sept envers le prochain. 453
COMMENTAIRES. 457

CHAPITRE XXI. — Résumé : Dispositions par rapport aux créatures. . 462

CHAPITRE XXII. — Quinze perfections nécessaires dans la vie spirituelle.
C'est une petite échelle qui nous conduit, au moyen de quinze degrés, jusqu'au sommet de la perfection. 465
COMMENTAIRES. 470

CHAPITRE XXIII. — Petit résumé . . 476
COMMENTAIRES. 483

FIN DE LA TABLE.

Poitiers. — Typographie de Henri Oudin.